LA OPINIÓN DE ALGUNOS LECTORES
SOBRE EL LIBRO
VISIONES DE GLORIA

"Si usted está buscando más luz y conocimiento, lea este libro. Si desea tener más esperanza para el futuro del mundo, lea este libro. No tengo recomendación suficiente para todos aquellos que quieren acercarse a Jesucristo."

"Este libro me abrió los ojos. . . .Fui capaz de obtener una mejor visión de mí mismo y de mi lugar en este mundo . . . ¡Qué libro tan maravilloso. . . . Me encantó!"

"No paré de leer, y cuando lo hice, no pude dejar de pensar en él"

"Este libro ha influenciado mi vida profundamente. Recibí un mayor entendimiento de que necesito confiar en Dios totalmente, y ofrecerle mi corazón completamente. . . . Estoy muy agradecido de haber encontrado este libro. He comprado muchos ejemplares para regalarlos a mis amigos. Ellos, de la misma manera, también han sido influenciados por su mensaje"

"No podía dejar de leerlo. Este es uno de los libros más interesantes que he leído. John Pontius abrió mi mente a lo que es posible"

"Siempre que presté mi libro a alguien, la persona quería quedarse con él; entonces, compré ejemplares adicionales con el fin de darlos como regalo. . . . Éste es un libro que llama la atención y que requiere múltiples lecturas para poderlo asimilar"

"Este libro es una importante contribución para la literatura sobre experiencias de estar al borde la muerte". . . .El escenario visionario que se desarrolla es instructivo y convincente. . . .Este libro lo motivará a cultivar sus dones espirituales"

"Cambió completamente mi punto de vista sobre lo que és importante en la vida y dónde necesitan estar mis prioridades. ¡Me encantó!"

"Este es un libro que todo el mundo debería leer. Ha cambiado mi vida para siempre, y nunca volveré a ser el mismo"

"Estimado lector, si realmente quiere tener una visión más amplia del propósito de esta vida, y de cómo cada decisión tiene un gran efecto en la eternidad, entonces este libro es para usted. Si alguna vez contempló la idea de cómo serán los acontecimientos de los últimos días antes de la Segunda Venida de Jesucristo, este es un libro fascinante para ayudarle a reflexionar. He desarrollado una sensibilidad más profunda de los asuntos espirituales y, a la vez, recibí esperanza. ¡Mucha esperanza!"

"Simplemente increíble. . . . Después de leer sus experiencias me hizo un hombre mejor y más fiel"

"Este libro cambió mi vida para siempre. . . . ¡Me magnetizó!"

"Ya había leído este libro en versión electrónica. . . . Me pareció necesario también tener una copia impresa para volver a leerlo, subrayarlo y contrastarlo, y para hojear más fácilmente. Este es un libro que se quedará con usted por mucho tiempo . . . incluso después de leerlo"

"¡Una vez que comencé a leerlo, literalmente no podía dejarlo! . . . Este es un libro muy IMPORTANTE"

"He leído este libro dos veces y ya regalé más de 20 ejemplares de él hasta ahora. Es el libro más emocionante que he leído. . . . ¡Está lleno de detalles, de amor y de esperanza! . . . ¡No hay palabras suficientes para recomendarlo! En muchos aspectos parece que fue escrito para mí. Me dio una nueva energía y renovó mi pasión por los eventos que están por venir"

"Me gustaría que todos mis hijos leyeran este libro. . . . Realmente abrió mis ojos. Voy a leerlo muchas veces"

"Este libro me ha dado esperanza y el deseo de hacer lo mejor, de ser una persona mejor y de amar más"

"Las experiencias contenidas en este libro son increíbles. . . . Hombres y mujeres de todas las creencias religiosas pueden aprender mucho, y encontrar consuelo en los eventos notables de este libro"

"He leído . . . todo lo que se ha escrito acerca de las experiencias de estar al borde la muerte". Para mí, *Visiones de Gloria* es una culminación gloriosa. . . . Todavía mi mente está girando y mi alma aún está vibrando con la experiencia"

UN RELATO SORPRENDENTE DE UN
HOMBRE SOBRE LOS ÚLTIMOS DÍAS

VISIONES
de
GLORIA

CONFORME A LO RELATADO A JOHN PONTIUS

CFI
IMPRESO EN CEDAR FORT, INC.
SPRINGVILLE, UTAH, EE.UU.

ISBN 13: 978-1-4621-1437-5

Publicado por CFI, en impresoras de Cedar Fort, Inc., 2373 W. 700 S., Springville, UT 84663, EE.UU.

Distribuido por Cedar Fort, Inc., www.cedarfort.com

The Library of Congress has cataloged the English edition as follows:

Pontius, John M., author.
 Visions of glory : one man's astonishing account of the last days / John M. Pontius.
    pages cm
 Summary: An account of a man named Spencer's out-of-body experiences and visions of the last days.
 ISBN 978-1-4621-1118-3 (alk. paper)
 1. Astral projection--Case studies. 2. Visions--Case studies. 3. Eschatology. 4. Church of Jesus Christ of Latter-day Saints--Doctrines. 5. Mormon Church--Doctrines. I. Title.

 BX8643.E83P66 2012
 236'.2--dc23

                    2012033241

Traducción al español por Millennium Translation and Interpretation
Revisión del texto por Francisco Pineda

Diseño de tapa por Rebecca J. Greenwood y Shawnda T. Craig
Diseño © 2014 por Lyle Mortimer
Compuesto por Jessica B. Ellingson

Impreso en los Estados Unidos de América
10 9 8 7 6 5 4 3 2 1

A Jesucristo, por todas las cosas buenas.

A Terri, mi mejor amiga y compañera de peregrinación, quien me enseñó la cosa más importante que conozco.

A Spencer, por sujetarse a la barra de hierro por toda una vida.

Contenido

PRÓLOGO

Visiones de gloria: Un sorprendente relato de un hombre sobre los últimos días es una descripción de Spencer de tres experiencias de estar al borde la muerte, y años de subsecuentes visiones de su viaje al futuro hasta los últimos días. Todas estas visiones están relacionadas aquí conforme fueron relatadas por Spencer en más de 50 horas de entrevistas. Cada visión y experiencia registrada en este documento pertenecen a Spencer, pero la mayor parte del lenguaje es el resultado de mi esfuerzo de poner en palabras lo que Spencer me describió en forma narrativa. He intentado, a lo largo del documento, preservar su elección de palabras y su manera de hablar.

Spencer nunca compartió la mayoría de estas visiones, las guardaba para sí mismo atesorándolas en su corazón, lo cual significaba que tenía que pensar profundamente para encontrar las palabras correctas que pudieran describir cosas que no tenían ninguna analogía con esta vida mortal.

Nunca conocí a nadie como Spencer. El es amoroso y gentil al describir sus experiencias; su rostro literalmente brilla con el Espíritu. Sus ojos se llenan de lágrimas cuando usa el nombre del Salvador, y está profundamente interesado en todo lo que es de naturaleza espiritual. Su conducta es la de un verdadero santo, uno cuya vida está totalmente dedicada a Cristo. No encontré ninguna vanidad o arrogancia en él, al contrario, parecía no ser consciente de lo apreciado que es por la profundidad de su experiencia y la magnitud de lo que observó, que va más allá de los límites de la capacidad humana.

Spencer ha sido miembro de La Iglesia de Jesucristo de los Santos de los Últimos Días a lo largo de toda su vida. Actualmente es un oficiante de ordenanzas del templo, y también ha servido en obispados, sumos consejos, posiciones de liderzgo en la estaca y muchos otros llamamientos de su iglesia. Actualmente sirve como consultor de una mesa directiva de la Iglesia, y posee tres títulos de posgrado.

Spencer ha muerto cuatro veces, incluyendo el haber nacido muerto. Spencer me dijo una vez: "Yo no sé por qué el Señor me ha bendecido con estas visiones; pareciera como si los ángeles que me trajeron de vuelta a la vida hubieran dejado la puerta del cielo entreabierta y, desde luego, ellos continuaron pasando por ella y entrando en mi vida."

Tres de las visiones de Spencer fueron experiencias clásicas de "casi morir". La primera lo llevó de vuelta a su vida pre mortal. La siguiente lo llevó hasta el presente y el futuro cercano. La tercera le mostró lo que pasaría en el Milenio y en el futuro distante. Muchas otras visiones ocurrieron mientras estaba despierto hasta tarde por la noche, y otras mientras dormía. No hay ningún patrón real en el momento en que ocurrieron sus experiencias, pero hay un patrón rico en su contenido.

Cada visión que tenía era basada en la anterior, continuando el despliegue de la historia de su vida, como también proporcionar el conocimiento necesario y la educación necesaria para prepararlo para enfrentar los desafíos que encontraría, mucho tiempo antes de que las experimentara. Hasta hace poco, ha sido difícil para él interpretar mucha de la información recibida en sus visiones. Esta fue la otra razón por la cual no mencionara mucho acerca de sus experiencias durante esos años.

Debido a la naturaleza personal de cada una de las visiones y al hecho de que se trataba de su propia jornada, esto ha limitado su percepción de las cosas que habían de venir solamente en lugares y eventos en los que él participaría. No vio lo que sucederá en Europa, América del Sur o Asia. Él no supo las consecuencias de las guerras o el resultado de los eventos mundiales. No vio todas las grandes calamidades que ocurrirán en la tierra y en el mar, profetizadas en el libro de Apocalipsis, porque tales acontecimientos aparentemente no tendrían ningún impacto sobre el futuro de Spencer.

Pero tuvo grandes visiones sobre el futuro de América del Norte, de los eventos abrumadores y las devastaciones que purificarían y remodelarían este país y partes del Canadá. Que incluyen la invasión extranjera, una plaga devastadora, inundaciones, terremotos, una fractura continental, la división de América del Norte por un nuevo gran cañón, el desaparecimiento del Golfo de México por una nueva masa de tierra, los cambios climáticos y de las constelaciones, el regreso de las diez tribus, el milagroso retorno de los santos para construir la Nueva Jerusalén y el templo, la reunión de los elegidos, los milagros del Milenio, la misión y los grandiosos poderes de los 144.000 y la celestialización final de la tierra al final del Milenio.

Vio esas cosas, así como muchos otros eventos sorprendentes que hace mucho tiempo fueron profetizados en las Escrituras, pero que nunca han sido descritos con tantos detalles vívidos como en este relato. Spencer comenzó a tener visiones al inicio de la segunda década de su vida, y fue amonestado por el Espíritu Santo constantemente para mantener en secreto la mayoría de esas experiencias sagradas. Las pocas veces que intentó relatar sus visiones a otras personas, perdió amigos y, en algunos casos, trajo sobre sí mismo burlas y el rechazo.

Spencer me pidió no usar su nombre real por varias razones. En primer lugar, él sostiene al profeta viviente, y su llamado preeminente en revelar la palabra de Dios a la Iglesia. Esas visiones fueron dadas a Spencer para prepararlo personalmente para lo que está por venir.

El nunca consideró que esas visiones del futuro eran para La Iglesia de los Santos de los Últimos Días, o acerca de ella. Por lo tanto, él no quiso divulgarlas, porque de alguna manera pueden parecer un intento de influir en la Iglesia. Eso simplemente no es el caso. Retener su identidad es una forma efectiva de mantener tales cuestiones en el orden adecuado.

La segunda razón por la cual Spencer pidió que yo no usara su nombre, es que no quiere convertirse en el foco de preguntas de personas que buscan respuestas sobre el futuro. No quiere convertirse en el "gurú" de nadie. No quiere dar charlas fogoneras o hablar en público acerca de sus experiencias. De hecho, él obedientemente mantuvo sus experiencias para sí mismo durante más de cuarenta años, en parte para evitar el posible resultado de publicar dichas visiones.

Él intentó describir en este libro todo lo que el Santo Espíritu le permitiría hablar. Se retuvieron visiones y eventos de carácter personal, o demasiado sagradas para ser compartidas.

Le he hecho miles de preguntas buscando información sobre los detalles de los eventos que ha compartido. Para el momento que este libro se imprima, Spencer habrá vaciado la caja del tesoro de sus experiencias visionarias, que es capaz de compartir en este momento, y no desea ser invitado a aportar más informaciones que él no tiene o que no se pueden compartir.

Otra razón para su reticencia, es que Spencer es un consejero profesional de niños, y posee toda la formación necesaria para trabajar en este campo. Considera su trabajo con niños problemáticos como su llamamiento más importante, y no quiere que ningún tipo de reconocimiento o curiosidad interrumpa ese trabajo tan importante.

Conocí a Spencer através de una serie de circunstancias improbables, tanto que es inconcebible la posibilidad de que sean una coincidencia. Un querido amigo de Spencer, quien conocía un poco de sus experiencias, se mudó a la misma capilla donde también asistía mi querida hija, que es muy espiritual y, con el tiempo, se convirtieron en amigos muy cercanos. Al hablar de las influencias espirituales en sus vidas, mi hija habló de mí, y su amigo habló de Spencer. Ellos dijeron que "deberíamos presentar a John con Spencer!".

Después de un período de tiempo, mi hija me envió un mensaje de texto con el nombre de Spencer, sugiriendo que yo lo llamara. Ella pensó que íbamos a llevarnos muy bien. Normalmente no soy sensible a las sugerencias de ese estilo, porque nos ponen en situaciones delicadas donde tenemos que encontrar algo en común.

El amigo de Spencer hizo lo mismo, pero éste era reacio a llamarme por las mismas razones. Una tarde caminaba alrededor de la casa, y el espíritu me susurró: "llama a Spencer ahora". Yo sabía que era el Espíritu Santo, así que fui a mi área de estudio y saqué mi teléfono sin saber qué esperar, pero sabía que debía llamarlo en ese momento.

Spencer respondió y me presenté. Spencer respondió en un tono alegre: "Sí, estoy muy ansioso por reunirme con usted. ¿Cuándo sería lo más pronto posible?". Sus palabras me intrigaron, porque no sabía en ese entonces que él también tenía mi información de contacto. Pensé que el no estaba esperando mi llamada. Como una nota adicional de interés, durante los muchos meses de entrevistas y al estar escribiendo este libro, he intentado llamarlo decenas de veces, y nunca pude hablar con él la primera vez. La única vez que él personalmente contestó el teléfono fué en esa primera llamada. En los demás casos, yo dejé un mensaje, y el regresó mi llamada.

Nos encontramos la siguiente semana y, sin exagerar, fueron las dos horas más espirituales de mi vida. Empezó a contarme algunas de sus experiencias, y yo me quedé estupefacto. La razón es simplemente eso: he estudiado, buscado y orado, y he obtenido vislumbres de mi propio viaje en los últimos días, pero nunca había escuchado de otra persona viva algo sobre esas mismas cosas. En esos primeros minutos, él habló de ellas como si fueran hechos reales. Casi no pude contener mi curiosidad y mi ansiedad por saber más, donde lo que yo "aprendí", el ya lo había "visto", y yo estaba intrigado al oír todo lo que había visto él, porque parecía estar describiendo partes de mi propio viaje que yo nunca había dicho a nadie, excepto a mi esposa.

Entendí casi todo de lo que él estaba hablando. Después de un rato, sentí el Espíritu diciendo fuertemente que Spencer estaba describiendo cosas que él había visto, pero que no las había entendido completamente. Finalmente le pregunté: "¿Sabes el significado de esas cosas?"

Parecía inocente al responder: "no, realmente no". Le expliqué lo poco que entendía sobre la visión y lloró de alegría, confesando sin orgullo evidente ni timidez, que había buscado durante toda su vida el significado de la visión que yo le acababa de sugerir. Hablamos durante el resto de esas dos horas sobre esas cosas. Mi entendimiento y sus visiones encajan como la mano en guante, dando a ambos una comprensión mucho más amplia del tema. Estábamos llenos del Espíritu Santo en gran medida, mientras hablábamos con asombro y admiración. Como he dicho antes, fueron las dos horas más espirituales y reveladoras de mi vida.

Cuando las dos horas terminaban, él simplemente declaró: "Todavía no sé cómo llegar, desde donde estoy hoy, a lo que ahora entiendo que es el significado de mi visión."

El Santo Espíritu me inspiró cuando estaba saliendo de mi casa a recoger una copia de uno de mis libros llamado: "El triunfo de Sión". Lo saqué de mi maletín y se lo entregué diciendo: "me sentí inspirado para traer este libro para ti. Puede ser que encuentres algunas de tus respuestas aquí."

Para Spencer, esa reunión inicial tuvo un efecto de dominó. Mi papel de aclarar las cosas ha disminuido con el tiempo, a medida que el Santo Espíritu rápidamente llenaba los espacios en blanco que sus visiones no habían podido revelar completamente en su juventud, y que ahora eran cada vez más claras para él.

Después de un abrazo hicimos planes para reunirnos la semana siguiente. Durante nuestra segunda reunión, tuve un fuerte impulso de tomar notas, pero él me había dicho varias veces que me estaba diciendo cosas que nunca había mencionado a nadie. Estaba oyendo cosas tan significativas y tan importantes que no me atrevía a olvidar nada. Todas las descripciones de Spencer eran detalladas. Cuando "vio" las visiones, él no estaba mirando como si fuera una película, estaba dentro de los hechos, siendo parte de eso con todos sus sentidos. Él tocó y sintió el olor de las cosas, sintió el triunfo y la tragedia de los que lo rodeaban, y había experimentado el peligro y el miedo, como si estuviera allí. Recordó todo con profundo detalle, porque lo experimentó como si estuviera en su propia carne.

Al final, yo me sentí abrumado por la posible tragedia de tener todo este conocimiento en la mente de una sola persona y, con el tiempo, eventualmente, se perdiera. Era como si estuviera escuchando a Juan, el Amado, o a Moisés describiendo los acontecimientos que el mundo ha estudiado durante todos esos años, y allí estaba yo, escuchando con detalles maravillosos fechas, horarios, lugares, incluso el nombre de la ciudad y la calle donde iban a pasar las cosas. Sus palabras me transportaron a lugares que pude ver en mi mente como él los describió. Estaba anhelante, y me dolía en el alma el saber que trágicamente estas cosas nunca serían escritas para bendecir a otros de la misma manera como ya me bendecían en esos momentos.

Mientras estábamos listos para despedirnos por segunda vez, le dije: "Spencer, no puede ser una coincidencia que nos hayamos conocido. La secuencia de acontecimientos que nos ha reunido, incluyendo mi cambio de Alaska, tu amigo y mi hija, ambos asistiendo a la misma iglesia, y miles de otros eventos que se alinearon. "Sé que no fue una coincidencia", respondió suavemente, "fue un milagro".

"Debo mencionar también que el hecho de que soy un autor mormón (Santo de los Últimos Días) no puede ser una coincidencia. Propongo que le preguntes al Padre Celestial si yo podría grabar estas visiones que me estás contando. Por lo menos deben ser escritas para que no se pierdan para siempre, a menos que las mantengas solamente para tu familia. Pero espero que Nuestro Padre Celestial eventualmente nos permita publicarlas en beneficio de todo el mundo. Estas cosas son demasiado valiosas para ocultarlas en la memoria de una sola persona. Creo que todo el mundo cristiano se regocijaría al saber de estas cosas.

Spencer considero esta propuesta con una expresión inquisitiva. Me dijo que le habían instruido en repetidas ocasiones no revelar esas cosas sagradas a nadie, hasta que el señor lo permitiera. Finalmente, él sonrió y dijo: "yo rogaré al padre más intensamente, y estaré muy interesado en su respuesta".

Salí de allí sin saber qué pensar, preguntándome si había sobrepasado algun límite sagrado, pero aun así, y creyendo que lo que había dicho era verdad, nada de esto debería perderse. También me conmovió su respuesta, llena de fe.

Mi amigo apostólico

Nos encontramos en su oficina una semana después, y me contó esta historia: "todos estos años me he sentido dolorosamente solo por no ser capaz de hablar de las cosas que he visto en visiones. Se han convertido en una gran parte de mí; quien soy, lo que estoy haciendo en mi vida profesional, y me veo constreñido a guardar silencio.

"Hasta hablar contigo no me di cuenta de cómo esas experiencias podrían realizarse plenamente en mi vida, sobre todo conociendo mi situación personal, problemas de salud y debilidades. Siempre he creído que eran verdaderas, pero sólo recientemente he intuido que podrían cumplirse. He sido perseguido y rechazado las pocas veces que hablé algo de ellas. He estado muy solo por mucho tiempo. Fue una de las partes más difíciles de mi trayecto.

"Durante muchos años, una de mis asignaciones en la iglesia me ha llevado, una vez al mes, hasta el edificio de las oficinas de la Iglesia en Salt Lake City. Me he reunido con diversas Autoridades Generales de la Iglesia, y he llegado a conocerlos y amarlos personalmente. Con los años desarrollé una buena amistad con uno de los miembros del Quórum de los Doce Apóstoles. Nos convertimos en amigos cercanos, y juntos pasamos momentos maravillosos durante las numerosas ocasiones en que nos reunimos.

"Una noche, mientras estaba solo con él, sentí que debía compartirle una de mis visiones. Escuchó con gran interés y concluyó diciéndome que eran de Dios, y que yo debería mantener eso en mi corazón, registrarlo y no hablar de ese tema hasta que el Señor lo permitiera. También me aconsejó no tratar de interpretar su significado. Él dijo: 'cuando el señor quiera que lo entiendas, Él enviará a alguien que revele su significado; pero hasta entonces, es la voluntad de Dios que guardes estas cosas para ti mismo, y que no trates de interpretarlas sin antes recibir revelaciones adicionales'".

"Mi apostólico amigo se convirtió en una fortaleza y gran consuelo para mí. Pasó a ser una fuente de seguridad en este camino de lágrimas, y mi fuente de paz sabiendo que lo que estaba viendo era de Dios, y no algo que debería temer o tener vergüenza.

Spencer miró hacia abajo por algunos momentos antes de continuar.

Cuando miró hacia arriba estaba casi llorando. "Cuando mi querido amigo murió, lloré profundamente su pérdida, como si él fuera mi padre o mi hijo. No pude superar el dolor durante un largo periodo de tiempo. Sentí que no solo había perdido un amigo muy querido, un apóstol del Señor, sino también la única persona en la tierra a quien el Señor había dado permiso para que yo compartiera mis experiencias."

"Lloré su muerte durante varios meses. A veces no tenía ningún deseo de comer o dormir. Fue muy difícil adaptarme a esa situación. Me hundía en la depresión. Entonces una noche fui despertado por alguien de pie al lado de mi cama. Eran como las dos de la mañana, y me desperté bruscamente. Me senté y me di cuenta de que un mensajero celestial estaba parado al lado de mi cama. Este mismo mensajero me había llevado a través de muchas experiencias visionarias, sin embargo, todavía no sabía su nombre, ni me fue permitido preguntárselo. Hice un movimiento como para levantarme de la cama, pero en vez de dar un paso atrás para darme espacio, el solamente me sonrió.

"Él no movio sus labios, pero me habló de la manera con la que yo ya estaba familiarizado, porque así se comunicaba conmigo durante una visión. La información fluía en mi mente y en mi corazón con la voz de mi visitante. Yo era capaz de responder de la misma manera, pero a veces me olvidaba y le preguntaba en voz alta.

"Me dijo: 'Spencer', y yo sabía el motivo de su visita, pues mi querido amigo, el apóstol, había pedido que viniera a consolarme. Mientras hablaba, irradiaba amor y preocupación por mí; 'no debes entristecerte tan profundamente por la pérdida de tu amigo. Él está preocupado por tu sufrimiento, y sabe que tienes el conocimiento de que él está muy feliz, por fin en paz y libre de los dolores que tenía; y él sigue adelante con su trabajo. Tiene un gran amor por ti, y te pide que no sufras más por ello'.

"Estaba dispuesto a hacer cualquier cosa que el ángel me pidiera, y tuve la sensación de que todo el dolor desaparecía. Una dulce paz reemplazó esa pérdida en mi corazón. Pero tenía una pregunta más para él, le dije: ' ya no tengo a nadie más a quien el Señor me haya dado permiso para hablarle de mis experiencias. Creo que sufro por la carencia de eso, también'.

El ángel sonrió y respondió: "lo entiendo, espera sólo por un poco más de tiempo. El señor enviará a John a tu vida. Él te comprenderá, así como tus visiones. Puedes decirle todas tus experiencias. Te ayudará a entenderlas. Solamente ten paciencia".

Spencer me dijo que entonces la luz se centró alrededor del ángel y desapareció. Spencer volvió acostarse, y después de mucho tiempo, se volvió a dormir.

Spencer me miró de una manera penetrante y agregó: "cuando me llamaste y me pediste encontrarnos, fue entonces, en ese momento, que me di cuenta de que tu nombre era Juan (John). A partir de ese día empecé a preguntar más intensamente al Padre Celestial, si eras el Juan (John) a quien se había referido el ángel". Le respondí: "Estoy seguro de que estaba hablando de alguien más importante que yo, como Juan, el Amado, o Juan Bautista o tal vez alguien de la Ciudad de Enoc!". Spencer sonrió y dijo: "no, él estaba hablando de ti. Eres el Juan (John) del cual el ángel prometió que vendría. He esperado ocho años para que esa promesa se cumpliera.

Le pedí al señor y él me ha dado permiso para contarte toda mi experiencia, y permitió que escribas ciertas partes de ella y publicarla". Spencer dijo que creía que esta era una de las razones por la que nos habíamos conocido. "Espero que alguna de las cosas escritas en este libro pueda bendecir a alguna alma, y dar más esperanza y claridad en la preparación de lo que está por venir".

El espíritu me quemó como fuego dentro de mi alma, testificando aquel día, y todavía me dice hoy, que es verdad. Hicimos otra reunión, y desde ese día nos hemos reunido por lo menos una vez por semana durante más de seis meses. Juntos, hemos producido un volumen de anotaciones y más de 50 horas de entrevistas grabadas.

Lo qué va a leer, en mi opinión, es la información más completa, y la revelación más poderosa, dada a una persona común sobre los últimos días.

Este libro no es Escritura Sagrada, y no debe ser considerada como tal. No es una profecía para nadie, excepto para él mismo Spencer. Es simplemente un relato de cómo el Señor ha preparado a un hombre humilde, mi amigo Spencer, para su misión en los últimos días. Usted y yo somos bendecidos por ser meros observadores, por así decirlo. Como he mencionado anteriormente, este libro no es ficción; todo es conforme a lo que me fue narrado por Spencer, quien asume toda la responsabilidad por su contenido.

Es algo que usted nunca podrá olvidar.

NOTAS DEL AUTOR

La historia de Spencer llegó a mis oídos como una narrativa, y después de mucha oración pude condensarla en un relato sobre los viajes del mismo Spencer al otro lado del velo. Desde los primeros días de entrevistas y preguntas, Spencer ha leído y releído lo que he escrito, y ha declarado que este libro es un relato fiel y exacto de sus experiencias visionarias. He decidido escribir como si fuera Spencer mismo, porque todas esas experiencias vinieron de él. En ningún momento yo inventé los personajes o eventos para embellecer su relato, a pesar de haber interpretado su narrativa para hacerla más comprensible, clara y secuencial. También traté de preservar su distintiva forma de expresión y personalidad.

Spencer y yo hemos cambiado nuestros nombres para proteger la identidad y descartar la ubicación exacta de algunos eventos. En algunos casos hemos suavizado los terribles acontecimientos para que este libro pueda ser leído por el público en general. Hemos quitado todo lo que podría incitar al miedo o pánico si fuera leído por alguien que no tiene la capacidad de comprender por el Espíritu Santo el verdadero mensaje de esperanza y liberación.

El apéndice al final de este libro contiene experiencias visionarias notables similares a las experiencias de Spencer. Fueron reproducidas aquí sin modificaciones, y su contenido puede ser extremadamente gráfico e inapropiado para lectores más jóvenes.

Las Escrituras nos dicen que vienen tiempos de tribulación, y que quienes están en el camino de la rectitud, que han tomado al Espíritu Santo como su guía, que han alineado sus corazones y sus deseos con la voluntad de Cristo, se regocijarán con los cambios futuros. Aquellos que rectamente participarán en la escena de los últimos días, crecerán en fuerza hasta que no tengan más temor, caminando con gran poder y revelación para llevar a cabo sus labores.

Las escrituras SUD (Santos de los Últimos Días, los mormones) también nos enseñan que, al aproximarnos a la época de la Segunda Venida de Cristo, quienes estén vivos estarán preparados para la gloria de Sión. El convertirse en un ser trasladado será común entre nosotros, y vamos a aprender a vivir sin la enfermedad o la muerte. Allí aprenderamos a usar la plenitud del sacerdocio, y unirnos en Sión a los elegidos del mundo. Allí les enseñaremos a administrar las ordenanzas salvadoras y los protegeremos a medida que completan su propio viaje a la Sión de Cristo en los últimos días.

Habrá ángeles entre nosotros, y milagros, incluso mayores que los que hubo entre los hijos de Israel en Egipto. Y, a su debido tiempo, tendremos al propio Señor entre nosotros. La Iglesia se elevará a la gloria de su propósito divino, y será la voz profética de orientación para que todos sigamos adelante, a medida que concluimos esta gran dispensación de la plenitud de de los tiempos. Estos son días gloriosos, que nunca serán olvidados, que serán canonizados en las Escrituras; con historias y canciones que serán cantadas por todos los descendientes de Adán, en tanto ellos existan en la larga eternidad que nos espera.

John M. Pontius

Capítulo Uno

DESPERTADO POR LA MUERTE

Mi primera experiencia con la muerte

Yo nací muerto, mi piel estaba oscura y azulada. El doctor me miró y me pasó con una de las enfermeras en la sala de operaciones. Era pequeño y prematuro, la enfermera no podía encontrar mi pulso o respiración. Envolvió mi cuerpo sin vida en un periódico y me colocó en un lavabo de acero inoxidable. Mi madre sangraba gravemente y la enfermera se apresuró a ayudar al doctor. Le dijeron que yo había nacido muerto y continuaron con la cirugía para salvarle la vida a ella. Ella nunca me dijo esto, pero supe más tarde que se había sentido aliviada al saberlo, porque no deseaba ese embarazo.Según mi madre, cuando la enfermera volvió a disponer de mi cuerpo sin vida envuelto en papel periódico, ella vio que yo respiraba con dificultad. Me llevaron inmediatamente al Hospital Infantil para ver si podría sobrevivir a la terrible experiencia.

Más tarde, después de que mi madre se había recuperado un poco de la cirugía y existía una pequeña esperanza de que yo podría sobrevivir, se le informó que su hijo había nacido muerto pero que estaba " un poco sonrosado".

Cuando mi padre tenía dieciocho años, él y unos amigos fueron a dar un paseo en auto. Estaban bebiendo y conduciendo a la vez, y atropellaron a un anciano al lado de la carretera y lo mataron.

Mi padre fue declarado culpable de homicidio vehicular, pero como había iniciado la Segunda Guerra Mundial, el juez lo "sentenció" a unirse a la Fuerza Naval, donde se mantuvo hasta que la guerra terminó. La culpa, la vergüenza y el remordimiento debido a la muerte del anciano atormentaron a mi padre por el resto de su vida, y contribuyeron a terminar su afiliación e interés en la religión; aun cuando sus padres permanecieron fieles y continuaron orando y preocupándose por él.

A pesar de la consternación, él y mamá se casaron; ella soportó una relación difícil y abusiva. Después de su divorcio, mi madre se negó a hablar de mi padre por el resto de su vida. Nunca lo conocí, ni supe mucho de él, sólo por las referencias de enojo y comentarios despectivos de otros miembros de la familia.

Al momento de mi nacimiento, mis padres acababan de separarse, pero todavía no se habían divorciado. Mi madre había quedado embarazada justo antes de la separación como un último intento por salvar su matrimonio. El divorcio se volvió desagradable y verbalmente abusivo. Mi padre se fue y se rehusó a pagar manutención, para ella o para mis hermanos mayores. Cuando mi madre se dio cuenta de que estaba embarazada, al principio estaba molesta, después furiosa, después deprimida y resentida de las circunstancias y de la pequeña vida que llevaba dentro de sí misma. Ella regresó a trabajar como enfermera.

El padre de ella era un ministro metodista. Cuando mi madre se casó con mi padre que era "mormón", la desheredó y le dijo que ella ya no era cristiana, y que ella y sus hijos irían al infierno. Cuando ella se dio cuenta de que no podía mantener a su familia, se puso en contacto con sus padres para pedirles ayuda. Su padre le volvió a decir que no era bienvenida en su hogar. Nunca antes se había sentido tan rechazada, sola y abandonada. Esto se sintió más como un rechazo y abandono en medio de una serie de dificultades que había venido experimentado desde su juventud.

La madre de mi padre, mi abuela, fácilmente convenció a mi abuelo de que necesitaban hacerse cargo de mi madre y apoyarla para que pudiera salir adelante por sí sola. Así que cuando se vino este tiempo de gran necesidad, mi madre, junto con nosotros, los hijos, fuimos acogidos amorosamente en su hogar. Mi abuelo en ese tiempo era obispo y mi abuela era obrera en el templo. Ellos eran personas amorosas y fieles en la Iglesia. Mientras crecía yo, mi abuela se convirtió en la persona más querida en mi vida.

Mis abuelos fueron una influencia amorosa y llena de fe para mi madre, y al cabo de cinco años después de mi nacimiento, ella se unió a la Iglesia. Ellos eran la fortaleza en su vida y en la mía. Nunca nos fallaron. Tuvimos una vida bendecida; fue debido a la influencia constante, sincera, y al afecto y generosidad de mis abuelos que mi madre pudo hacerse cargo de nuestras necesidades económicas. Aun cuando yo carecía de cosas que deseaba como cualquier niño, nunca sentí que fuéramos pobres. Me sentía seguro y amado.

Durante mi desarrollo profesional como terapeuta infantil y familiar, he visto a muchos otros niños cuyas vidas y alma han sido destrozadas por sus madres, ellas no se daban cuenta del daño que causaban a sus hijos desde el vientre mientras vivían vidas llenas de odio y resentimiento debido a las circunstancias de la concepción.

He lidiado con estos asuntos toda mi vida, y probablemente escogí esta profesión para tratar de aliviar esas heridas prenatales. No fue sino hasta 1983, casi treinta y tres años después, que finalmente entendí lo que realmente había sucedido, y pude perdonarla a ella y a mi padre. Ese entendimiento llegó a mí de manera dolorosa y sorpresiva, la segunda vez que morí.

Mi experiencia después de la muerte

Era septiembre de 1983, tenía problemas de salud debido a infecciones internas crónicas, especialmente en mis riñones, con algunos episodios de cálculos renales. Los médicos querían saber si mis riñones habían resultado dañados por las afecciones continuas que había tenido en ellos. Mi médico me recomendó hacerme una radiografía con tinte de contraste de yodo para resaltar cualquier daño que pudiera haber ocurrido. Se suponía que iba a ser un procedimiento rutinario.

En ese entonces tenía treinta y tres años, había obtenido dos maestrías y estaba yendo a la escuela para completar un programa de doctorado. Cada vez que tenía este trastorno renal, tenía que permanecer en casa, perder mi tiempo de trabajo y atrasarme en mis estudios. El doctor finalmente mencionó que debería dejar de beber bebidas gaseosas, diciendo que si no fuera por éstas, él no tendría trabajo. Me quedé sorprendido por lo simple que era la solución y me sorprendió que no lo hubiera mencionado anteriormente.

Dejé de beber gaseosas, y desde entonces nunca más he tenido problemas con los riñones. En ese tiempo estaba felizmente casado con Lyn (no es su nombre real, por supuesto). Tuvimos cinco hijos y pensamos que ya no tendríamos más. Todavía éramos estudiantes con dificultades económicas, a pesar de que yo trabajaba tiempo completo en un hospital. Estábamos ansiosos por terminar mi programa de doctorado para que pudiera convertirme en profesor titular y comenzar mi propia práctica privada. Trabajaba en varias facultades como profesor e instructor adjunto.

Llegamos a la clínica un poco temprano para llenar los formularios. Tuve

que ir en ayunas. Nos sentamos en la sala de espera, esperando a que me llamaran. Antes de iniciar el procedimiento, me puse una bata, me acompañaron
a una mesa angosta de metal y me dijeron que me recostara boca arriba.
Había tubos y botellas de líquido colgando encima de mi cabeza.

La habitación estaba pintada de color verde. Una máquina grande
negra de rayos x dominaba la pared del fondo. El suelo era de concreto
verde con un zócalo negro. Las paredes estaban pintadas de colores que
combinaban. Era una sala de operaciones típica de la década de los setenta.

Tenía un poco de temor al procedimiento, pero pensé que era necesario, así que me sometí a la enfermera que comenzó con una inyección
intravenosa. Ella era joven, rubia y atractiva, supuse que estaba en sus
treinta. Me gustaba su cordialidad, alegría y confianza. Hablamos sobre
el procedimiento y las posibles complicaciones. Me explicó algunos de
los posibles síntomas de una reacción alérgica a la inyección de contraste
mientras me la inyectaba cuidadosamente en el brazo.

Ella dijo: " Si comienza a sentirse ruborizado . . .", y en ese momento
empecé a sentirme así.

Ella continuó: "si siente picazón en la piel . . .", y sentí el picoteo severamente en todo mi cuerpo.

Y después dijo: "si siente presión en el pecho o siente que no puede
respirar . . .", en ese momento tuve una horrible sensación de opresión en
mi pecho, como si un elefante se sentara sobre mí. Traté de decir: " ¡No
puedo respirar!", pero no podía hablar. Levanté mi brazo y mano hasta mi
cuello y rápidamente los coloqué alrededor de mi garganta, tratando de
que la enfermera se diera cuenta de que estaba en problemas. Agarré mi
garganta en el punto que yo sabía era el signo universal de asfixia.

Fue en ese momento que la enfermera comprendió mis señales y se
dio cuenta que algo estaba muy mal. Ella corrió hacia la pared y oprimió
un botón rojo grande.

Se escuchó una alarma fuertemente, y una voz grabada que repetía:
"¡Código azul, cuarto veinticuatro!, ¡Código azul, cuarto veinticuatro!
Habiendo trabajado en el hospital por muchos años, personalmente había
respondido a ese llamando muchas veces, nunca pensé que algún día yo
sería la causa de tal alarma.

Lo siguiente que sentí fue que mi espíritu se sumía a través de la
mesa. Tenía mis ojos bien abiertos, no quería perderme ninguna parte de
esta experiencia, sentí que me hundía y pude ver la parte inferior de la

mesa, no quería estar por debajo de la mesa, y en un instante me encontré parado junto a ella, viendo mi cuerpo sin vida ante mis ojos.

El gran reloj blanquinegro de la pared indicaba que eran las 9: 20 de la mañana.

La enfermera intentaba encontrarme el pulso sin éxito, ella maldijo y gritó: ¡lo estoy perdiendo!, ¡lo estoy perdiendo! Un técnico se apresuró al cuarto.

Inmediatamente varias personas se reunieron para intentar revivirme. Un médico, que no había visto antes, corrió hacia el cuarto, y por alguna razón, inmediatamente me pude percatar de que tenía un amorío con la enfermera que inició mi procedimiento. Me sorprendí tanto el saber esto. Me di cuenta de que mi mente estaba llenándose de información proveniente de mi corazón más que de mis sentidos normales. También sabía que la misma enfermera se había divorciado recientemente, que ella valoraba y al mismo tiempo temía por la relación que sostenía con el médico que me estaba auxiliando para salvarme la vida. Sabía las dificultades que enfrentaba para ser buena en su profesión y al mismo tiempo ser una buena madre para sus dos hijos en casa. Sabía de sus terribles problemas financieros, lo sabía todo sobre ella, de hecho, cada detalle de su vida, cada decisión, miedo, esperanza y acción que se había creado en su vida. Podía escucharla en su mente gritar de miedo, ella pedía ayuda en oración, tratando de controlar su miedo y recordando su entrenamiento. Desesperadamente no quería que yo muriera.

Miré a las otras personas en el cuarto y me asombré de poder oír sus pensamientos y saber con detalle sus vidas, igual de reales como los de la enfermera.

Hay una sensibilidad espiritual mayor que viene al estar muerto, que nunca había esperado ni oído hablar antes. Yo sabía lo que todos estaban pensando. En realidad, mayor que el hecho de saber lo que pensaban, fue saber cada detalle de sus vidas; sabía si habían sido buenas personas o no; si eran honestas o corruptas, sabía cada acción que los había conducido hacia ese estado.

No era algo que pudiera sentir o ver, sino un conocimiento que estaba en mí.

Lo que era aun más interesante es que no les juzgaba, simplemente sabía esas cosas, como el saber que una rosa es roja; no era algo para juzgar, solo la forma en que son las flores.

Lo que sí sentí, que era algo nuevo para mí, era una gran compasión hacia ellos y sus circunstancias. Ya que conocía tanto de ellos, también sabía de sus dolores y su motivación para todas las cosas que tenían en ese momento en la vida; percibí el miedo que tenían de perderme.

Sus acciones y reacciones estaban calculadas, forzándolos a permanecer tranquilos. Solamente el médico que me atendía sentía un poco de desapego que le permitía actuar con menos emoción. El sentir su miedo y el gran impacto de sus vidas, causaba que yo experimentara su dolor casi tan profundamente como ellos, y sentía total compasión por ellos. No había temido por mi persona hasta ese momento. Había estado demasiado ocupado lidiando con todas estas nuevas sensaciones.

Me encontré de pie un poco más lejos. Creo que había dado un paso atrás para darles espacio para trabajar en mi cuerpo, ya que estaban caminando o corriendo por el mismo espacio donde había estado yo de pie.

"Debo estar muerto", recuerdo que pensé. Tuve que pensar en este proceso unas cuantas veces antes de que realmente lo supiera, ¡estoy muerto! Finalmente me di cuenta cuando vi mi cuerpo sobre la mesa, yo en una nueva forma de cuerpo, de pie por encima del mismo con total comodidad y sin dolor. Hacía un instante, yo estaba con el mayor dolor que nunca antes había sentido, y ahora estaba completamente libre de todo dolor y los cuidados de ese tabernáculo de carne. Todo se había ido. Fue un gran alivio que el descubrimiento de que estaba muerto, no hubiera ocasionado una gran angustia. Acepté que estaba muerto porque veía mi cuerpo sobre la mesa. Estaba parado allí viendo a todas estas personas que trataban de revivirme. Ellos gritaban órdenes y demandas, me inyectaban muchas sustancias para restaurarme la vida.

La siguiente sensación que tuve fue que yo era capaz de comprender muchas cosas a la vez. No tenía necesidad de concentrarme en una sola cosa, porque eran del todo claro a mi entendimiento.

Me sentía como si pudiera entender una ilimitada cantidad de conocimiento y enfocarme en un sin número de asuntos, dándole a cada uno de ellos mi total atención. Esto me resultaba muy asombroso y muy diferente de mi experiencia como estudiante de posgrado tratando de memorizar grandes cantidades de información.

Mi ensayo de vida

En este momento comencé a tener una visión completa de mi vida.

Por esta nueva habilidad de comprender tantas cosas a la vez, la visión era absorbente, a la vez importante y llena de cosas extraordinarias, y aún así tenía plena comprensión de cada doctor y enfermera a mi alrededor y de lo que estaba sucediendo con mi cuerpo. Lo primero que vi fue a mi madre mientras que me cargaba en su vientre. No fue solo verla, fue completamente entenderla, su vida entera, sus penas y dolor, cada pensamiento que tenía, cada decisión tomada, todas las emociones sentidas. Me di cuenta que en toda mi vida realmente no había conocido a mi madre. Siempre la había visto desde el punto de vista de un niño, y que nunca la había perdonado completamente por no haberme querido. Ella me había contado la historia de cómo mi padre biológico la había abandonado embarazada, sin un centavo y sin hogar. Ella nunca se había expresado mal del hecho de que yo hubiera nacido. Sin embargo, durante toda mi vida me había dejado claro que nosotros los niños éramos una carga pesada y que la habían abandonado a una ardua tarea sin ayuda alguna.

Ahora la veía completamente diferente. Visualicé mi concepción y toda la emoción de ese momento. Como durante todo este trayecto no existía juicio alguno de mi parte o de la de Dios. No sentí ninguna emoción, sino compasión por ella.

Vi que ella tenía otros dos hijos y que yo era el tercero. Sentí cada aliento, cada decisión, cada temor y cada lágrima derramada. Vi a muchas personas, en su mayoría sus amigos de profesión, tratar de convencerla de abortarme o darme en adopción. Le dijeron que yo sería un constante recordatorio de mi padre inepto y de lo que le había hecho. También vi a otros, sus amigos y líderes de la iglesia, incluso mis abuelos tratando de convencerla de criarme. Vi y sentí el proceso de la decisión de mi madre cuando decidió quedarse conmigo. Era como si ella hubiera pasado a través de ese proceso tantas veces que le era posible ver todos los resultados de esta decisión y el impacto que esta tendría por el resto de nuestras vidas.

Se sentía tan sola y rechazada. Se sentía como un fracaso, y que ella simplemente no era capaz de criar otro niño. Sin embargo, también era una enfermera que había trabajado con mujeres en situaciones similares a la suya, y ella sintió que no podía someter a su propio hijo al proceso de adopción. Decidió que mandarme a vivir con otra familia no sería nada bueno para su bebé o para ella misma. Ella pasó por un momento muy difícil con respecto al amor, la confianza y las relaciones con los demás. Ella estaba pasando por su propia depresión y sentimiento de pérdida, por lo que el amor no era una parte importante de su decisión. Pensaba cosas como: "Dos errores no van a producir algo bueno" y, " tengo que limpiar mis propios errores". Su decisión no se basaba en el amor, sino más bien en el razonamiento. Ella me mantuvo fuera del deber y de la responsabilidad.

Ella no había sido criada por unos padres amorosos. Su padre era severo y físicamente abusivo. Su madre era minusválida y estaba en cama durante la mayor parte del día. Como he señalado, ella había sido repudiada por sus padres y sabía por eso lo terrible que se sentía un niño. Así pues, ahí estaba eligiendo hacer lo correcto, no lo que era conveniente. Su depresión y pérdida alejaron al amor maternal de ella.

También me di cuenta de que yo había estado involucrado en la vida de mi madre antes de que yo naciera. Había sido, en cierto sentido, un ángel ministrante para ella, observándola y protegiéndola a través de las aflicciones que la condujeron a mi nacimiento. Fue una validación y un entendimiento de paz para mí. Quería nacer de ella, incluso en estas circunstancias difíciles donde había tomado la difícil decisión de no abandonarme. Experimenté el amor que había tenido por ella antes de que yo naciera, y ha permanecido conmigo desde entonces. Ha sido un bálsamo protector para mi alma y me ha permitido no sólo perdonarla sino entenderla perfectamente como una persona completamente diferente, alguien que realmente me amaba, mucho antes de que ella o yo hubiéramos nacido.

Vi todos los eventos de su vida que la condujeron al hospital para el parto. Sentí su miedo e ira en cada paso del camino. Ella no era saludable ni física ni emocionalmente. La emoción oscura de esos días había agotado su vida y robado de mi cuerpo no nacido la vitalidad que necesitaba para sobrevivir.

Vi a mi madre en el trabajo de parto y me quedé sorprendido de ver muchos ángeles que ayudaban en mi nacimiento. Dos de las enfermeras en la sala de partos no eran seres mortales sino ángeles. Eran personas trasladadas o resucitadas, porque tenían cuerpos.

Actuaron como las otras enfermeras, mostrando emoción y recibiendo órdenes. Estaban allí sólo para ayudar a esta mujer y a su hijo que se estaba muriendo en el parto.

Mi madre se sentía tan sola, su emoción principal era de abandono y tristeza. Ella no sabía nada acerca de estos ángeles que estaban allí ayudándola, lo cual parece ser el caso en la mayoría de las intervenciones angelicales. Somos conscientes sólo un poco de lo que hacen los ángeles. En su dolor de dar a luz en estas tristes circunstancias, no se dio cuenta de que todas estas personas espirituales estaban ahí, interviniendo, protegiendo y dando vida. Incluso en su desesperación, los seres divinamente comisionados estaban allí brindándole fortaleza y ayudando amorosamente para que ella y yo pudiéramos tener una vida juntos.

Enfermeras angelicales

Al estar contemplando mi propio nacimiento, vi que mi cuerpo muerto era realmente obscuro y azul. Vi que la enfermera revisaba el latido del corazón con un estetoscopio. Como no había signos vitales, me envolvió en papel periódico porque estaba cubierto de sangre y de fluidos oscuros. Incluso olía mal y ella no quería ensuciar las toallas del hospital. Tristemente me puso en el lavabo y volvió a la operación.

Las dos enfermeras que fueron asignadas para cuidar de mi cuerpo recién nacido, se apartaron de mi madre y comenzaron a trabajar conmigo a pesar del hecho de que yo estaba muerto. Me di cuenta de que ellas eran ángeles, y fueron asistidas por otros ángeles invisibles que venían de los portales del cielo. Di un paso más cerca, me retiraron el periódico para revelar mi carita pellizcada. Era de color oscuro, cubierta de sangre, y si yo hubiera estado en mi cuerpo mortal, el ver esto, me habría enfermado. En forma de espíritu, me pareció curioso y triste, y aún más interesante que estas dos enfermeras movieran sus manos dentro y fuera de mi cuerpo. Era casi como si me estuvieran dando respiración artificial, pero sus manos realmente entraban en mi pequeño cuerpo. En cada pasada mi piel se tornaba un poco más rosada, con un poco más de vida.

Les oía espiritualmente hablando la una con la otra, coordinándose y dirigiendo sus esfuerzos de rescate. Gran parte de su conversación fue de alabanza y oración, orando para que Dios bendijera sus esfuerzos y alabando su poderosa voluntad. Tenían urgencia, pero sin miedo absoluto o desalentadas. No creo que me hubieran visto antes, o por lo menos nunca me sentí observado.

Vi ese pequeño cuerpo en el lavabo, mi propio cuerpo, jadeando en busca de aire, luchando por vivir. La enfermera abrió el periódico un poco más y se volvió hacia el doctor. Su rostro estaba sereno, pero su voz era una de sorpresa fingida, gritó: "¡Doctor! ¡Creo que este bebé todavía está vivo! ¡Se ha puesto sonrosado!"

En este tiempo el doctor había salvado a mi madre y le había detenido la hemorragia interna. Él se dio la vuelta, con las manos ensangrentadas frente a él. Tenía la cara de incredulidad, sin embargo, se acercó al lavabo. Echó un vistazo al reloj de la pared preparándose para anunciar la hora de la muerte del bebé. Cuando me volvió a mirar, les ordenó a las mismas enfermeras que me habían revivido, sacarme de ahí y cobijarme. Se volvieron y me llevaron lejos, a la guardería de escaso personal y mal funcionamiento. Inmediatamente fui trasladado al Hospital Infantil donde luché por mantenerme con vida durante semanas. Me colocaron en un antiguo pulmón de acero hasta que empecé a respirar por mi cuenta.

Cuando alguien ve su ensayo de vida, como yo lo he llamado, se ve todo a través de la gran lente objetiva del amor de Dios. Estaba viendo todo mi nacimiento y mi vida adulta, a través de los ojos de mi madre, de mí mismo, de mis hermanos, mis abuelos y mis amigos, incluso de la gente con la que había interactuado casualmente. Lo que me resultaba abrumador fue que esta experiencia era como asistir al propio funeral de uno, y ver hablar de su vida a cada uno de los conocidos, en realidad, a cada uno en su mundo. Cada persona con la que uno tuvo experiencias de forma única y diferente. No todo era halagador o correcto, pero, ¡oh qué gran tesoro de información obtenido a partir de esta perspectiva!

Vi todo lo bueno que hice, todo el amor que di, el servicio y la bondad, pero también vi toda la tristeza y el dolor que había causado. Vi todos mis errores y cómo afectaron a otros. Vi algunos errores que no sólo afectaron a una persona, sino a sus hijos, y a los hijos de ellos, y así sucesivamente. Vi cada acción a través del tiempo hasta que se disipaba su poder. Afortunadamente, yo era joven y había tratado de vivir una buena vida, incluso en mi juventud, por lo que esta revisión de mi vida no era desagradable. Algunas de las cosas que vi me hicieron sentir satisfecho de mí mismo. Me sentí como si fuera el único crítico de mi vida.

Comprendí todo con perfecto detalle. En este gran, revelador detalle, me vi a mí mismo como cada persona me veía. Toda crítica era justa y correcta, lo bueno y lo malo se separaban ante la luz de Cristo, y Su juicio era sensato, justo y benévolo. No podría haber un debate, porque mi vida se había registrado en perfecto detalle. Yo sabía que era cierto y que era justo.

Todavía estoy sorprendido de lo objetivo de la revisión de mi vida. No hubo ningún juicio o emoción sobre mis acciones ni de mí mismo ni de Dios. Vi y entendí cómo mi vida había impactado a mis compañeros de escuela, a mi madre y a mis hermanos, lo que cambió mi perspectiva de casi todas las personas en mi vida. En la revisión experimenté mi vida a través de los ojos de los demás. Comprendí con toda claridad cómo mis decisiones les afectaban, las emociones que sintieron por mi culpa y el impacto de mis palabras y mis actos sobre ellos por el resto de sus vidas. Vi cómo eran sus vidas antes, durante y después de cruzarme con ellos. También vi el verdadero resultado de sus acciones en mí, que a veces era muy diferente de lo que había percibido en el momento.

Cuando vi desde la perspectiva de mi padre biológico estos acontecimientos, y su partida y el divorcio de mi madre, me di cuenta que no era todo egoísmo, ni narcisismo, como yo lo había supuesto toda mi vida. Cuando se dio cuenta de que mi mamá estaba embarazada, sabía, o creía saber, que yo estaría mejor sin él. Eso no puede haber sido del todo cierto, pero esa era su percepción. Sabía que las decisiones de vida sólo me perjudicarían. No me dejó debido al egoísmo o el alcoholismo como me habían enseñado. Realmente él pensaba que yo estaría mejor sin él.

Comprendí su dolor, su infancia, sus conflictos con sus padres y su relación con su padre. Comprendí las cosas perfectamente, que ningún mortal puede entender cuando aún se está en la carne, ni siquiera mi padre lo entendió así. Comprendí por primera vez que mi padre realmente amaba mucho a mi madre. Su debilidad y sus antecedentes limitaron su capacidad de dejar que el amor triunfara en sus decisiones. También vi el amor de Cristo y el amor de nuestro Padre Celestial hacia él, sin importar los errores que había cometido.

Esto sirvió para cambiar completamente mi juicio sobre ellos y las suposiciones de por qué habían hecho lo que hicieron. Esta nueva perspectiva me creó un gran conflicto porque cambió casi todo juicio y conclusiones que había hecho durante mi vida.

Los borré todos en un abrir y cerrar de ojos en este período no terrenal. Había visto cosas que ahora me habían obligado a abandonar mi enojo y resentimiento. Me ha tomado literalmente décadas desde entonces para reconciliarme con lo que me habían enseñado cuando era niño y con lo que había visto que realmente había sucedido. A veces mi sentimiento y anterior pensamiento han estado en conflicto dentro de mi mente y alma. Este es el conflicto que tomó tanto tiempo para resolverse, porque ahora sabía la verdad, pero mi hombre natural luchaba contra las ideas espirituales obtenidas a través de esta experiencia no terrenal.

No sé, por supuesto, si este conflicto habría continuado si realmente hubiera muerto. Tal vez hubiera sido todo resuelto en el amor de Dios, porque todo esto vino a mí sin preguntármelo o sin oposición.

Sin embargo, cuando regresé a mi cuerpo a reasumir mi vida en lugar de morir, me era difícil conciliar mis antiguas creencias con todo lo que yo había visto en la visión. Tenía el hábito de pensar y creer de cierta manera, pero espiritualmente conocía una verdad mayor, de que mis emociones tienen dificultades para ceder, como un copo de nieve que permanece en una hoja durante todo el verano, y se niega a ceder el paso a la calidez del sol. Ni siquiera puedo decir hoy que lo he superado.

Uno de los obstáculos para la reconciliación de estas conflictivas emociones, era que mi padre ya estaba muerto en ese momento y yo no podía resolver todo esto con él. Mi madre ni siquiera me había permitido conocerlo mientras todavía estaba vivo. Su creencia inamovible, y sus conclusiones y la ira la obligarían a evitar toda conversación que teníamos con respecto a mi padre. Ella se negó a alterar la postura de resentimiento justificado que se había creado para sí misma, que la protegía de la crudeza de su dolor que surgía y la exponía de nuevo. Nunca conseguí decir palabras amables en su presencia que había almacenado en mi mente con respecto a él. Al final tuve que concluir que dejaría estas conversaciones y reflexiones en las manos amorosas de nuestro Salvador, porque Él sabe que mi madre finalmente será capaz de recibirlas en Su tiempo preciso y por la gracia de la misericordia de Él. No fue sino hasta después de la muerte de mi madre que yo fui capaz de empezar a reconciliarme con ella mediante varias experiencias espirituales especiales más allá del velo.

He tenido experiencias espirituales, no sueños ni visiones, sino visitaciones de mi padre y mi madre desde ese momento que me ayudaron a traer paz a mi alma, y creo que a la de ellos también.

En una ocasión, escuché la puerta de la sala de espera de mi oficina abrirse y cerrarse. Alguien había entrado a la sala de espera. Estaba en mi oficina escribiendo notas de un paciente después de mi sesión anterior. Dije sin levantar la vista: "Por favor, siéntese, estaré con usted en un momento", escuché a alguien que fue a sentarse. Cuando terminé de escribir y abrí la puerta, nadie estaba allí. Yo tuve una fuerte impresión de que mi padre estaba en mi oficina. A través de esa misma voz interior que había experimentado durante mi experiencia cercana a la muerte, él daba una fecha específica, que era el aniversario de su muerte. Entendí que me estaba pidiendo que fuera al templo en esa fecha. Felizmente así lo hice, pensando que lo iba a ver, sin embargo, fui a través de la sesión sin verlo y sin sentir su presencia.

Cuando me estaba vistiendo, volví a sentir su presencia y el mensaje dado en la misma forma poderosa, que era que ahora era digno de entrar en el templo y quería que yo estuviera allí con él. Fue un dulce mensaje. Me decía lo mucho que se había preparado, arrepentido y que ahora era digno de estar en el templo. Como resultado, yo sabía que él había acogido y se había beneficiado de nuestro ministerio en su favor. Eso ha sido y es un consuelo para mí.

Una de las ideas maravillosas que obtuve de esta primera experiencia cercana a la muerte, fue con respecto a mi hermana mayor que quedó embarazada a los dieciséis años de edad. Yo nunca había entendido el poderoso efecto que esto tenía sobre ella o el resto de mi familia. Mientras yo estaba viviendo esos momentos, solamente tenía mi perspectiva. Yo era el tercer hijo y mi rol en nuestra familia era el de pacificador. Trataba de mantener la armonía en la familia mediante mi intervención en todo, incluyendo lugares a los que no pertenecía. Vi que mi opinión sobre ella y sus circunstancias no era correcta, a pesar de que yo estaba tratando de mantener la paz.

Pude observar el impacto que su embarazo tuvo en mi hermano mayor. Lo vi tomar un largo paseo de tres a cuatro horas. Experimenté lo que estaba pensando y sintiendo, él sentía que le había fallado a ella y al resto de nosotros de alguna manera. Comprendí por primera vez que mi hermano decidió en ese mismo momento realizar cambios en su propia vida para nunca más decepcionarnos. Yo estaba muy sorprendido de ver cómo se preocupaba por sus hermanos y hermanas; y se responsabilizó de nosotros.

Yo no tenía ni idea de la intensidad de sus sentimientos, hasta que lo vi en la revisión de mi vida. Sentí gran empatía y respeto por él. También sentí el dolor de mi hermana y todos los motivos de su dolor. No estaba consciente de ello hasta verlo en esta visión, en la que mi madre y los padres del padre del bebé los habían llevado en un coche a Las Vegas para casarlos. Vi el dolor y la tensión en el coche, cuando se dirigían allí. Viví esos eventos con ella de una manera que ni siquiera los mortales presentes podrían haber experimentado. Era la primera vez que realmente entendí a mi hermana y me entristecí con ella. Vi el impacto que le causé en mi juventud y cómo se había sentido excluida, rechazada y juzgada por mí mismo y su familia. Sentí empatía por ella y trajo ternura a nuestra relación en los años que siguieron.

Le pregunté a mi madre y a mi hermana años más tarde para verificar lo que había visto. Tanto mi madre y mi hermana reconocieron que había habido en realidad un casamiento a la fuerza. Esta confirmación brindó un gran sentido de compasión y la cercanía con mi familia. Fue una perspectiva completa del impacto de mi vida en la suya, y por qué nuestras vidas en la actualidad son como son.

Mi amigo, el abusador

Yo vivía asustado durante mi juventud de los acosadores en la escuela, especialmente de Jake. Era un año mayor, era más grande y era simplemente malo. Parecía deleitarse en atemorizarme. Por lo menos una vez a la semana, Jake me golpeaba o hacia algo agresivo y malo conmigo. Regresaba a casa con muchos moretones y ojos negros por su culpa. Esos eran los días en que los adultos pensaban que era mejor para los niños resolver sus problemas y aprender a valerse por sí mismos , así que mi madre y mis abuelos me instaron a aprender a defenderme en lugar de interferir en mi vida. Finalmente reuní el valor de defenderme en el quinto grado. En mi ensayo de vida, vi ese día. También vi mi valor recién descubierto desde su perspectiva, que incluía el horrible maltrato que recibía (Jake) de su padre. Cuando me enfrenté a Jake y le devolví el golpe, cambió totalmente su forma de pensar acerca de su mundo. Vi que (antes) se sentía impotente y victimizado. Mi pequeño acto de valor le demostró que no era así.

Nunca más yo o cualquier otra persona fuimos intimidados de nuevo. Él cambió debido a esa experiencia. Se convirtió en mi amigo, porque yo, sin saberlo, le había dado la respuesta de su propia libertad de la tiranía. Nuestra nueva amistad le permitió a Jake resolver sus diferencias en la relación con su padre. Se armó de valor para enfrentarse a su padre a causa de mi acción. Así como Jake dejó de intimidarme, su padre dejó de abusar de él cuando Jake se negó a someterse, y en realidad su padre se fue al poco tiempo después de eso.

El ver el impacto que mi amistad tenía sobre él fue una revelación para mí. Nunca había sospechado que había alguna motivación para su intimidación, excepto mezquindad. Después de la visión, entendí por qué había llevado su frustración hacia mí y a los demás.

Desde mi ensayo de vida, he aprendido que todo esto era divinamente planeado, que ambos necesitábamos de esta estrecha relación, y que tenía que comenzar con su acoso hacia mí, con el fin de curarlo. Vi que me había acordado de todo esto antes de nuestro nacimiento. Nuestra amistad divinamente ordenada tuvo un impacto duradero en su curación y su relación con su familia, y sobre mí. No podría haber aprendido estas cosas sin él.

Lo que aprendí viendo todo esto es que nuestra relación fue diseñada por Dios y tuvo un impacto significativo en nuestras vidas, los dos cambiamos. Dejé de tener miedo de los abusadores y de la vida en general. No sólo mis acciones comenzaron a curarse del abuso de él, sino además su intervención en mi vida empezó mi curación. Me di cuenta de que el miedo no era necesario y que podía defenderme, y de hecho poder hacer amigos debido a mi valor. Esa realidad todavía influye en mí hasta la actualidad. Nuestra relación fue ordenada y dirigida por Dios para salvarnos. En mi forma de pensar actual, valieron la pena los pocos moretones.

Lo último que hicimos antes de graduarnos y alejarnos Jake y yo, fue participar en el musical ¡Oklahoma!, el tuvo el papel de Jud, y yo el de Curly. En el musical, Jud y Curly están enamorados de Laurey. Curly enfrenta a Jud por el abuso y se convierten en amigos de clase. Sin embargo, después Laurey acepta casarse con mi personaje, Curly, así que Jud irrumpe en la boda y amenaza a Curly con un cuchillo. En la contienda, Jud cae sobre su cuchillo y muere. Curly, por supuesto, se queda con la chica. La obra era una metáfora de nuestra relación, que no pasó desapercibida para ninguno de nosotros.

Muchas veces he reflexionado sobre por qué Dios me dejó ver este ensayo de vida, sabiendo que en realidad no iba a morir. Mi hipótesis antes de esta experiencia fue que sólo se ve su ensayo de vida una sola vez, cuando se muere.

Me pregunté por años por qué Dios me dio esta poderosa visión de mi propia vida y luego me envió de regreso a la vida terrenal.

Las relaciones vienen de Dios

El tener esas visiones, verdaderamente cambió mi vida para siempre y me dio una nueva perspectiva en todas mis relaciones y sobre el propósito de mi propia vida. No creo que podría haber logrado todo lo que prometí realizar, sin estas experiencias, de hecho, estoy seguro de ello.

Ahora sé que las relaciones no son casualidades o coincidencias, sino que todas las cosas ocurren por propósito divino. He aprendido que Dios bendice realmente los detalles de nuestras vidas. Estas interacciones y relaciones, que pueden parecer al azar en el momento, se ordenan para bendecir y perfeccionar nuestras vidas. Desde esta intensa revisión de mi vida, veo la vida y las relaciones como si fueran un rompecabezas, sabiendo que todas estas cosas y relaciones que hacemos con los demás, tienen un impacto divino. Mi pregunta desde entonces ha sido: ¿Cuál es el propósito divino de este momento, este evento, esta relación o esa persona en mi vida? ¿Qué voy a aprender de estas interacciones, desde el momento que la persona llega o sale de mi vida a partir de mi experiencia? Comencé a orar para que Dios me revelara estas cosas, y que me guiara para bendecir a estas personas, en vez de sólo andar a través de sus vidas. Mi oración se ha convertido en algo como: "Déjame ser tu voz, déjame ser tus manos, permíteme que me involucre con conocimiento para que pueda estar inspirado para hacer Tu obra en sus vidas". Personalmente he fracasado en este propósito de vez en cuando, pero al ir madurando, mi capacidad ha ido creciendo gradualmente y mi resolución se ha vuelto más firme.

Desde este punto de vista privilegiado sobre la revisión de mi vida, algunos acontecimientos, que yo pensaba que eran simples o mundanos, resultaron ser significativos y útiles ante los ojos de Dios. Él realmente toma en cuenta cada momento de nuestras vidas y, si dejamos que nos guíe, esos momentos se vuelven eternamente importantes.

Me parece interesante pensar que el impacto negativo de mis acciones hacia las personas no fue el objeto de revisión de mi vida, más bien fue cómo la veía, pues parecía importar menos que el bien que hice y cómo se propagaba a través de sus vidas.

Cuando vi las partes negativas de mi vida, el mensaje no era lo malo que parecía, sino que si continuaba con ese comportamiento potencialmente malo, me alejaría de la obra específica que el Señor deseaba que realizara en mi vida. No era algo que me sentenciaría, sino simplemente instructivo. Para alcanzar mi máximo potencial tenía que cumplir con los convenios que había hecho en la vida pre terrenal o no lograría alcanzar los propósitos de mi vida. Tenía que recordarme a mí mismo que Dios no estaba mostrando la revisión de la vida solo a una persona que fuera a dejar la vida mortal, sino que mi experiencia pudiera darse para desenfocarme de mis errores y animarme y enseñarme. Tengo la sensación de que si yo en realidad hubiera muerto, no habría tenido ningún sentido advertirme, y el peso de mis malas acciones habría sido de mayor consecuencia.

Conocer lo que convenimos hacer en la vida pre terrenal para realizarlo en la Tierra, es un descubrimiento en continuo desarrollo. Algunas veces, sólo podemos conocer un pequeño paso que sigue, otras veces somos bendecidos con una visión panorámica de lo que llegaremos a ser y hacer. Estaba siendo enseñado a que eligiera deliberadamente seguir el camino que Dios estaba poniendo delante de mí sin importar cómo llegó a mi entender, haciéndolo todo bien, como sabía.

Debido a que en realidad no iba a morir, el gran impacto de la revisión de mi vida era para demostrarme que yo podía realizar la mejor elección en mi vida. Era libre de elegir lo que quisiera, sin embargo, mis opciones me llevarían hacia la luz o dejarme en la oscuridad.

También aprendí que nuestras vidas están registradas en alguna parte, detalle a detalle. Todo lo que hacemos importa, nada es trivial. Todo es profundamente significativo, la vida es significativa y llena de propósito.

Nuestras vidas importan

Aprendí a no minimizar lo que está sucediendo en mi vida. Intento ver todo lo que hago como algo de valor eterno. He aprendido y me he entrenado para creer que no soy sólo una simple persona, con poco valor o impacto en el mundo. Todo lo que hacemos tiene importancia y Dios está involucrado en los detalles de nuestras vidas. Hasta puedo decir que Él está en los pequeños detalles de nuestras vidas.

Yo solía pensar que Dios era un padre autoritario y divino que nos enviaba a la Tierra diciendo: "Ve y vamos a ver cómo lo hiciste después de la muerte", pero la verdad es que para Él y Sus ángeles somos verdaderamente Su obra y Su gloria. Somos lo que está haciendo, todo lo que Él es.

Aprendí que las familias, hermanos y hermanas, primos y tíos y tías tienen un propósito divino en el parentesco y conexiones. Aunque puede ser fácil criticar o ignorar a la gente, en verdad, esas relaciones tienen un propósito.

Aprendí que realmente existe un retorno y un sistema de reporte de nuestra vida actual, el cual no usamos correctamente. Recomiendo que nos acostumbremos a hacer esto en nuestras oraciones diarias y de la familia, y también en nuestras relaciones, que practiquemos regresar e informar: "Esto es lo que me pediste que hiciera hoy, esto es lo que hice y esto es lo que pasó", y luego rogar por una intervención eterna en los detalles.

Me enteré de que toda nuestra existencia es de esta manera. Dios nos provee de algún elemento necesario para nuestro viaje, incluso antes de nacer, Él nos da el tiempo para explorar y experimentar la vida, entonces nos requiere informarle. Ahora que nos ha dado un cuerpo y una experiencia terrenal, a todos se nos requerirá informarle. La responsabilidad de nuestra vida será en gran detalle, porque nuestros propios cuerpos cuentan la historia de nuestras vidas. Cada parte de nosotros ha escrito en ese cuerpo todo lo que hacemos, creemos y somos. El Señor puede leer todo esto en su totalidad. Él puede y va a leernos como a un libro, porque todo está dentro de nosotros, escrito en nuestros propios huesos, corazón y tendones.

La prioridad de dispensa y su propósito

Por último, aprendí que existe una prioridad de dispensa y el propósito de por qué estamos aquí en esta época, esto no es algo casual ni accidental. Es algo divinamente planeado, y cuando hagamos nuestro informe final, vamos a ver de nuevo todas las razones por las cuales vinimos a la Tierra en este tiempo, y los efectos de interacción y los convenios que hemos hecho que nos enviaron a cada uno de nosotros aquí en nuestro tiempo y lugar específico para hacer cosas específicas. Para nosotros, los mortales, este es un concepto no muy claro, pero para Dios es una ciencia exacta, una matemática divina por así decirlo. Él registra cada acto de nuestras vidas, incluyendo Su guía permanente, que la mayoría de nosotros ignoramos. Pasamos tanto tiempo entreteniéndonos y complaciéndonos a nosotros mismos que no nos damos cuenta plenamente de la importancia de cada momento y cada interacción verdaderamente con Dios.

La mayoría de nosotros estamos atrapados en nuestra propia vida de negocios y placer, tan es así, que ni siquiera sentimos la mano de Dios dirigiendo nuestras vidas, ni siquiera oímos Su voz, que está constantemente guiándonos.

Toda esta información me llegó muy súbitamente mientras estaba allí viendo a los médicos tratando de resucitar mi cuerpo. Todas estas cosas fueron sucediendo al mismo tiempo y me podía concentrar en cada una de ellas.

Visitando a mi esposa como espíritu

Me di cuenta de que mi esposa estaba sentada en la sala de espera. Ella había estado leyendo una revista en el momento en que el sistema de alarma anunció a todo volumen "¡Código Azul! ¡Código Azul!". Lyn empezó a preocuparse por mí, temiendo que fuera yo el que estaba en problemas. Sabía que ella estaba preocupada, de la misma manera en que sabía todo acerca de las enfermeras y los médicos. Cuando pensé que me hubiera gusta estar cerca de ella, al instante me encontré parado junto a ella. Aparentemente me había movido a la velocidad del pensamiento. No recuerdo haber caminado o haberme movido a través de las paredes, sólo estaba allí.

Mi atención por entero se enfocó en ella, aunque sin disminuir mi comprensión o atención completa a lo que aún estaba sucediendo alrededor de mi cuerpo. Sabía que había llegado a través de dos paredes para estar en la sala de espera con ella, pero yo no tuve la experiencia de pasar a través de ellas.

Me encontré de pie junto a ella, y me daba cuenta de todo lo relacionado con ella, sabía exactamente lo que estaba sintiendo y pensando, lo que estaba leyendo en la revista que acababa de colocar en su regazo. Estaba preocupada y deseando que alguien viniera a decirle que yo estaba bien, que no era yo el que tenía el paro cardíaco.

Pensaba: *"aquí estoy, estoy muerto y fuera de mi cuerpo, ni siquiera puedo comunicarme contigo"*. Me podía identificar con su miedo y dolor, pero como un dilema, aunque un poco raro, porque podía verla y escuchar sus pensamientos, pero no podía hablar con ella de manera que ella pudiera entenderme.

Recuerdo que pensaba: *¿Cómo te puedo hacer saber que estoy bien a pesar de que ya no estoy viviendo?*

Comencé a preguntarme si sería capaz de sentirme, u oírme tal vez, si me movía a través de ella. Le pregunté en mi mente si podía tener su permiso para moverme a través de ella. A pesar de que ella no estaba al tanto de mí, su espíritu respondió: "Sí", e instintivamente sabía que tenía debía tener su permiso para realizar esta acción.

Entendía esto, pero no estaba seguro de por qué o cómo, no fue hasta después que comencé a comprender que entrar al cuerpo de otra persona es muy invasivo, y un espíritu recto siempre pide permiso si alguna vez es necesario. Los espíritus malignos esperan oportunidades cuando estamos espiritualmente débiles o después de habernos vuelto vulnerables a causa de la desobediencia a las leyes de Dios, y ellos entran en nosotros en un acto de violencia espiritual.

Después de que su espíritu me respondió afirmativamente, me moví a través de ella, y entendí de inmediato la diferencia entre el cuerpo físico y el cuerpo espiritual. Su cuerpo físico no tenía idea de que estaba interactuando con ella. Su yo espiritual, sin embargo, estaba plenamente consciente de mí y lo que yo estaba tratando de hacer y decir. El problema era que como la mayoría de los mortales, ella solamente estaba consciente de su cuerpo físico, como cautiva en el mismo, por así decirlo, y no en sintonía con su espíritu en ese momento de su vida.

Me di cuenta que al pasar a través de ella no me ayudaba en mi intento de comunicarme con ella. Pasar a través de ella, me dejó muchas enseñanzas acerca de lo que su experiencia en la mortalidad había sido para ella, lo que se siente ser mujer, ser amada, protegida y hasta tener miedo de su protector. La entendí por completo, incluyendo lo que era tener a nuestros hijos e hijas, y lo difícil que era vivir con mis enfermedades y problemas.

Ángeles entre nosotros

Lyn estaba sentada en una sala de espera llena de gente. Después de pasar a través de ella sin ningún efecto, empecé a mirar alrededor de la habitación. Me di cuenta de que había muchas personas espirituales en la habitación, junto con los mortales que estaban allí.

Los mortales se veían muy diferentes de los espíritus. Los mortales eran de apariencia sólida y parecían estar completamente desapercibidos de todo lo espiritual que sucede a su alrededor, casi haciéndoles parecer poco inteligentes.

Las personas espirituales son semitransparentes, se podía ver a través de ellos de cierta forma, y parecían estar al tanto de mí y de los otros espíritus en la habitación. Algunos no estaban felices de que yo pudiera verlos, no obstante, continuaban interactuando con los mortales y con otros espíritus que andaban en sus asuntos.

Todas las personas espirituales que vi estaban rodeando a los mortales, observándolos o tratando de ganar su atención para influir en ellos de alguna manera. Había otros espíritus entrando y saliendo de la sala de espera, podía verlos y ellos a mí. A veces reconocían mi presencia o caminaban alrededor de mí en lugar de a través de mí.

Había espíritus allí que no se daban cuenta de que estaban muertos o se negaban a aceptarlo. Esos eran bastante extraños, en mi opinión, porque hacían todo lo posible por actuar como un mortal a pesar que estaba claro para mí y para cada otro espíritu presente que estaban muertos. Yo podía comprender por qué no sabían que estaban muertos. Estar muerto, como un espíritu sin cuerpo, es una existencia real. Ese espíritu todavía piensa igual como antes, todavía ama y odia al igual que antes de su muerte; puede ver a la gente, a los espíritus y a su propio cuerpo, puede tocar las cosas espirituales, y a los seres espirituales y sentirlos. Por lo tanto, es una forma real y concreta de la existencia, aun a través de cosas terrenales, como las paredes y los muebles, que pueden ser vistos y sentirse, pero no pueden ser manipulados por los espíritus.

No estoy seguro de si todo espíritu tiene la misma percepción espiritual como la mía, pero sabía que su nueva vida era real para ellos, aún más real, en cierto modo, ya que pueden entrar y salir de lugares muy rápidamente, y caminar por las paredes y hacer cosas que los mortales apenas pueden imaginar. El ser incorpóreo no se sentía como la muerte que esperaban experimentar, en donde sólo se vuelven inconscientes o no existentes para siempre. Así que ellos no se sentían muertos debido a su percepción previa de lo que era la muerte.

Estos espíritus se reunían alrededor de los mortales, hablando con ellos como si pensaran que los mortales les escuchaban, pero los mortales no estaban ni un poco conscientes de su presencia, al igual que mi esposa no estaba al tanto de mí. Estos espíritus sin cuerpos estaban tratando de llamar la atención de los seres vivos por medio de diversas acciones, una de ellas era gritándoles.

Estos espíritus estaban vestidos como los mortales normales. Tenían un poco de luz que les rodeaba. Pensé en ellos como "espíritus recientemente incorpóreos". Espíritus que habían muerto recientemente y que mantenían la apariencia, la forma de vestir y la forma que tenían mientras estaban en la vida terrenal, porque parecía que todavía no creían que estaban muertos.

Un espíritu masculino estaba hablándole a una joven que parecía ser su hija. Estaba molesto por su negocio, la forma en que ella lo estaba administrando. Le gritaba:

"¡Tienes que escucharme!", pero ella no tenía ni idea de que él estaba allí. Actuaba como si ella lo estuviera ignorando y esto parecía enfurecerlo aún más. Le exigía que hiciera ciertas cosas con su negocio y sus bienes, además estaba perturbado acerca de lo que estuviera haciendo mal, en su opinión.

Había otros espíritus allí que habían aceptado su estado alterado y se habían encomendado a Dios para hacer Su obra de acuerdo a Su voluntad. Estos ángeles Dios los había enviados de vuelta para ayudar a sus seres queridos a través de este difícil momento. Estos ángeles tenían un brillo reconocible entre ellos, lo que me dijo de inmediato que eran buenos y que estaban al servicio de Dios.

Estos buenos ángeles estaban vestidos de forma diferente. Algunos ángeles llevaban túnicas, mientras que otros llevaban ropa pasada de moda, típica de cuando habían vivido en la Tierra. Estaban allí para ayudar a los mortales con las cosas que estaban ocurriendo. Algunos fueron enviados a ayudarlos y prepararlos para su propia muerte; les estaban dando palabras de consuelo, dando instrucciones y enseñando. A pesar de que los mortales parecían no saber de ellos, sus ayudantes; si escuchaban con el corazón, eran consolados y comenzaban a brillar como los ángeles que les estaban ayudando.

Algunos de estos ángeles buenos estaban allí para ministrar a los espíritus que no podían aceptar su propia muerte. Estos ángeles estaban vestidos con ropas blancas y era glorioso verles. Estaban siguiendo a los espíritus desencarnados y confundidos, hablando con ellos cuando conseguían su atención y envolviéndolos en su gloria. Sentían gozo en lo que hacían y en el propósito de sus acciones. Estaban allí comisionados por Jesucristo. Comprendí que todos estos ángeles eran familiares de aquellos a quienes se les había enviado. Algunos eran antepasados recientes, como los padres o los abuelos. Otros eran de hacía mucho tiempo.

Yo apenas estaba empezando a observar espíritus; desde entonces he aprendido mucho más acerca de ellos y cómo actúan. Ahora sé que hay una clase determinada de ángeles y los niveles de rectitud entre ellos. Esto es visible para el ojo cuando uno está familiarizado con seres espirituales. Como cuando me di cuenta de todo lo relacionado con los médicos y enfermeras que trabajaban en mi cuerpo, me di cuenta de todo lo relacionado con cada uno de esos espíritus. Así es como yo supe que eran miembros de la familia. Me enteré de que una vez que se nace, el espíritu toma la forma del cuerpo en que nace y honra esa forma, porque les fue dada por Dios.

A pesar de que pueden cambiar de forma o apariencia si Dios así lo quiere, siempre vuelven a su forma natural, que es la forma de sus cuerpos anteriores.

También aprendí que los ángeles más importantes, aquellos con más gloria y mayor poder, pueden retener su identidad, por lo que alguien como yo, con poca experiencia, no podía saber cuál era su misión, o quiénes eran, ni nada sobre su historia. Conocí a algunos de estos ángeles en la sala de espera, ya que estaban ministrando sus encargos.

También había espíritus malignos en la habitación. Estaban allí para tentar a los mortales, interrumpir el trabajo de los ángeles y causar cualquier daño que pudieran. Se deleitaban en sus malicias. Esos espíritus no tenían luz en ellos para nada, sino que parecían emanar oscuridad.

Esos malos espíritus no eran legibles para mí. Sabía algunas cosas sobre ellos, pero no su identidad o la historia. Me dieron una mala sensación con tan solo mirarlos, parecían ser capaces de cambiar su forma para transformarse en cualquier otra forma si ellos lo deseaban. Me di cuenta de que un espíritu que nunca ha sido un ser terrenal, no tiene forma espiritual definida. Vi algunos de estos espíritus malignos aparecer como un niño, otros como un hombre en un traje de negocios o una mujer joven y hermosa. Se hizo evidente para mí que los espíritus no nacidos podían elegir su forma, así como Satanás hizo en el Jardín de Edén, al aparecerse en la forma de una serpiente. Esta fue la primera vez que me di cuenta de que los espíritus que nunca recibirían un cuerpo físico tenían la capacidad de aparecerse de la forma que quisieran. Podrían tomar la apariencia de un individuo vivo si eso les ayudaba a engañar, o para el cumplimiento de sus fines. Podrían aparecerse como imagen de un abuelo, un profeta muerto o la esposa de alguien.

Ellos estaban ahí para hacer un gran daño, tanto como pudieran, y no les gustaba que yo los pudiera ver. La mayoría de los malos espíritus estaban allí con un cometido. Estaban tratando de infundir miedo, confusión y angustia, y todo lo que evitara que el ser terrenal que se les había asignado pudiera escuchar los mensajes de los ángeles de luz que también estaban allí. No sólo hablaban a los mortales para afligirlos, sino que se reían y burlaban de ello, y se deleitaban en su dolor y miedo. Si pudieran convencer a otro ser terrenal a ponerse de pie y torturar o atormentar a su objetivo asignado, ellos lo habrían hecho en un instante.

Eran malvados más allá de cualquier definición del mal que antes había entendido.

La mayoría de esos espíritus malignos estaban allí por encargo de su amo. No estaban solo vagando por la Tierra en busca de maldades que hacer. Cuando se dieron cuenta de que yo podía verlos, se alejaron de mí, a veces desapareciendo y reapareciendo en una parte diferente de la habitación. Me di cuenta de que podía comunicarme con ellos, pero tenía pocas ganas de hacerlo, y ellos sólo se limitaron a mirarme, antes de alejarse.

Los ángeles buenos, los que brillaban con la luz, me reconocieron con un guiño o una sonrisa, y en ocasiones me permitían breves atisbos de lo que estaban haciendo en esa sala de espera, pero luego rápidamente se volvieron a su cometido. Sabía que los malos espíritus podían verme porque me evitaban, pero los espíritus incorpóreos, los muertos que se negaban a reconocer su propia muerte, ni siquiera parecían verme, ni tampoco intentaban comunicarse. Creo que me veían, porque varios de ellos dieron un paso a mi alrededor, pero sin hablarme, similar a como actúa la gente en este mundo, alrededor de otros.

Conocí los espíritus por esa experiencia, ese día en el hospital; alguien que no había aprendido esta lección simple del valor eterno de su propia vida; todavía estaban tratando de proteger sus bienes, sus empresas y cuentas bancarias, y asegurarse de que sus "cosas" siguieran siendo suyas. Estaban andando alrededor de las personas vivas, negándose a pasar a la siguiente parte de su propio viaje, porque nunca habían aprendido a confiar en Dios y sacrificar sus posesiones mundanas en obediencia a la voluntad de Dios. Ellos no reconocen o hablan con los ángeles enviados por Dios para ayudarlos a seguir adelante en su nueva vida. Ni siquiera parecen verlos, aunque yo podía ver y oír claramente.

Me di cuenta de que antes de su muerte, esas personas no habían aprendido a escuchar o reconocer la guía que Dios les brindó mientras aún estaban vivos; y después de su muerte, la sordera hacia la voz de Dios persistía. La misma ceguera, obstinación y desobediencia en la vida mortal, simplemente los siguieron en el mundo de los espíritus.

Tal vez deberíamos preguntarnos: ¿Hemos logrado lo que hemos venido a hacer a la Tierra? El otro lado está constantemente interviniendo para ayudarnos a aprender lo que necesitamos aprender, para que podamos cumplir con nuestra misión en la vida.

Somos enviados aquí para lograr nuestra propia obra, para curar las heridas de las generaciones pasadas y para bendecir a los que nos seguirán. Los espíritus malignos están constantemente tratando de desviarnos de nuestro camino ordenado.

Durante todo este tiempo de ver y entender a esos espíritus en la sala de espera, me mantuve pendiente de lo que estaba pasando con mi cuerpo en la sala de operaciones. Los médicos y las enfermeras seguían trabajando fervientemente en mí, inyectaron en mi corazón adrenalina y mi cuerpo comenzó a revivir. Podía sentir que me llamaba, exigiéndome volver a él.

Dejé a mi esposa y caminé por el pasillo al que me habían llevado en un principio. Una voz que no era la mía me informó que tenía que volver a mi cuerpo rápidamente. Me dije a mí mismo: "¡Tengo que volver a mi cuerpo!", y volví a caminar a través de la pared en la sala de operaciones. Ellos aún estaban trabajando en mí, tratando de revivirme.

Me encontré a mí mismo pasando por un proceso que se sentía similar a cuando salí de mi cuerpo, pero no estaba listo, y me pareció una experiencia intensa, traté de soportarla pero era terriblemente dolorosa. Salí de mi cuerpo de la misma manera que antes, fuera de la parte inferior de la mesa y alrededor de ella, parado junto a mi cuerpo. Los médicos todavía estaban tratando de darme respiración y estaban trabajando en mi cuerpo.

El ministerio de los ángeles

Miré a mí alrededor y vi a tres personas en la habitación de pie frente a mí, al otro lado de mi cuerpo. Ellos me miraban (no a mi cuerpo sino directamente a mí) con expresión de gran interés. Los dos de la izquierda y la derecha eran ángeles que alguna vez habían sido seres terrenales, y que ahora estaban acompañando al espíritu entre ellos que aún no había nacido. Supe al instante que lo estaban entrenando.

El ángel de la izquierda era un hombre delgado, con una especie de barba de candado cerca de tres pulgadas de largo, blanca como la nieve. Supe que había vivido hasta bien entrados los ochenta. Debido a la capacidad que he explicado de saber todo acerca de otros espíritus y los mortales mientras estuve en ese estado, sabía quién era él.

El ángel de la derecha era un hombre más joven. Había vivido en la Tierra después del primer ángel. Ambos ángeles eran progenitores míos.

No se identificaron, pero yo sabía que eran parientes de sangre. Estaban allí protegiendo la vida de mi cuerpo sobre la mesa de operaciones. Estos dos ángeles de más edad no parecían preocupados y no mostraban mucha emoción. Ambos tenían el pelo blanco y el aura de la sabiduría, la luz y la justicia.

El joven de en medio era más alto que los otros dos ángeles. Era delgado pero de fuerte apariencia, no tenía barba, tenía el pelo oscuro, tenía unos penetrantes ojos marrones y un aura de dulzura. Él aún no había nacido, pero sentí su profundo amor hacia mí, que fluía de él a mi alma. Estaba muy preocupado por mí en esa situación de emergencia y no poseía la confianza y la serenidad de los otros dos ángeles.

Los tres ángeles estaban hablando entre sí de manera no verbal, podía oírlos, los ángeles mayores reconfortaban al más joven. "Está bien, todo está bien. No hay necesidad de preocuparse. Estamos aquí para garantizar que Spencer regrese a su cuerpo, ten fe". Esos tres hombres manifestaban el amor y preocupación por mí. Yo sabía que ellos estaban allí por mí, que yo era su preocupación y su asunto, que yo era familiar de ellos.

Cuando por fin volví a mi cuerpo, no se me permitió recordar su identidad. Pero creo que he identificado a los tres individuos a través de fotos de la familia, por mi genealogía. El ángel a mi izquierda era James Henry, el padre de mi tatarabuelo, el ángel de la derecha era su hijo Harold Henry, mi tatarabuelo. Se veían exactamente como en sus fotos antiguas. El espíritu no nacido en el centro era mi hijo por nacer, Spencer Junior. No lo identifiqué hasta que alcanzó su adolescencia, y un día me di cuenta que era exactamente igual que el ángel de en medio. Incluyéndome a mí, había cuatro generaciones de la familia en la sala.

Al mirarlos, me dieron a entender que se trata de una responsabilidad familiar la de servir como ángeles ministrantes. Es una responsabilidad familiar sanar, enseñar, ministrar, proteger y preservar los vínculos familiares y las relaciones de unión en el ámbito espiritual, como en el mundo de los mortales. Esa es su primera responsabilidad como espíritus de los difuntos. Hasta que el trabajo esté hecho, hasta que las relaciones familiares se conserven y se sellen, otras cosas tienen que esperar. Ellos estaban en el hospital ayudándome porque mi trabajo mortal no había terminado y, de una manera que no podía entenderlo, hasta mucho después en mi vida; toda mi vida fue importante para nuestra familia y para ellos personalmente.

Mi hijo no nacido fue particularmente invertido en mi continuidad de vida mortal, pero había mucho más de que preocuparse que de su nacimiento, estaba demostrando su amor hacia el Salvador y, bajo Su guía, fue para estar conmigo en ese tiempo de necesidad.

En el mundo de espíritus que partieron, la enseñanza de la palabra de

Dios a generaciones pasadas debe venir de almas rectas, quienes la adquirieron durante sus vidas. En otras palabras, se debe aprender la palabra de Dios aquí en la Tierra antes de poder ser un misionero y ministro de aquellos que partieron antes de nosotros y que por alguna razón no recibieron la palabra de Dios en sus vidas mortales. Esta es una de las razones por las que lo justos que parten de este mundo son bienvenidos con gozo en el cielo, porque algunas de esas generaciones anteriores han estado esperando un largo tiempo por una descendencia de ellos para poder aceptar el Evangelio de Jesucristo.

Debido a esto, los espíritus de los muertos están entusiasmados por nosotros para poder recibir las ordenanzas del Evangelio y autoridad, y después de terminar nuestras vidas mortales, regresar para enseñarles y traer las bendiciones del Evangelio a ellos en ese lado del velo.

A pesar de que estamos poco conscientes de cómo funciona el Evangelio en ese lado del velo, existe casi una imagen paralela de cada cosa que hacemos aquí, cada ordenanza que realizamos aquí tiene su ordenanza correspondiente en ese lado del velo, hablamos de los que han partido como "los que aceptan o rechazan" nuestras obras a su favor. Su aceptación constituye una ordenanza en su mundo, es una de las grandes urgencias de ese mundo mantener la obra continua aquí en la mortalidad, el tiempo avanza tan rápido que los justos que mueren se ven apurados para cumplir sus asignaciones, y tienen poco tiempo de poner mucha atención en las cosas pequeñas.

En el gran círculo de eventos, la mayoría de las bendiciones dadas a los mortales vienen de sus muertos justos. Cuando oramos para obtener una gran bendición, por una necesidad o sanidad, Jesucristo nos envía a nuestros antepasados rectos como ángeles ministrantes que entregan la bendición. Sí no tuviéramos antepasados rectos, entonces las bendiciones las brindan otros obreros rectos de quienes hay mucha escasez. Cualquier ángel que esté disponible para entregar esas bendiciones trabaja primero con sus propias familias y luego continúa en asignaciones para bendecir a otros, lo cual quiere decir que nuestras bendiciones pueden ser retrasadas al llegar, o venir apenas a tiempo.

Ellos están ocupados trabajando para establecer la relación y para protegerlos y bendecirlos.

Nuestra familia que ya partió, está viéndonos, esperándonos y guiándonos para cumplir con nuestros deberes mortales a fin de regresar, enseñarles y bendecirlos. También aprendí que es una gran bendición haber nacido en una familia donde los que han muerto han sido justos, hombres y mujeres poderosos, sellados legalmente en sus relaciones, de generación a generación. Tienen más poder para bendecir y guiar a los mortales.

Me dijeron que debía intentar regresar a mi cuerpo, no estoy seguro si fueron los tres ángeles, quienes me instruyeron, o vino de mi propio pensamiento, pero me levanté y traté, pero fui rechazado de la manera más dolorosa. Estoy casi seguro de que si los cuerpos espirituales pudieran ser dañados, esa experiencia me hubiese herido grandemente. Tal como fue, pero estaba ileso y no tenía un dolor persistente excepto por el recuerdo de ese mismo dolor. Una vez más me encontraba sentado junto a la mesa de operaciones, viendo mi cuerpo.

El poder de la Caída

Uno de los entendimientos más profundos que tuve en esta experiencia, fue el de poder ver la diferencia entre mi espíritu y ese cuerpo enfermo recostado sobre la mesa. Esa fue la primera vez que experimentaba la yuxtaposición entre mi ser espiritual y mi ser mortal. Estaba consciente del crecimiento que a mi cuerpo mortal le faltaba para llegar al potencial de mi ser espiritual. Mi espíritu era eterno, inteligente, perceptivo y poderoso, mi cuerpo estaba herido, sujeto a la muerte, mentalmente lento en comparación con mi espíritu, inconsciente de casi todo lo espiritual y débil en cada forma posible.

Fue entonces que empecé a darme cuenta de que tan lejos nosotros como mortales hemos caído. Aprendí que éramos diferentes antes de la Caída. Al ver mi cuerpo lo supe todo, cuánto tiempo necesitaba y qué tanto crecimiento y exposición a la verdad necesitaba para que estuviera "terminado" o completado, para poder recibir todo lo que el Padre había preparado. Esto era claro para mí. Entendí todos los cambios que mi cuerpo necesitaba experimentar para ser sano y regresar a la presencia del Padre, parecía casi imposible completar todo en una duración corta de mortalidad.

La primera experiencia fuera de mi cuerpo creó la recolección y refrescó mi memoria acerca de quién era y de quién podría llegar a ser a través de decisiones obedientes. Posteriormente, hice un compromiso, un convenio, se le podría llamar, entre mí mismo como un espíritu y mi cuerpo, y consistía en que yo haría todo lo que se tuviera que hacer para permitirle a mi cuerpo recibir cada cambio, mejora y santificación que se necesitara para poder regresar al Padre conmigo dentro.

Mientras estaba en mi espíritu solamente, era puro, completo, sabio y sabía exactamente quién era y de dónde venía, mi espíritu era a la imagen de Dios, sabía esto claramente. Un espíritu no tiene un velo completo de olvido cuando esta liberado del cuerpo, sabía que venía del Padre y tenía un gran potencial para llegar a ser como Él. Cuando estaba en mi espíritu, yo era todas estas cosas y no había pregunta o incertidumbre de nada, mi espíritu solo quería hacer la voluntad de Dios y nada más, pero en el cuerpo estaba discapacitado por una ceguera espiritual y debilidad moral, estaba cegado por el grito demandante de la carne, estaba lleno de preguntas, incertidumbre, orgullo corrupción, voluntad y deseo de lo malo. Lo peor de todo es que no podía recordar nada de mi vida anterior con mi Padre, no tenía ni una pista de quién era realmente.

La contradicción entre mis dos identidades era abrumadora y paralizante, entendí que esta desigualdad era resultado de la Caída del hombre, y que tenía que vencer esas cosas por medio de la obediencia al evangelio de Jesucristo y sus leyes.

En la próxima experiencia fuera de mi cuerpo de la cual hablaré más adelante en este libro, vi todas las tristezas, pruebas y dificultades que necesitaba perfeccionar en el cuerpo mortal a fin de llegar al estado al que prometí llegar. Con toda honestidad, después de ver todas las pruebas por las que atravesaría, no podía ver cómo es que podía lograrlo. Mi ego se había esfumando porque inmediatamente supe que no podía hacerlo de ninguna manera excepto a través de la interminable gracia de Cristo. Tuvo que ser un milagro de la Expiación, porque conocía mi debilidad muy bien para pensar que yo o cualquier mortal en ese sentido, era lo suficientemente fuerte para hacerlo solo.

Finalmente, en mi última experiencia fuera de mi cuerpo se me enseñó el resultado de ese trayecto, cuándo y cómo finalmente triunfaría sobre todas estas cosas, guardando mis convenios, obedeciendo todos los mandamientos y finalmente regresar mi cuerpo a la presencia de Cristo, habiendo superado la Caída, siendo redimido por Cristo, entonces estaría listo para terminar nuestra misión en los últimos días; con "nuestra" me refiero a mi espíritu y a mi cuerpo. Antes de esas experiencias, no tenía idea de que había una preparación distinta para mi cuerpo, creía que "yo" era mi cuerpo y estaba creciendo a través de mis experiencias. Aprendí que "yo" soy realmente mi espíritu mismo, que tiene una naturaleza divina, y que mas que vencer mi cuerpo, al golpearlo y someterlo, mis problemas estaban ingeniados para elevar mi cuerpo a la altura de mi espíritu.

Regresaré a esas experiencias más adelante. En este punto aún estaba afuera de mi cuerpo en el hospital, esperando a que mi espíritu reentrara en mi cuerpo.

Explorando el hospital

Decidí que aún tenía un poco de tiempo antes de que mi cuerpo reviviera. Esperaba que este reviviera, más que nada por la confianza y las palabras de los tres ángeles que estaban de pie cerca de mi cuerpo, y como no me habían sacado del hospital, no había visto un túnel de luz o un mensajero del cielo como en realidad lo había esperado, así que sólo asumí que mi destino era sobrevivir de alguna manera y seguir viviendo. El tiempo para un espíritu se mueve diferente al de un mortal, aún cuando fueran tan solo pocos minutos de los mortales, tuve el tiempo de explorar esta situación increíble de estar fuera de mi cuerpo.

Decidí experimentar y echar un vistazo, aunque sonara frívolo, o como si no me importara mi vida mortal, la verdad es que amaba mi vida, a mi esposa y a mis hijos, todo esto, y no esperaba morir, pero otra verdad es que había estado enfermo y adolorido por un largo tiempo, y el estar fuera de mi cuerpo fue un gran alivio. Sentí gran paz y una total ausencia de miedo. Cada vez que intentaba regresar a mi cuerpo lo encontraba horrorosamente doloroso. No existen palabras que me hicieran posible describir lo intenso que esto fue. Mi cuerpo estaba muy, muy enfermo y al tratar de volver, podía sentir esa enfermedad y dolor empezando otra vez a abrumarme, pero aun más que eso era como estar estrujado a través de una abertura muy pequeña bajo alta presión.

El proceso de reentrar al cuerpo era agonizante por sí solo, y el hecho de que estaba enfermo y adolorido hacía que toda la experiencia fuera lo más desagradable de toda mi vida. Así que, con esta afilada habilidad de percibir el pensamiento de los demás, hasta su pasado, su futuro y con una mente naturalmente curiosa, pensé que podía disfrutar los pocos minutos que tenía hasta que mi cuerpo me llamara a intentarlo de nuevo. Hasta este punto, no tenía planeado atentar contra mis propias intenciones.

Ya había experimentado caminar a través de las paredes y tenía curiosidad de experiméntalo otra vez. Me sentía cómodo haciéndolo porque continuaba estando completamente consciente de lo que mi cuerpo estaba experimentando sin importar el lugar donde estuviera del hospital, volteé y caminé a la pared más cercana, me detuve por un momento, y pasé a la siguiente habitación. Estaba en la oficina del doctor, habiendo caminado a través de un escritorio de madera, una silla de madera y un sofá de piel.

Escuchando la madera y las rocas

Me detuve un momento para permitir que la desbordante información se fijara en mi mente. Al pasar por el escritorio me di cuenta de que estaba hecho de tres árboles diferentes, vi cada uno, los conocí desde el momento en que su semilla germinó hasta que fueron cosechados, triturados y moldeados en un escritorio. Había un componente vivo en la madera, era inteligente pero tenía un poco de voluntad, estaba contento de ser madera y complacido de que alguien lo escogiera para ser moldeado como este escritorio. Era un escritorio de madera muy hermoso, sabía que el mueble entendió el amor que el artesano había puesto en su trabajo, el escritorio también se sintió puro y valorado porque nunca había sido usado para nada que ofendiera a Dios.

Me gustaría decir más acerca de este fenómeno de entender las cosas materiales, pero las palabras me fallan. Entendía la emoción y el motivo del hombre quien lo cortó, sabía su nombre y todo acerca de su vida también, como lo hice asimismo con todo aquel que usó o tocó este escritorio, entendí todo acerca del algodón en el sillón y la piel del sofá. Todo esto me daba la bienvenida y se complacía al comunicarme su vida y lo que tuvo que pasar para ser sofá. Entendí al ganado, cuya piel se esconde cubriendo el sofá, sus vidas y su sacrificio, habían dejado toda esta información en su piel, pero el espíritu de la vaca estaba en otra parte, no en la piel, aunque todavía complacido y contento con los beneficios a la humanidad, a quien sus vidas y sacrificio habían servido. Estaban complacidos de que fue para beneficio de los hijos de Adán.

El propósito de las cosas

Podría resumirlo de esta forma: Todas las cosas que hay en el mundo, están aquí por un propósito, llevar a cabo la inmortalidad y la vida eterna del hombre. Algunas cosas están aquí para alimentarnos, algunas para brindarnos comodidad, algunas para crear belleza, protección, como la medicina. Algunas otras para proveer oposición, inquietud y dolor, pero todas ellas están aquí para crear este mundo que exalta al hombre. Todo esto es el plan de Dios, y ninguna parte de esto es prescindible; hasta los mosquitos y virus son parte del plan. Mi experiencia con todas estas cosas no humanas fue que ellas están complacidas de realizar su parte de la creación, y que la recompensa de hacer esto es aceptable y deleitable para cada uno de ellos.

Era maravilloso darse cuenta que la vida es mucho más intrincada de lo que podemos imaginar o concebir en nuestro cuerpo mortal. Dios ha provisto un detallado e inspirado sistema para exaltarnos. Una gran parte de esto es darnos la oportunidad de estar en un cuerpo, un cuerpo que desea casi todo lo contrario al plan de Dios. Jesucristo nos da a través del Espíritu Santo todo lo verdadero, hablando a nuestro espíritu cada vez que tenemos que escoger entre lo bueno y lo malo. Entonces, cuando pecamos, nos podemos arrepentir y obedecer Sus mandamientos para permitir que la Expiación obre en nosotros. Todo este proceso está diseñado por Dios para juntar nuestro espíritu con nuestro cuerpo en cumplimiento de las leyes de Dios, y para regresar cuerpo y alma, conectados inseparablemente de regreso a Su presencia para ser juzgados, para dar un informe.

Nuestra gloria premortal

Me intrigaba ver que nuestros espíritus vinieron a esta Tierra casi como en un estado de dioses, esperaba que hubiera algunos espíritus que vinieron aquí con motivos y deseos impuros, pero me di cuenta que mi espíritu solo deseaba lo bueno, solo deseaba estar en armonía con Dios. Era mi cuerpo esclavo de lo mortal, deseando cosas que eran contrarias al plan que Dios tenía para mí.

Cuando mi espíritu fue puesto en mi cuerpo al nacer y perdió todos los recuerdos de mi larga y buena vida anterior, cayó, o fue sujeto a la Caída del hombre cuando entró a mi cuerpo. La gran parte del propósito de la mortalidad es estar apartado de Dios y entonces tener que aprender a escuchar la voz de Cristo y vencer el estado mortal de nuestro cuerpo. En el mismo proceso, también aprendemos a perfeccionarlo, a enseñarlo en perfecta obediencia de acuerdo a la voluntad de Cristo, y al hacerlo vencer al mundo y la Caída.

Para mí, alguien inexperto en las cosas profundas y divinas del mundo espiritual, todo esto fue "deleitable". Estaba entusiasmado de poder vivir estas experiencias y sentir el amor que venía de todo lo que tocaba, aún de las piedras, la piel y la madera. Me deleitaba del amor que sentía fluir de mí hacia ellos. Parecía que todo lo que había sido creado por Dios tenía su historia y se complacían en que yo fuera capaz de escucharla. Lo único que escuchaba era gozo y alabanza hacia Dios de estas cosas. Me di cuenta que en las cosas hechas por la mano del hombre, como el acero y el plástico, era más difícil caminar a través de ellas, además carecían de voz. No podía discernir su historia o antecedentes. Estaban muertos para mí en ese momento. Después aprendí que eran parte de la vida terrenal, pero no lo supe hasta mucho después, al tener experiencias en la tierra. Simplemente no estaba listo para eso en ese momento y fue muy difícil prepararme para cuando eso se presentara más delante durante el Milenio. Conversar con una pieza de madera es como tener un perrito pisándote la punta del dedo, moviendo su cola, dándote la bienvenida con su hermosa alma y amada personalidad. Hablar con la Tierra es como tener un planeta en tu cuerpo, soportando el peso de una gran, gran inteligencia, de un conocimiento perfecto y una memoria sin defecto, de todo lo bueno y malo que ha existido en ella, y los llantos de la sangre clamando a través de los siglos por justicia, de inmensa tristeza, de paciencia divina y la dicha más grande regocijándose en su liberación final. Es estar cara a cara con un ser vivo, brillante, inteligente, un ser del tamaño de un planeta, el cual es amor y odio, es ansioso y paciente, habiendo sido leal y fiel en todas las cosas. No es algo en lo que uno pueda estar listo sin tener una gran experiencia espiritual y preparación divina.

Estaba muy interesado en las piedras y en la cantería, cuya voz era antigua, preparando la formación de la Tierra.

Ella recordaba su creación, su deleite y regocijo, en ser hermosa y útil para el hombre. Me di cuenta que me gustaban las piedras. Todas magnificaban a Cristo. Me gustaba su compañía y su sentido de paciencia interminable, y de adoración eterna a Dios.

Ahora considere, si pudiera disfrutar las piedras, cuya inteligencia y voluntad son muy limitadas y menos divinas, cuán más profundos y gloriosos son los seres humanos, quienes son aún más que las piedras, sin embargo, no valoramos a esos seres humanos, excepto por lo que hacen para nosotros. Cada persona que conoces ha estado viva desde siempre. Antes de la creación de la Tierra, y son dioses en infancia, ahora los vemos como empleados, doctores, amigos, familia o hasta como enemigos o como fuente de nuestras pruebas. Pero pocas veces los vemos como lo que son, dioses en potencia. Vi esto como un impedimento tremendo para nuestro crecimiento. Habla de lo profundo que hemos caído, porque

33

no hace mucho tiempo atrás, en el espacio eterno de las cosas, cuando entendíamos el plan más claramente y el valor de cada alma, nos estábamos convirtiendo en dioses (con "d" pequeña).

En esta vida, en un cuerpo mortal que no sabe nada del plan de Dios plan para nosotros, nos oponemos a Él. ¿Cuál es Su plan? Es llevar a cabo la inmortalidad y la vida eterna del hombre. Así que todo lo que experimentamos está diseñado para llevarnos más lejos en nuestra travesía.

A través de esta experiencia fuera del cuerpo, toda esta información fue infundida en mi espíritu. Desde entonces el velo se ha vuelto más delgado para mí en algunos aspectos. No puedo recordar únicamente lo que Dios me ha mostrado y enseñado en visiones, sino que he tenido Su voz reveladora que me enseña cada momento de mi vida, justo como cada mortal lo hace, a través de la luz de Cristo y la voz del Espíritu Santo. El tener ambas perspectivas en la obra de Dios, ha adelgazado el velo en muchas maneras.

Mientras caminaba en el hospital conocí a otros mortales, algunos eran trabajadores, otros eran doctores y enfermeras, no vi muchos pacientes, al estar en lo que sería un área administrativa del hospital. Cada vida mortal era completamente transparente para mí, como si su verdadero ser, cada secreto, verdad y mentira estuviera siendo transmitida por ellos mismos hacia el mundo entero. Para mí todo era revelado y todo me era visible. Esto me pareció deprimente, porque podía ver el problema que habían creado ellos mismos. Podía ver cada error así como cada acción buena que habían hecho, sentí una gran tristeza por muchos de ellos y después de un tiempo difícilmente podía soportar la idea de conocer a otra persona.

Me di cuenta que era mucho más placentero saber sobre la madera y las piedras que de los humanos. Estaba intrigado por su historia compleja, que esos materiales me mostraban en el instante en que los tocaba, me sentí atraído por su vibra positiva y conformación eterna.

Un clamor por justicia

Encontré algunos objetos en el hospital que se han entristecido por el uso que le han dado sus dueños, algunas cosas han sido usadas para crímenes o para violencia, o propósitos inmorales, y su voz incluía un llanto de liberación y justicia. No era un chillido penetrante ni un sonido desagradable, pero era interminable y llevaba los detalles vívidos de la injusticia. Sabía que el objeto por sí mismo no estaba mermado o condenado, pero esperaba con paciente expectativa el día de la redención.

Caminé hacia la pared, dentro de una elegante oficina, estaba más bonita y amueblada que otras, con hermosos cuadros en las paredes y muebles de madera ornamentada. Consideré ir hacia afuera para ver de quien era esta oficina, pero mientras caminaba por el escritorio, me impactó lo que sentía dicho escritorio, estaba anhelando redención, me di cuenta que recientemente una serie de cartas de amor habían sido escritas en este escritorio, promoviendo un romance que finalmente dañaría a mucha gente. Sabía el contenido de cada carta y el verdadero sentir y manipulación del escritor así como la reacción del lector. Me alejé sin esperar recordar tal oleada de tórridos detalles, pasé por el sofá y este testificó del mismo lío y los hechos deshonestos que habían ocurrido ahí, algunos recientemente. No pude encontrar ningún lugar en esa hermosa oficina que no estuviera triste u ofendido, o clamando redención.

Regresando a mi cuerpo

Estaba a punto de salir cuando nuevamente sentí el llamado de mi cuerpo. Instantáneamente me encontré de regreso en el cuarto de operaciones observándome a mí mismo. En todas mis experiencias después de salir de mi cuerpo, me levantaba, pero durante esta experiencia, por razones que aún no entiendo, dejé y volví a entrar en mi cuerpo desde abajo.

De pronto, me encontré bajo la mesa, moviéndome rápidamente, moviéndome rápidamente a través de ella y dentro de mi cuerpo desde abajo. Esta vez fue la más dolorosa que cualquier otra. El dolor estaba siendo experimentado por mi cuerpo, pero al conectarme con él, lo sentía todo. Aun estaba consciente de mi espíritu, que como lo he descrito, ha desarrollado sensibilidades. Por un momento pude sentir ambos, mi espíritu que estaba sacudido y golpeado por el dolor de mi cuerpo, y el dolor que experimentaba mi cuerpo. El impacto del dolor de ambos era sobrecogedor, entonces, un instante después, estaba solamente consciente de mi cuerpo.

Estaba de regreso, no solo me estaba despertando de una anestesia, sino que estaba totalmente consciente y al tanto de todo. Estaba enfermo, casi tan enfermo como lo está un mortal cuando está todavía con vida. No tenía energía ni siquiera para guiñar los ojos, tenía demasiadas náuseas pero estaba muy débil para vomitar. Los latidos de mi corazón eran irregulares y me sentía mareado debido a todos los medicamentos que me habían inyectado. No podía creer que eso fuera mi cuerpo; me sentía más enfermo que nunca. Me sentía agobiado del cuerpo, como sí mi espíritu quisiera salir volando de él otra vez, pero mi cuerpo lo sostenía con un tremendo peso. Tenía problemas para respirar, podía oír a las enfermeras y a los doctores hablando ansiosamente entre ellos y luego conmigo.

Abrí mis ojos, mi percepción de lo que pasó en el tiempo era que estuve fuera de mi cuerpo por cinco o seis horas, había visto y experimentado tanto y había recorrido los pasillos del hospital sin un sentido de urgencia, empujando mi cabeza hacia las puertas cerradas y caminando por cada pared que podía encontrar. Sin embargo, cuando mis ojos finalmente se enfocaron en el reloj de la pared de la sala de operaciones, vi que sólo habían pasado veinte minutos.

No tenía sentido para mí, me sentí confundido. Me despertaron y me dieron un poco de jugo de naranja; me sentía enfermo, así que me dijeron que me recostara y descansara. Un doctor se acercó y me contó lo que había pasado. Habló de todo de forma casual, como si esto pasara todo el tiempo. Quería que fuera a su oficina por un rato y descansar para asegurarse de que yo estaría bien.

Me sentía muy débil, pero ellos le insistieron a mi esposa Lyn para que me animara. Ella me llevó en una silla de ruedas a su oficina, ella no se daba cuenta de lo que acababa de pasar. Reconocí su oficina con muebles ornamentados, donde había ocurrido la aventura de amor, pero los muebles estaban silenciosos, no hablaban más con mi espíritu, el cual estaba aparentemente firme en mi cuerpo.

Le dije a la enfermera que estaba con nosotros: "He estado muerto". Ella sacudió su cabeza y dijo: "no, tu solamente acabas de pasar un momento difícil con el contraste de yodo, pero ahora estás bien". Ella lo estaba asegurando nuevamente, pero no entendía lo que yo trataba de explicar. Todos los que hablaban con nosotros trataban de minimizar lo que acababa de suceder. No querían oír nada de lo que tenía que decir. Media hora más tarde, me dijeron que estaría bien y me mandaron a casa.

Muchas experiencias diferentes con la muerte

Gran parte de esta experiencia fue que empecé a entender la libertad de escoger y que las personas tienen diferentes experiencias después de la muerte. Esto es algo que seguramente nunca había supuesto.

Algunas personas ni siquiera admitirían que estuvieron muertos. Otras, como yo, solamente esperamos que los cuerpos fueran restaurados para que los pudieran reingresar. Estas personas estaban teniendo experiencias de diferentes tipos, a algunos se les daba la oportunidad de escoger regresar a la vida mortal. Parecía que yo no tenía esa oportunidad, ya que sólo fui llamado de regreso.

Algunos de los muertos fueron encontrados por los ángeles de luz que los acompañaban lejos del hospital, en una columna de luz. En ese momento, especialmente después de intentar varias veces reingresar a mi cuerpo, los consideré como los más bendecidos.

Esta experiencia fuera de mi cuerpo solo me ha causado décadas de procesar la información e intentar entender. El narrar este libro ha sido realmente la primera vez en mi vida en la que he intentado poner todas las experiencias en palabras. Me he preguntado, he reflexionado y he orado acerca de ellas la mayor parte de mi vida, pero esta es la primera vez que las describo en voz alta. Es interesante para mí ver lo difícil que resulta, cómo unas pocas palabras están ahí para describir el verdadero significado de la vida y lo que realmente pasa al morir.

De regreso a casa

Algunos días después de que llegamos a casa, comencé a sentirme mejor. Le conté a Lyn acerca de mi experiencia fuera del cuerpo y de que la visité en la sala de espera. Le dije que realmente había muerto. Ella estaba escéptica, aunque le pareció inexplicable cómo es que sabía el artículo de la revista que estuvo leyendo hasta que tuvo que parar de leer cuando escuchó las bocinas: "¡código azul!, ¡código azul!", le conté todo, como ella miraba arriba y luego se paraba y agarraba la revista en una mano, todo esto. Me confirmó que todo lo que dije era verdad, aunque no podía creer que realmente estuve muerto por veinte minutos.

Ella pidió una cita con mi doctor y fuimos los dos, quería saber la verdad de lo que pasó ese día. El doctor no admitió que había muerto, lo único que él dijo fue: "hubo unos momentos espantosos cuando su corazón se detuvo, no estaba respirando pero lo revivimos", minimizó completamente la experiencia y nos dijo que no nos preocupáramos más, pero en mi opinión creo que lo que realmente dijo fue: "por favor no nos demanden".

CAPÍTULO DOS

EL PARAÍSO PERDIDO

Acomodando mi vida

Al reacomodar mi vida pensé en todas estas experiencias a diario, reflexionando sobre ellas y su significado. Había tantas cosas que eran contrarias a mis arraigadas creencias, especialmente sobre mi padre biológico y mi nacimiento. Cuidadosamente registré estas experiencias en mi diario, también medité diariamente cómo cambiar mi vida conforme a lo que Dios me había enseñado.

Antes de esto, mi meta en la vida era avanzar en mi carrera, convertirme en un profesor de tiempo completo y jubilarme cuando cumpliera los cincuenta. Mi meta era hacerme rico, ser reconocido, escribir libros y volverme famoso. Quería trabajar en la Iglesia, servir en cualquier llamamiento, trabajar para "ascender en el sacerdocio", como lo pensaba entonces, probar ser fiel y servir en la Iglesia de los Santos de los Últimos Días.

Después de esta experiencia más allá del velo, pasé los siguientes diez años redirigiendo mi vida de ego-centrista a Cristo-centrista. No fue una transición sencilla. Tuve que darme cuenta de que todas mis metas estaban mal alineadas al plan que Dios tenía para mí. Durante toda mi vida me habían enseñado a ganar dinero, sostener una familia y ser reconocido por el mundo; entonces el Señor te usará de cualquier manera porque estarás preparado, serás rico y estarás disponible.

No estoy seguro si previamente a esta experiencia yo me había suscrito completamente a esta meta en la vida, aún así esto había sido una enseñanza de mis líderes, incluso de mis dos presidentes de mi misión. Nunca me sonó totalmente verdadero, y ahora sé por qué. Antes de eso, pensaba firmemente que necesitaba llegar a un lugar en mi vida donde Dios pudiera conocerme, ver mis buenas obras y mi determinación, entonces Él sabría lo que yo era capaz de hacer.

Después de esa experiencia, yo supe que Dios ya me conocía detalladamente, y mucho más de lo que yo creía conocerme. Lo que Él me había estado enseñado en esta experiencia fue: *Spencer, estás en un error, necesitas aprender a verte a ti mismo como yo te veo y conocerte como yo te conozco, no al contrario. Ya sé todo sobre ti.*

El estar fuera de mi cuerpo y saber sin duda alguna, con total seguridad, que hay una gran obra espiritual y un mundo espiritual que no podemos ver, me sacó de un círculo que rodeaba sólo a Spencer y expandió ese círculo que simbolizaba mi entendimiento, e incluyó este mundo invisible de seres celestiales, incluyendo a miembros de mi familia, ángeles y a Jesucristo en persona. Esto me cambió para siempre.

Como lo mencioné antes, parecía que los ángeles dejaron abierta la puerta del cielo. Seguía viendo a la gente, pero de un modo diferente al de antes. Yo podía verlos hasta cierto punto a través de los ojos de Dios. Podía amarlos más y el Señor a veces me enviaba a ayudarlos de maneras en las que de otra forma hubiera sido imposible, formas milagrosas, podría parecer, si no reconociéramos que la mano de Dios está siempre presente en nuestras vidas.

Después de esta experiencia que alteró mi vida, empecé a recaudar información acerca de Dios para darla a mis clientes. En ocasiones tenía que esperar a que dejaran de hablar y así poder contarles lo que recién había aprendido. Con el tiempo, a medida que me volvía más sensible a las cosas espirituales y más obediente en mi repuesta hacia ellas, mi discernimiento mejoró. Mi visión de sus vidas mejoró, a veces veía las cosas que les habían pasado a esos clientes en mis visiones, y mi compasión y entendimiento era mayor por ellos. No podía ayudarlos, pero no podía dejar de mostrarles comprensión.

Nunca estamos solos

Algo significativo que también aprendí es que nunca estamos solos. Los ángeles siempre están presentes, tanto buenos *como* malos.

También me di cuenta que a través de mi comportamiento, humor o pensamientos yo estaba en control de quien estaba en la misma habitación conmigo. Solía tener sentimientos o emociones negativos, y ser controlado por ellos. Comencé a darme cuenta de que estaba lidiando con espíritus obscuros que me controlaban cuando les daba permiso por medio de mis emociones. Me di cuenta de que yo tenía el control y trabajé duro para permanecer positivo y amoroso, para invitar a los seres divinos a mi vida que me inspiraron a mí y a aquellos que me rodeaban. Ahora es un principio de mi fe que para bien o para mal, nunca estamos solos.

También me he dado cuenta de que nuestro albedrío está siempre presente, tanto que aunque estén buenos ángeles a nuestro alrededor, nosotros todavía debemos invitar su intervención. Nosotros los invitamos a ayudarnos por medio de la oración, teniendo esperanza, sintiendo fe y creyendo. Hasta las palabras que pensamos en silencio o hablamos para nosotros, importan. "¡Por favor enséñame cómo!" "¡Por favor ayúdame!" "Por favor, Dios, ayúdame a encontrar mis llaves," "¡Por favor Dios, salva a mis hijos!", todas estas cosas activan cosas poderosas desde el otro lado del velo. Estas se vuelven más poderosas cuando hemos aprendido a responder a las indicaciones del Espíritu Santo, porque podemos obtener respuestas a estas oraciones urgentes más rápida y profundamente.

Cada vez que Dios se ve envuelto en nuestras vidas, nos está enseñando y llevando a cabo nuestra vida eterna. Cuando el Padre responde nuestras oraciones, lo hace a través de los ángeles, porque los ángeles también crecen. Ellos aprenden como sería "ser" como Dios, el servir y transmitir las respuestas de Dios a las oraciones de sus hijos. Este proceso es extremadamente ordenado y divinamente armonizado. No existen las casualidades o coincidencias en su trabajo. Los buenos ángeles están sujetos a Su mandato y limitados o facultados por nuestra fe. No hay momentos "accidentales" cuando se trata con Dios o Sus mensajeros. Las oraciones nunca son contestadas incorrectamente debido a un error del otro lado. Todo sucede como Dios ordena.

Redirigiendo mi vida

Ahora, toda esa búsqueda mundana que creí definiría mi vida, fue sustraída. Se me mostró que la mayoría de lo que trataba de hacer era erróneo para mí, que era una búsqueda equivocada y que debería detenerla. Así que intenté obedecer, terminé de estudiar y me establecí profesionalmente porque vi que era parte de lo correcto para mí.

A menudo en mi trabajo pido al Padre Celestial que permita que los ángeles que me rodean a mí y a mi cliente puedan intervenir. Lo hago con la completa seguridad de que Dios me oye y los ángeles responden. Quizás tenga más fe en este principio porque he visto ángeles.

Antes de esto, yo había trabajado en un gran hospital con niños que padecían cáncer. Había veces cuando podía ver con ojos espirituales una intervención angelical para alargar la vida del niño, y sabía de antemano lo que sucedería. Estas veces resultaron en sanaciones que solo podían ser milagros de Dios. Aunque a veces también me daba cuenta cuando la vida de un niño estaba por concluir, habiendo terminado su obra en esta vida. El niño moriría poco tiempo después. Entonces sentía una gran paz al saber que sus vidas fueron cortas pero completas, podía compartir esta serenidad con sus padres y su familia.

En esa ocasión estaba enseñando como maestro orientador a una hermana soltera con tres hijos. Ella padecía cáncer cerebral, yo quería curarla. Quería invocar el poder del sacerdocio para sanarla. Me pidió que le diera una bendición, pero cuando puse mis manos sobre su cabeza, una visión me mostró que no viviría más de un año. No quería decírselo, así que le di una bendición de consuelo, pero no era la oración que quería darle, ni la oración que el Padre tenía reservada para ella.

Ella volteó hacia mí después de la oración con lágrimas rodando por su rostro, y preguntó: "¿Por qué no me dijo lo que vio?" ¿Por qué no me dio la oración que sintió?", le pregunté a que se refería, ella dijo: "yo tuve la misma visión que usted. No viviré más de un año". Le respondí: "temía decirlo, tenía temor de decirlo, de desilusionarla y asustar a sus niños".

Ella respondió: "ya que es la voluntad de Dios, esto me ayudaría a aceptarlo. Esto es lo que necesitaba ver, aunque no lo mencionara, lo vi también y sé que es cierto. Gracias por esta bendición".

Ella vivió once meses más y después falleció, dejando atrás tres niños en manos de sus familiares. Esa solo fue una de muchas poderosas experiencias en las que mis habilidades y mis sentimientos espirituales se intensificaron. Desafortunadamente, yo no era lo suficientemente fuerte para comunicarle con las palabras apropiadas, así que nuestro Padre le mostró a esta joven madre la misma visión que tuve. Aprendí mucho acerca de mi responsabilidad al hacer Su obra; aunque el miedo intente detenerme al decir lo que se tiene que decir, siempre hay que hacer lo correcto. Desde entonces intenté no temer a las emociones y preocupaciones del hombre más que a la voluntad de Dios.

Después de esta experiencia fuera del cuerpo, mi vida pasó a través de una larga y difícil evolución, especialmente si consideramos que dichas decisiones no fueron enteramente mías, ya que estos eran también los sueños de mi esposa y mi familia. Les había hablado a ellos de mis sueños por años, y ahora estaba tratando de mostrarles por qué había cambiado mi vida y mis metas.

Estos cambios no se lograron sin resistencia. Además de mi familia, casi todos mis compañeros, profesores y colegas universitarios, incluso aquellos que fueron mis mentores y me ayudaron a avanzar en las universidades, se resistían a los cambios que estaban sucediendo. Algunos de ellos me veían como autodestructivo, otros sólo me veían como un tonto. Incluso hubo algunos que me dijeron que había sufrido una crisis nerviosa o mental. Los escuché a todos, pero decidí seguir adelante con la determinación de hacer lo que se me había mostrado. Dejé algunas de mis especialidades de pasantía en el hospital, me retiré de muchas reuniones en la universidad y me dediqué más a mi práctica privada.

Durante este tiempo de cambios, mi salud continuó degradándose lentamente, mi sistema inmunológico dependía de la cirugía, y muchos otros problemas de salud. Tuve cirugía en la vesícula biliar, en el apéndice y otra de senos nasales, ya que tenía continuas infecciones.

He tenido fiebre reumática dos veces, un soplo cardiaco y cada resfriado y gripe que haya azotado la ciudad. Ahora me doy cuenta de que estas enfermedades eran una continuidad de mi insalubre estado emocional que adquirí desde mi niñez. Aún no he aprendido a evitar que dichas pérdidas se manifiesten como padecimientos físicos. También trabajé duro durante un largo periodo y no me era posible comer bien, no dormía lo suficiente, cuando me ejercitaba ignoraba mis límites o dejaba el ejercicio por largos periodos de tiempo.

La última y más grande razón de todas para estos problemas de salud era que estaba predestinado a sufrir dichas crisis de salud y así experimentar varias veces la muerte y tener estas visiones. Ahora sé que antes de que yo naciera, yo escogí este camino para mí.

Estaba contento de haber sido capaz de escoger este camino para mi vida, y aunque ha sido duro, doloroso y siempre aterrador, aun siento que mi vida ha sido tremendamente bendecida por este proceso en mi vida. No escogería un camino diferente, aunque fuera capaz de hacerlo.

En ese entonces, Lyn y yo teníamos cinco hijos. Mi esposa e hijos habían estado bien durante ese tiempo, aunque teníamos los retos normales que las familias jóvenes enfrentan.

Tahití

Después de todos estos retos médicos, cambios en mi profesión y crecimiento familiar, mi amada esposa y yo decidimos tomar unas muy merecidas vacaciones de la vida cotidiana, e ir a Tahití en Marzo de 1995. Nosotros planeábamos ir con los padres y hermanos de Lyn. Todos dejamos a los niños en casa, y estábamos entusiasmados por salir de la rutina. Lyn y yo esperábamos mejorar nuestra relación, nuestros sueños y mi salud a través de la relajación y descanso en un paraíso tropical.

Tomamos un largo vuelo a Los Ángeles y después a Honolulú, de ahí volamos a Tahití. Un desafío con el que he luchado toda mi vida es que no puedo dormir durante un vuelo. Llegué a Tahití privado del sueño, después de un viaje de veinticuatro horas. Llegamos a la isla Papeete, en donde está situado el templo de los Santos de los Últimos Días.

La isla era hermosa y cálida, una gentil brisa soplaba. Abordamos un bote y viajamos a la cercana isla Moorea y a su pequeño centro vacacional. Al llegar nos encontramos con que el hotel era una serie de encantadoras cabañas, cada una consistía de una gran habitación bajo un techo de palma. Las paredes eran abiertas y estaban cubiertas con una red para insectos, solo había un baño en la parte posterior del búngalo. Las habitaciones estaban decoradas con motivos y pinturas de la isla, era absolutamente encantador.

Era época de invierno en casa, así que pasamos de ventiscas y nevadas a un paraíso tropical. Recuerdo haber comentado que eso era como Bali Hai en el musical South Pacific. Había montañas volcánicas púrpura al centro de la ciudad que se inclinaban a través de la exuberante vegetación hacia un hermoso parque, el cual terminaba perfectamente en las arenas blancas y en las cristalinas aguas azuladas del océano. Un arrecife de coral protegía la isla de las olas y de grandes peces y tiburones.

La familia de mi esposa y yo llegamos exhaustos del largo viaje, éramos veintidós personas. Cada pareja tenía su propio búngalo en la playa. Acordamos tomar una ducha y refrescarnos después del largo viaje para después encontrarnos en el restaurante que estaba conectado al hotel.

Me di cuenta de que estaba demasiado fatigado para ir a cenar y le pedí a mi esposa que me trajera algo del restaurante. Ella estaba preocupada por mí, pero asumiendo que sólo era la fatiga, aceptó y se fue. Yo abrí la regadera y el agua que salió de ella era color barro. Sentí repugnancia, así que dejé que el agua corriera hasta que saliera un poco más limpia.

Mientras me duchaba, mi corazón se aceleraba, creí que se trataba de la falta de sueño. Me vestí, me recosté en la cama y comencé a sudar profusamente. Ahora sabía que algo andaba mal, pero no había teléfono en el búngalo. Sentí un dolor que me oprimía el pecho, el cual empeoraba. Estaba teniendo dificultades para respirar y no tenía la posibilidad de pedir ayuda.

La siguiente cosa que recuerdo fue que me levanté fuera de mi cuerpo hacia el techo, se sintió igual que cuando morí doce años antes mientras me administraban el contraste para rayos-x, excepto que esta vez me levanté hacia el techo y no hacia abajo de mi cama.

Lo primero que pensé fue: ¡estoy muriendo en el extranjero!, me preocupé de cómo mi esposa iba a hacer los trámites para transportar mi cuerpo de vuelta a Estados Unidos y que los niños estarían devastados. También sentí que quería dejar la cabaña y explorar la isla, pero también tenía una fuerte sensación de que necesitaba quedarme en mi cuerpo. Justo en ese momento mi esposa regresó a la habitación. Yo esperaba poder regresar a mi cuerpo, entonces regresé del techo a mi cuerpo. Y fui capaz de decirle que estaba muy enfermo. Ella se sentó en la orilla de la cama y habló conmigo durante un tiempo. Le dije que sospechaba que estaba muriendo, porque una vez más estaba teniendo esas experiencias fuera del cuerpo.

Ella estaba realmente preocupada y tomó mi pulso, que se me estaba acelerado. Regresó al restaurante para traer a su padre y a mi cuñado. Ellos me dieron una bendición del sacerdocio. Yo trataba de quedarme en mi cuerpo lo suficiente como para recibir la bendición pero estaba teniendo problemas para hacerlo, todavía me sentía como si estuviera flotando. La bendición mencionaba que me recuperaría y que aún tenía trabajo por hacer en esta vida. También decía que si necesitaba de cuidados médicos, sería bendecido para estar lo suficientemente fuerte para esperar hasta nuestro regreso a los Estados Unidos.

La hermana de Lyn es una enfermera certificada y habló con el personal del hotel acerca de opciones médicas en la isla. Había una clínica pequeña al otro lado de la isla. La clínica solo tenía un par de enfermeras y ocasionalmente un doctor. Decidimos que sería mejor quedarme en donde estaba y no arriesgarnos a hacer el viaje a la clínica.

Después de la bendición me dieron algunas aspirinas y decidí que sólo me quedaría en cama y trataría de recuperarme. Les dije que iba a dormir y les aseguré a todos que estaría bien, aunque sospechaba que dejaría mi cuerpo nuevamente. Ellos se reconfortaron y regresaron al restaurante para terminar la cena.

Yo me recosté en la cama, orando, suplicando al Padre Celestial que si necesitaba que yo dejara la vida mortal, que por favor me esperara hasta que regresara a los Estados Unidos, en donde podría hacerlo sin arruinar las vacaciones de estas personas. También sentí, por alguna razón, que sería muy desafortunado pasar en el extranjero a la siguiente vida.

Una vez más abandoné mi cuerpo y fui hacia el tope del techo. Había un gran ventilador en el techo que estaba encendido al máximo. Me encontré por encima de mi cuerpo y a un lado del ventilador. Esta vez la única diferencia era que estaba totalmente solo. No había ningún otro espíritu que me saludara o que me cuidara. Esperé un largo tiempo cerca del ventilador, me sentía abandonado, sin apoyo. Fue desconcertante para mi saber que estaba en un mundo lleno de espíritus y aun así yo estaba solo. Otra vez le supliqué al Padre enviar un espíritu fiel para que estuviera conmigo, para que yo no muriera, perdido y solo en esa extraña tierra.

Una voz vino a mi espíritu, como si entrara en mi pecho, diciendo que necesitaba ir a través de esta penumbra para entender lo siguiente que vendría en mi vida. En esa ocasión no entendía lo que eso significaba, con el tiempo fui capaz de entenderlo. Eso significaba que aún necesitaba entender el sufrimiento viendo al mal en su lado más oscuro. Yo era ingenuo en esa etapa de mi vida, quería creer en la bondad inherente de las personas. Estaba a punto de ver en una visión a aquella gente cuyo propósito era vivir para hacer el mal. Preferían el mal y el libertinaje sobre todas las cosas. Se deleitaban en el sufrimiento de otras personas y estaban aburridas y deprimidas cuando no lastimaban a alguien. No tenía idea de que tales personas existían, por no decir que constituyen toda una sociedad.

Me había sido mostrado un mundo lleno de luz, visiones de Dios y ángeles, y para comprender una verdad mayor y una luz más brillante, ahora tenía que entender a su opuesto, la maldad pura en igual proporción. Todas las cosas en la mortalidad y en la eternidad existen en opuestos. Para entender la luz más brillante, era necesario comprender la más profunda obscuridad. Incluso Jesucristo tuvo que descender por debajo de todas las cosas antes de ascender sobre todas las cosas. Parecía ser lo mismo para mí, pero en una escala menor a la de nuestro Salvador por supuesto. Aún así, las leyes divinas que gobiernan estas bendiciones demandan una yuxtaposición entre el bien y el mal, y yo lo tenía que entender por experiencia personal.

Por tanto, tengo que experimentar sintiendo este miedo, esta soledad, esta separación de Dios. Nunca había experimentado eso antes. Aparentemente también necesitaba saber cómo se sentía estar desprovisto del Espíritu Santo para apreciar y entender que las grandes bendiciones que me fueron mostradas podrían ser mías.

Fue como si Dios mismo dijera: "este es el tiempo indicado para ti Spencer, para que experimentes estas cosas oscuras". Así que me encontraba viendo cosas que nunca jamás hubiera imaginado que fueran ciertas. Estando de vacaciones en este lejano lugar, un lugar con una historia oscura, donde mi trabajo y mis hijos, familia y esposa estaban distraídos por otras cosas, se convirtió en la puesta perfecta para este obscuro capítulo de mi aprendizaje de las cosas celestiales.

Mientras estaba flotando cerca del techo, mi esposa y una de sus hermanas entraron en la habitación. Ellas pensaron que estaba durmiendo, así que me revisaron, tocando mi hombro para después dejar la habitación en silencio. Se miraron la una a la otra acordando que yo estaba durmiendo. Me dejaron y se sentaron en el porche del frente de nuestro búngalo. No estaba durmiendo, sino que estaba fuera de mi cuerpo viendo eso desde el techo. No sabía si estaba muerto o vivo, porque se sentía muy diferente de aquella experiencia doce años atrás. En este punto aún no tenía la habilidad de dejar el búngalo.

El diorama del Infierno

El resto de lo que voy a relatar aún no lo he entendido completamente. Me fue mostrado como si fuera un diorama pasando enfrente de mi cuerpo espiritual. Era tridimensional, pero yo no estaba en escena, lo estaba viendo como un espectador. Lo que estaba viendo era la historia de las prácticas espirituales y no espirituales de los antiguos Tahitianos.

Vi como al principio eran personas llenas del espíritu, incluso inocentes y puras. Ellos sabían acerca de Jesucristo, Su papel y misión, la cual vino a ellos a través de hombres y mujeres santos quienes establecieron su herencia cultural. Vi que su entendimiento se fue deteriorando a través de los años conforme sus fundadores morían, y aquellos que creían disminuyeron en número. Ellos se hundieron en la más grotesca y gráfica forma de tortura humana, libertinaje, perversión sexual y obscuridad espiritual inimaginable. De hecho, no me pude imaginar ninguna de ellas, solo lo vi y sentí náuseas. En verdad, aún sigo perturbado por esos recuerdos. Entre otras cosas atroces, ellos sacrificaban jóvenes vírgenes y mataban bebés y niños de la forma más horrible que se hubiese podido pensar. Era aterrador para mí entonces y aún lo sigue siendo, porque lo vi tal como había sucedido, en detalle. Ellos hacían eso en parte a causa de una falsa religión y en parte para vengar atrocidades similares de sus enemigos. En sus mentes y corazones, todo lo que ellos hacían estaba saturado por la guerra, venganza y lujuria por todo lo malo.

Podía ver y sentir a cada persona involucrada en esas atrocidades. Podía sentir el odio, la ira y el resentimiento de aquellos que estaban cometiendo tan terribles actos, así como el miedo y angustia de sus víctimas. Fui protegido del hecho de sentir su dolor, pero lo experimentaba en un nivel espiritual que en realidad no era dolor sino un entendimiento de cuán horrible debió ser para ellos.

También podía oír las plegarias de algunas personas entre las personas que aún eran seguidores de Jesucristo, que tenían el Espíritu Santo, que se aferraban a la verdad. Esos pocos fieles eran como pequeños fuegos de verdad dispersos por todas las islas. No les guataba lo que le estaba pasando a su gente y se lamentaban por las generaciones que estaban perdidas, también se les obligaba a mantener en secreto sus creencias, ya que los creyentes eran como premios y, en consecuencia, como víctimas.

No solo estaba viendo el sufrimiento y el horrible dolor de aquellos que eran torturados, también veía a los espíritus malignos que se gozaban de su dolor. Esos espíritus se gloriaban de eso y animaban a los mortales a hacer cosas cada vez peores, dándoles "inspiración" para prolongar el sufrimiento de sus víctimas.

No creía que los mortales fueran capaces de pensar en actos tan maléficos para después forjar una sociedad y tradición de tal libertinaje sin la ayuda y guía de los espíritus malignos, no solo llevando a cabo esos actos, sino también haciéndolos "religiosos" a través de los años, haciéndolos cada vez más tradicionales y aceptables para la sociedad entera. Toda la escena alcanzó su punto más frenético de maldad, que era aterrador, más allá de todo lo que había experimentado, antes y después. Traté de volver el rostro, pero la visión no me dejaba.

Personalmente me sentía como si estuviera expuesto a las profundidades del infierno. Estaba realmente asqueado por esta visión, aunque sabía que no estaba siendo castigado en forma alguna. Eso se mantuvo por algún tiempo hasta que mi alma se sintió enferma y suplicaba que terminara.

Desde mi primera experiencia en 1983, nunca había experimentado algo como esto. No había obscuridad u horror en esa experiencia. Ahora todo esto se derramaba sobre mí con todo su matiz infernal. Todo ese tiempo estuve pidiendo a Dios terminar esa visión y preguntándole: ¿Por qué debo ver esto? ¿Qué tiene que ver esto conmigo?". Supliqué mucho para no ver más este horror, con todo el poder de mi ser, hasta que finalmente fui liberado de la obscura visión que estaba frente a mí.

La oración intercesora

Lo siguiente que recuerdo era que me trasladaba hacia las afueras de la Casa de la Colmena en Salt Lake City. Eso me resultó extraño, ir desde el oscuro pasado en Tahití a estar ahí en Salt Lake. Ya no estaba viendo una visión, sino que me encontraba participando en lo que sucedía, de hecho lo experimentaba con todos mis sentidos, no sólo con la vista.

La primera cosa que vi fueron cámaras de televisión y gente del medio rodeando la Casa de la Colmena. Parecían ser de todas partes del mundo. Había personas de un noticiero hablando en japonés, chino, francés y muchos otros idiomas, incluyendo inglés. Reconocí la estación de televisión local y su personal de apoyo.

Esos periodistas estaban en el lado oeste del edificio y en el pasillo entre las oficinas de la Iglesia y la Casa del León. Estaban rodeando todo ese grupo de edificios.

Habiendo sido liberado de esa horrible visión en Tahití y estar entre las multitudes de periodistas en Salt Lake City, pensé: *¿Qué estoy haciendo aquí? ¿Qué hacen todas estas personas aquí?* Le preguntaba a Dios.

En ese punto recuerdo que comencé a aceptar mi muerte, que mi cuerpo aún estaba en Tahití, me sentí mal por Lyn porque iba a encontrarme muerto pronto. Sabía que me amaba y que iba a ser un impacto terrible para ella.

Comencé a sentir los poderes espirituales que sentía antes, el ir a donde quería y leer las mentes y corazones de las personas, ya no me sentí perdido ante las circunstancias. Así que pregunté: "¿Por qué estoy aquí?"

No había otros espíritus que yo pudiera ver, sólo podía ver a los mortales alrededor de mí. Le pregunté a Dios una vez más: "¿Qué está pasando?" Él respondió: "No morirás en Tahití, sin embargo, te mostraré lo que de seguro acontecerá".

Se me dijo que esta visión era una metáfora, un "tipo" de cosas que sucederían pronto, no era un suceso actual o que incluso sucedería exactamente de esta forma.

En ese momento podía sentir los pensamientos y emociones de todos esos individuos esperando alrededor de los edificios. Estaban ansiosos, esperando con gran anticipación algún evento importante. Entre algunos de ellos, especialmente entre los equipos locales de noticias, había miedo y tristeza. Tenían largos postes con esos micrófonos redondos al final, como si estuvieran esperando un anuncio de algún tipo. Yo discerní que estaban esperando noticias sobre que el actual profeta de la Iglesia había fallecido. Esto me causó tristeza, porque el actual profeta era mi amigo. Durante mi servicio en la Iglesia, había estado en reuniones muy frecuentes con él y lo amaba.

Me encontré en la parte posterior de la Casa de la Colmena, nunca había estado ahí antes. Había unas escaleras de metal elevándose hacia una puerta verde en la cima. Las escaleras parecían más de emergencia que parte del edificio. Subí las escaleras como una persona normal, paso a paso.

Podía oír mis pasos y sentir el barandal en mi mano izquierda. Fue muy real y vívido para mí; llegué hasta la cima y abrí la puerta, la cual se sentía fría al tacto. Había un guardia de seguridad sentado en un escritorio con un monitor de video justo detrás de la puerta, estaba viendo a la pantalla atentamente. No me vio, ni siquiera me notó. Una vez más pregunté: "¿Qué estoy haciendo aquí?", la voz que escuché anteriormente respondió: "Todavía tienes mucho que aprender, anda por el pasillo".

Así que caminé por todo el pasillo, y al otro extremo había otro guardia dándome la cara. Él estaba sentado afuera de una puerta, a mi izquierda, en una silla plegable. Estaba leyendo una serie de Escrituras. Era una triple combinación, con un nombre grabado en la portada. No intenté leer el nombre, sólo asumí que eran las Escrituras del guardia. Me moví y pasé al guardia y a través de la puerta sin abrirla. Hice esto porque sabía que estaba en forma de espíritu y no necesitaba abrir la puerta. Me encontraba en una habitación cuadrada de alrededor de tres metros setenta por tres setenta, con un techo alto de dos aguas. Había una gran cama a mi izquierda con una colcha hecha de retazos que la adornaba hermosamente, parecía ser antigua. Los muebles eran antiguos y hermosamente grabados. La habitación parecía una escenografía, como un museo; había un antiguo lavabo con una jarra y una palangana.

Después de haber pasado por todo eso, me di cuenta de que había

un hombre de edad avanzada arrodillado en un viejo tapete ovalado a
un lado de la cama. Me di cuenta de que era mi apostólico amigo de
muchos años. Al principio no podía escuchar lo que estaba diciendo, pero
aún así sentía que me estaba entrometiendo. Asumí que no podría verme
o escucharme. Como ya lo había mencionado, esta era una visión para
enseñarme, no un suceso real. Pregunté otra vez: "¿Qué estoy haciendo
aquí?", porque sentí que no tenía el derecho de estar ahí.

Me moví para salir de la habitación cuando comencé a escucharlo
hablar. La voz del Espíritu me decía: "Escucha bien".

Y como él y yo habíamos trabajando juntos en varios proyectos de la
Iglesia, nos habíamos vuelto amigos cercanos. Giré para darle la cara, aún sin-
tiéndome entrometido en eventos sagrados en que no debería ver ni escuchar.

Me mostraban a este gran amigo y siervo de Dios en una oración
intercesora con el Padre acerca de él y lo que experimentaría en el futuro.

Estaba implorando que la voluntad del Padre tomara el lugar de su
nombre y el de su familia, y que fuera capaz de resistirlo bien y ser facul-
tado para "beber de la amarga copa evitando amargarse él mismo". Estas
son las palabras que le escuché pronunciar al abrir su corazón en oración.

Fue confuso ir desde la corrupción del pasado de Tahití, a esta sagrada
escena de sufrimiento y justa aceptación de la voluntad de Dios. Ahora creo
que el duro contraste era para enseñarme cómo el sufrimiento podía en
realidad santificar y brindar exaltación cuando la persona se somete a Cristo
y deja que ese sufrimiento purifique y complete su experiencia terrenal.
Estaba viendo a mi amigo en su viaje hacia ese sufrimiento. Él no estaba
orando para escaparse del desafío, sino por fuerza para suportarlo bien.

Lo que aprendí de todo esto es que a través del sufrimiento los
mortales aprendemos compasión, perseverancia y fe, pero también debe
haber una gran disposición para ser purificado y de esta manera ser edi-
ficado. También estaba viendo mi futuro de alguna manera. Entendí que
también sería llamado a padecer este sufrimiento para ser así purificado,
completado y más parecido a Cristo cuando deje esta vida mortal, y me
tendría que someter a este proceso con mucha disposición. Esto es lo
que el ángel quería decirme cuando exclamó: "te mostraré lo que verdaderamente va a pasar". En verdad, estaba diciendo: "sufrirás y exitosa-
mente te someterás, y así serás purificado". Me ha tomado muchos años
llegar hasta esta comprensión. No creo que me haya estado preparando
para someterme a más sufrimiento del que estaba experimentando en esa

ocasión, el estar muerto en Tahití y todo lo que implicaba. El Señor ha sido misericordioso en permitirme aprender en ese momento, y después cuando estuviera listo poder aceptarlo totalmente.

Mi visión cambió. Vi que mi amigo estaba en la misma posición, a un lado de la misma cama, lo único que cambió fue el tapete bajo sus rodillas, parecía un tapete de piel de borrego. Esta vez estaba atónito al darme cuenta de que él estaba orando por mí, en mi nombre y por lo que iba a pasar. El estaba hablando de la misma manera que antes, pero sus plegarias esta vez eran por mí, él estaba llorando. Ambas oraciones fueron largas y prolongadas, así como hermosas intercesiones ante nuestro Padre Celestial. Sus palabras me abrumaron. Sentí una profunda preocupación de que yo estaba de alguna manera creando este dolor y conflicto en mi amigo (uno de los doce apóstoles).

Esto también me confundió y me preocupó, que él hubiera visto alguno de mis futuros desafíos, lo cual obviamente lo inquietó por mí. No tenía idea de cuáles de los desafíos futuros que él sabía, me aguardaban.

Le pedí al Padre en poderosa oración: "por favor bendice a este hombre, y si fuera posible, que no tenga que pasar por estas cosas por causa mía", y pedí saber: "¿Qué he hecho? ¿Qué me ha pasado para causarle a mi amigo este conflicto? ¿Por qué estoy viendo esto? ¡Por favor ayúdame a aprender lo que deba de aprender de esto!"

Temía que hubiera visto algo en mi futuro en el que yo iba a cometer un gran error o alejarme del camino establecido, lo cual nunca esperaba hacer. Me dio temor considerar esas posibilidades.

El profeta amado

En ese justo momento, voltee hacia el lado derecho de la cama y vi al profeta actual de la Iglesia. Ustedes recordarán que conocí bien a este noble siervo de Dios al servir con él y con otros de los Doce. También recordaba a los reporteros afuera del edificio esperando por el anuncio de su muerte.

El profeta estaba sonriéndome, me dijo sin mover su boca, "Spencer, todo estará bien". Mi amigo, el apóstol, aún estaba arrodillado ahí, y yo sentía todavía mi intromisión en sus oraciones y súplicas. Estaba confundido al ver al profeta en esta visión metafórica. Porque esto no era un hecho real, entendí que mi amigo no podía oírme ni verme a mí o al profeta.

El profeta comenzó a caminar hacia mí. Como bien sabía, el profeta aún estaba vivo, aún así yo podía verlo como espíritu. También me preguntaba el por qué yo, quien aún no iba a morir en Tahití de acuerdo a lo que se me dijo, estaba en ese cuarto presenciando todo eso. La última vez que había visto al profeta fue en la dedicación de un templo hacía dos meses. El estaba en una silla de ruedas y débil, parecía que no le quedaba mucho tiempo en este mundo.

Cuando lo vi en la habitación, él lucía muy activo, su voz era fuerte y clara. Él estaba muy entusiasta en espíritu, y lo mostraba con una sonrisa de oreja a oreja mientras caminaba hacia a mí en esa visión. Se veía como hace mucho tiempo, suave como terciopelo pero un verdadero león del Señor.

El me dijo: "es tiempo de partir". Puso su brazo a través de mi brazo derecho y me escoltó fuera de la habitación. Pasamos a través de la puerta sin abrirla. Aún así podía sentir su brazo en el mío como si ambos fuéramos mortales. Se detuvo en el pasillo y me dijo que ansiaba ver de nuevo a mi abuelo y abuela con quienes había servido cuando él era presidente de estaca, y mi abuelo era un obispo que servía bajo su dirección. Entonces dejó caer mi brazo y se volteó hacia mí, mirándome seriamente, y de nuevo dijo: "todo estará bien".

No sabía a lo que se refería, mi mente estaba preocupada por mi cuerpo en Tahití y por mi amigo, el apóstol, también del porqué estaba viendo al profeta y toda esa visión. No respondí, pero estaba tratando de procesar todo con considerable asombro y confusión.

El profeta continuó caminando lejos de mí, a través del pasillo, en la dirección en la que había entrado. Se volteó hacia mí y exclamó: "¡Tal como dijo mi Salvador: "consumado es!". Yo sabía que estaba hablando de su propia vida y regocijo, de que ahora ya había terminado y triunfado. Asintió con la cabeza al guardia y sonrió hablándole por su nombre: "Ryan", el guardia asintió también y respetuosamente respondió: "presidente". El profeta entonces caminó a través de la puerta cerrada donde estaba el guardia y desapareció de mi vista.

Estaba asombrado de ver que el guardia lo reconoció, ya que pensé que el guardia en realidad era un mortal que no podía verme, pero ahora me daba cuenta que era un ángel en un cuerpo real. No podría decir si era resucitado o trasladado, pero no era un espíritu.

Sentí que era tiempo de partir, procedí a seguir al profeta fuera de la puerta. El guardia me miró y me llamó por mi nombre: "Spencer, ¿podrías esperar un segundo?", detuve mi paso y regresé. El guardia cerró las Escrituras que estaba leyendo, cerró el zipper de la funda y me las dio. Las tomé y me di cuenta de que mi nombre estaba grabado en la parte inferior. Tanto el libro como la cubierta eran de color verde. Nunca había visto las Escrituras en una presentación verde. Me sentí agradecido de recibirlas, y perplejo por el simbolismo que veía, pero que no podía entender.

Le agradecí cálidamente, tomé las Escrituras y me fui caminando a través de la puerta. Nunca hablé de esta experiencia con mi esposa, pero en la siguiente Navidad ella me dio una copia de las Escrituras, grabadas exactamente igual que las de mi visión. Las he atesorado todos estos años.

Desde entonces me he dado cuenta que haber visto las Escrituras verdes en mi visión y después recibir unas idénticas en mi cuerpo mortal, era un testimonio de que lo que había visto en mi visión se había manifestado físicamente. No era un descubrimiento reconfortante, pero también acepté el hecho de que el sufrimiento que vi en la visión de Tahití y escuchar las oraciones ofrecidas a mi favor por el apóstol, fueron esenciales para mi crecimiento. También sabía que "todo estaría bien".

Mi siguiente imagen mental fue estar regresando a mi cuerpo en Tahití. Esta vez, el regresar a mi cuerpo resultó mucho más doloroso que en 1983, cuando hubo una falla en el procedimiento médico. Tras un largo tiempo me sentí lo suficientemente bien para sentarme en la orilla de mi cama, asegurándome de que mi espíritu estuviera firme dentro de mi cuerpo. Mi cuerpo se sentía pesado, así que solo me senté ahí. Era la media noche, mi esposa estaba dormida detrás de mí, en la cama. Me senté ahí durante un largo tiempo, pensando acerca de la visión y en lo que podría significar. Había tantas cosas acerca de la visión que todavía hasta el día de hoy me resultan confusas.

Le tomó como tres días a mi cuerpo recuperar las fuerzas. Me volví a reunir con mi esposa y con la familia para seguir las vacaciones, aunque me movía con lentitud y descansaba frecuentemente durante las semanas que duró nuestro viaje, hasta que fue hora de regresar a casa. Compartí algunas de las experiencias de mi visión con mi esposa. Ella creyó en lo que le conté y expresó gratitud de que no hubiera muerto y de que me hubiera quedado con ella. Fue tierna al respecto, aprecié su disposición de creerme sin ninguna posibilidad de probarlo.

Mientras aún estábamos en Tahití, escuchamos que el profeta había fallecido la noche en la que dejé mi cuerpo y tuve esa visión de él. Esto me llevó a reflexionar una y otra vez acerca de lo que experimenté en la visión, si fue realmente él o sólo una visión. Lo repasé varias veces, una y otra vez en mi mente. Había tanto que no podía comprender; lo primero y principal era: ¡¿por qué me había pasado eso a mí?! Mi mente se remontaba a las horribles escenas de la historia de Tahití. Sentí que se me había permitido ver cómo la condición humana puede deteriorarse cuando la luz y la verdad de Cristo se extinguen. Parecía que el Espíritu de Dios se había retirado de todos, excepto de un grupo pequeño de personas, y esto los había dejado a merced del poder de Satanás.

Siento como si él se estuviera riendo y regocijando sobre la condición en la que se encontraban dichas personas.

Reflexioné acerca de la razón por la que se me permitió interactuar con el profeta, quien murió esa misma noche. Se le veía vigorizado fuera de su cuerpo. Vi lo que tuvo que pasar a través de su vida, y su experiencia al acercarse la muerte, y no me había dado cuenta de ello. Ni siquiera me daba cuenta de las experiencias que el profeta había enfrentado en su vida, las cuales crearon una personalidad aterciopelada, y un carácter de acero que fue requerido para terminar su misión en la Tierra. Fui testigo de cómo él había sido purificado en el fuego refinador, y como lo perseveró hasta el final de su vida.

Luego se me ocurrió que no se necesita ser un apóstol o profeta del Señor para buscar refinarse y purificarse para ser un mejor persona. He llegado a creer que lo que me fue mostrado eran los extremos de la experiencia humana: lo obscuro y lo puro. La experiencia sigue siendo difícil de contar, incluso hoy, me trae recuerdos tan vívidos que desearía nunca haberla visto, sin embargo, jamás podré olvidarla.

El vuelo de regreso a Utah me resultó difícil. Cuando llegamos a casa fui a ver a mi cardiólogo para ver qué pensaba acerca de mi experiencia y de los horribles dolores en el pecho. El me hizo un electrocardiograma y una prueba en la caminadora. Encontraron que tenía una válvula que no funcionaba bien. Creo que la causa de mi segunda experiencia con la muerte fue a causa de esa válvula. Él quería insertar una válvula de cerdo en mi corazón para reemplazar la que fallaba. Decidí no hacerme la cirugía para reemplazarla, porque sentí que no era necesario, ya que en ese tiempo mi corazón estaba completamente recuperado y no he tenido un episodio similar.

CAPÍTULO TRES

LA VISIÓN DEL SALVADOR

Me pareció que después de estas experiencias cercanas a la muerte, los ángeles dejaron las puertas del cielo entreabiertas, ya que comencé a ver muchas cosas del espíritu. No considero que yo fuera alguien especial para poder haber tenido visiones o sueños proféticos, sin embargo, esas cosas me llegaban a menudo, después de esas situaciones anteriores, y todavía en la actualidad. A veces he sentido como si la puerta al cielo estuviera delante de mí, y con solo desearlo, podría pasar por ella, pero nunca lo he hecho. Temo que la tentación de no regresar a la vida mortal sería demasiado grande, y que me desviaría de mi camino terrenal que ha sido establecido para mí.

La visión del Salvador

La siguiente visión fue la primera que experimenté sin haber tenido que morir. Me encontraba durmiendo, pero no era un sueño. No lo estaba "viendo", sino más bien estaba presente en la visión, experimentándola con mis cinco sentidos. La frase que Pablo usó para explicar esa experiencia fue: "Si en el cuerpo, o fuera del cuerpo, no lo sé", fue precisamente tan real para mí, y tan difícil de saber si una vez más estaba fuera de mi cuerpo o lo experimentaba físicamente.

Fue alrededor de las 4:00 am cuando me fui a dormir esa noche, había estado terminando un trabajo importante y había perdido la noción del tiempo. Me encontraba agotado, y al recostarme tras ofrecer mis oraciones, caí en un sueño profundo.

Lo primero que recuerdo, es que estaba corriendo desde el estacionamiento hacia un centro de estaca donde iba a dar un discurso. Era el mismo edificio al que había asistido cada domingo durante años. En mi mente estaba atrasado para una reunión de liderazgo, por eso estaba corriendo hacia allá. Iba a medio camino del trayecto, por la parte trasera de la capilla, cuando escuché: "Spencer", la voz me resultó familiar, me di la vuelta para ver quién me hablaba. Me sorprendió ver a Jesucristo parado en el estacionamiento donde comenzaba la acera. Conocí su rostro, nunca antes lo había visto en la mortalidad, pero yo lo conocía. Su rostro es el más conocido del universo. Mi espíritu al instante lo reconoció, lo recordó y lo amó. Recordé todo lo relacionado con Él, todo lo que ha hecho por mí.

Sentí desde el fondo de mi alma como si hubiera visto a mi más querido amigo por primera vez después de décadas de ausencia. Sentí que mi corazón latía fuertemente en mi pecho. No se presentó a Sí mismo porque yo lo reconocí de inmediato. Él se comunicó conmigo verbalmente, pero cada palabra que habló era abundante de la verdad, de tal manera que penetró mi alma mucho más rápidamente que las palabras comunes.

Vestía una túnica de color rojo vibrante que colgaba sobre Su hombro derecho, y que estaba atada con un broche en el hombro izquierdo. Llevaba un cinturón de tela del mismo color alrededor de Su cintura. La túnica le colgaba hasta los tobillos y a las manos, tenía mangas largas. Calzaba sandalias de tiempos antiguos en los pies.

Era alto, posiblemente un poco más de un metro ochenta. Su forma era masculina. Tenía una estructura robusta con grandes hombros y extremidades fuertes. Su rostro no era delgado como se representa en algunos cuadros, sino con pómulos pronunciados, tenía barba oscura que estaba estrechamente recortada. Su pelo era del color de la barba, y era lo suficientemente largo para tocar Sus hombros. Sus ojos eran los más bellos, del más claro azul que pueden imaginar.

Me sonrió y dejé caer el maletín y corrí hacia Él, donde Sus brazos me envolvieron. No puedo encontrar palabras para describir lo que se sentía al ser abrazado por Él. Una serie de recuerdos llegaron a mi mente de lo cómodo que era estar en sus brazos como antes. Sentí el amor que me irradiaba. Sabía intuitivamente que Él sabía todo sobre mí, sin embargo, no me sentía juzgado. Sentí su completa confianza en mí y en mi capacidad, fue increíble, porque yo nunca había tenido mucha confianza en mí mismo.

No busqué las marcas en Sus manos y pies, incluso hasta el día de hoy, no sé por qué no lo hice. Recuerdo que pensé más tarde ese día, ¿por qué no las vi? Tal vez fue porque no necesitaba ver sus heridas para saber que era Él. Estaba tan acogido por Su amor, poder, luz, capacidad ilimitada, vasto conocimiento y perfecciones que nunca pensé en mirarlas.

Sus pies no estaban en el suelo. Me sorprendió que me pudiera sostener con tanta firmeza. Estaba parado, sin flotar, pero no estaba de pie sobre nuestro mundo mortal. No ocupaba el mismo espacio que yo en este planeta. En el espacio que ocupaba, todo irradiaba desde Él, como si fuera el sol y lo que giraba alrededor viniera de sí mismo.

Su rostro era acogedor, sonriente y feliz de estar conmigo. Se sentía como si me hubiera abrazado a menudo anteriormente, lo cual me sorprendió. Mi familia no es "abrazadora", así que nunca había aprendido a disfrutar de largos o emotivos abrazos. Sin embargo, este abrazo en particular, hubiera deseado que continuara para siempre. Después de un largo rato puso las manos sobre mis hombros y me empujó suavemente con los brazos extendidos.

Me miró a los ojos y me dijo que estaba satisfecho con lo que había sido mi vida. Me dio las gracias sinceramente por mi servicio en Su nombre, me dijo que me amaba y que de ahora en adelante haría mucho bien para el Reino. Hizo una pausa por un segundo, luego me dijo que se me concedería el deseo justo de mi corazón. Sabía exactamente el deseo a que se refería. Era mi gran deseo de que yo realmente fuera a salir victorioso de mis pruebas futuras para entonces ser purificado.

Poco sabía que había mucho más que el deseo justo de lo que podría posiblemente percibir en ese momento. Al pasar los años, he aprendido muchas más cosas que yo deseaba fervientemente hacer, y todas ellas se convirtieron en los anhelos más atesorados de mi corazón, todos ellos incluidos en la promesa que acababa de escuchar.

¿Qué hay en un nombre?

Nuevamente Él dijo: "Spencer", y por un momento me vi a mí mismo como Él me ve, y me conocí tal como me conoce. Como mencioné anteriormente, para Dios y los ángeles, el nombre de alguien es un contenedor espiritual de todo lo que se puede saber acerca de una persona, su pasado, su presente y su futuro. En el momento que pronunció mi nombre, pude ver y sentir lo que el nombre significaba para Él. Mi corazón se derritió, incluso hasta el día de hoy, cada vez que pienso en la forma en que lo dijo. El amor que me confirió en una sola palabra no se puede describir en ninguna lengua terrenal.

Entonces, cuando leí a Isaías o a Samuel, donde el Señor les habla por sus nombres o cuando llama a Nefi o a Moisés por su nombre, creo que sé lo que sintieron. Cuando leí sobre la primera visión y se escuchó: "José, este es mi hijo amado", desearía que todos pudieran saber lo que el joven José experimentó cuando oyó al Señor decir su nombre. Una vez que se oye su nombre de los labios de nuestro Salvador, nunca más lo escuchará de la misma manera, nunca.

Desde ese entonces, cuando la gente que no me conoce, dice mi nombre, se siente como si estuvieran pisoteando cosas sagradas.

También me maravillo de los muchos nombres que Jesucristo tiene en las Escrituras, ya que cada nombre y título lleva dentro de sí algo de lenguaje indecible que contiene el significado pleno y verdadero de Su gloria y perfección.

En los pocos largos segundos que me abrazó, Jesús me enseñó muchas cosas que entraron en mi alma como una explosión de conocimiento puro. Estas eran cosas preciosas e íntimamente espirituales, las cuales penetraron hasta el centro de mi ser, pero no se me permitió recordar los detalles después que la experiencia terminó. Solamente recuerdo haber recibido esas cosas y regocijarme, los detalles se han esfumado. Espero que en un día futuro poder escucharle nuevamente hablar de ellos.

Él asintió con la cabeza hacia el centro de estaca y dijo: "Tú eres necesario, tienes que ir a tu asignación". Di un paso atrás, sin dejar de mirarlo, deseando no tener que irme, pero me Él me había dado instrucciones para ir y me di la vuelta y di unos pasos. Me detuve y me volteé. Él pronunció mi nombre nuevamente, yo me sentía envuelto de nuevo en Su amor y lágrimas. Mientras lo miraba, comenzó a desvanecerse lentamente, luego se fue.

Inmediatamente percibí mi cama y dormitorio. Estaba llorando abiertamente, de gozo, de una manera que nunca antes había experimentado. La dicha de esta visión era tan excelsa que me rejuvenecía y me quitaba el sueño. Inmediatamente me levanté y escribí todo esto en mi diario. Cuando por fin amaneció, me vestí y procedí con mi día sin ningún rastro de fatiga o somnolencia.

Ahora leo mi diario de vez en cuando y puedo ver la profunda incapacidad que tuve en ese momento para poder expresar esta experiencia con palabras. Incluso hoy, es claro que no existen palabras que puedan describir tal experiencia.

Recuerdo estar meditando acerca de eso al día siguiente, abrí el himnario y leí las palabras "Yo sé que vive mi Señor". Las palabras del himno expresan mejor lo que viví en ese momento que mis propias palabras en aquella época.

Saber realmente

Saber realmente que Él vive, que es un amigo perfecto, benevolente que me ama lo suficiente para dejar los cielos, venir a la Tierra y tomar tiempo para abrazarme, relacionarse conmigo y con todos los que le busquen, es el conocimiento mas dulce que he conocido. Saber que nos conoce mucho mejor de lo que nos conocemos nosotros mismos y que aun nos ama y está dispuesto a mostrarnos quién somos ante su vista y de lo que somos capaces, esto es por lo que lo amé, porque Él me amó primero.

Hasta qué punto ha caído el hombre

Una de las cosas que entonces me llamó la atención y todavía lo hace hoy, es lo profundo que hemos caído. He mencionado esto antes, pero sigue volviendo en estas visiones. En ese momento de mi vida creía que la Caída era principalmente acerca de Adán y Eva y este mundo, pero se me sigue mostrando que tiene que ver más con la humanidad y cómo la Caída ha oscurecido poderosamente nuestros sentidos. Hemos perdido nuestra memoria, no sólo de Dios, sino aún más triste, de nosotros mismos. No entendemos nuestro propio valor. Las Escrituras nos enseñan de la gloria de Dios, pero apenas mencionan la gloria que la humanidad dejó cuando aceptamos el desafío de la vida mortal.

Me he dado cuenta de que la Caída tiene un profundo efecto sobre nosotros. La caída nos ha separado de la presencia de Dios tan a fondo que ya no escuchamos la palabra del Señor como deberíamos si aprendiéramos por medio de la obediencia a Él. Nuestros corazones y nuestras mentes están nubladas y deficientes, perjudicadas por la Caída. Somos personas espirituales con "necesidades especiales", un tanto discapacitados, literalmente, en todas las formas posibles. A la vista de Dios somos como un hijo mortal que nace ciego, mentalmente impedido y paralizado.

No estoy exagerando, cuando caímos a la mortalidad no podíamos ver nuestra existencia como realmente és llena de seres espirituales de mundos incontables. Caímos de ser lo suficientemente inteligentes para entender las verdades vastas. Participamos en la creación de mundos antes de nacer, pero al momento del nacimiento, nuestra mayor habilidad es la de succionar. Antes de volvernos mortales, podíamos viajar a lugares distantes en un abrir y cerrar de ojos para servir a Dios. Nuestro patio trasero eran las vastas creaciones del Señor; pero una vez que nacimos, nuestra mayor habilidad física fue la de parpadear y tragar. Dejamos la capacidad de Dios de ver galaxias lejanas y mirar en nuestro pasado y futuro, pero una vez que nacemos difícilmente podemos enfocarnos en el rostro de nuestra madre.

Este es el glorioso e indescriptible poder de nuestro Señor y Salvador, que nos ofrece como medio para regresar de esta oscuridad mortal de nuevo a Su presencia, donde todas estas fallas divinamente diseñadas son eliminadas y nos convertimos en algo mucho mejor de lo que éramos antes. El Señor desea que tengamos lo que teníamos antes y mucho más, y Él dio Su vida no solo para mostrarnos el camino hacia estas cosas gloriosas, sino para conferirnos el poder de Su gracia, para que seamos santificados en Cristo. Entonces nos cambia para llegar a ser como Él, no porque lo merezcamos, sino porque nos ama y nos ha empoderado para triunfar cuando le obedecemos.

Tratar de que tenga sentido

Un resultado difícil de esta experiencia fue el hacerme la siguiente pregunta: ¿Qué voy a hacer con esta información?", no sentía que debía correr y decirle a toda persona que conociera . No sabía qué decir o cómo decirlo. No tenía las palabras para poder expresarlo, de pronto me sentí aislado. Uno de los aspectos más difíciles de obtener un vasto conocimiento, en mi opinión, es no tener a alguien con quien hablarlo, no tener forma de expresarlo, ni manera de regocijarte con otro ser mortal. Otro dilema al que me enfrenté es que no sabía cómo reconciliar la persona que sabía que era, con la naturaleza profunda de la persona que se me mostraba que podría ser. Sabía que si no me lo ganaba, no era lo suficientemente bueno para merecerlo. Ni siquiera sabía cómo convertirme en la persona que Cristo me había mostrado que podía llegar a ser.

Existía un abismo de oscuridad en mi entendimiento. Podía ver claramente quien era en ese entonces y podía ver claramente en quien me habría de convertir, pero no podía comprender como se iba a dar esa transición. Era como si se le mostrara a una oruga que algún día llegaría a ser una mariposa. Era gloriosa, pero no podía imaginarse como eso sucedería.

Uno de los aspectos más difíciles de esto es que me sentí obligado a que estas visiones y experiencias "tuvieran sentido". Era un hombre educado con tres grados académicos y quería crear un propósito, quizás un llamamiento o misión divina para mí a partir de estas cosas. Quería inventar o crear una forma de llegar a ser en lo que había visto podría convertirme. De modo que razonaba diciendo: "esto debe significar que . . ." y luego trataría de hacer lo que tuviera que hacer para que sucediera. Esto era un terrible error, me di cuenta de que ninguna lógica podía penetrar esos misterios, que ninguna cantidad de meditación o deducción podrían mostrarme cómo ir desde donde estaba hacia donde Cristo me había mostrado.

Aproximadamente veinte años después, mi amigo que era apóstol, finalmente ha aclarado eso para mí durante una reunión privada. Me dijo: "Spencer, no cometas el error de tratar de buscarle significado a todas esas experiencias. Solo acéptalas por lo que son. No trates de ponerles tu propia interpretación, deja fuera tu lógica, es lo que es. Cuando intentas interpretarlas, te conducirán a caminos que no desearías ir. Manten la experiencia pura. Espera a que el Señor te revele su significado. Espera en El Señor para darte su interpretación. Espera por luz adicional y conocimiento que Él tiene para darte para que puedas completar tu misión".

Curando niños

Por medio de esta experiencia también aprendí que escogí la profesión correcta. Sabía que el trabajar con niños maltratados y abusados era mi llamado en este tiempo. Sentí gran paz en el conocimiento de que yo sería capaz, de alguna pequeña manera, de suministrar seguridad y paz hacia estos niños dañados, y debido a ello sanara de mi propio abuso de cuando era niño. Cristo estaba haciendo conmigo lo que yo profesionalmente hacia por estos niños. Los estaba trayendo a Cristo, la fuente de toda la verdadera curación. Solo Él puede curar a estos niños, especialmente cuando han sufrido abuso emocional, sexual o físico.

A partir de ese día, podía entrar en una habitación o pararme en el púlpito en una reunión sacramental y saber quién en la audiencia estaba experimentando abuso. El don del discernimiento al saber a quién debería ayudar y cómo hacerlo fue la razón principal que he visto en mi éxito y en mi profesión.

Desde ese momento he ido más frecuentemente a eventos públicos, como a la sinfónica o a alguna actividad cívica, y mientras estoy sentado el Espíritu me indica claramente a alguna persona en la audiencia, "vas a trabajar con ese niño". En pocas semanas, o incluso en un año, esa persona y algunas veces su familia, recibían terapia conmigo. Es un maravilloso y doloroso don del Espíritu.

Digo que es doloroso porque de esa capacidad peculiar que obtuve podía remontarme con ellos a esos oscuros y diabólicos lugares en sus corazones y recuperarlos, algunas veces arrebatarlos o persuadirlos con la ayuda de Cristo, sacarlos de la oscuridad a la luz. Ellos experimentaron un tipo de nacimiento de nuevo. Cuando un adulto o niño se someten a este proceso y me permiten actuar como agente de Cristo al guiarlos a través de su conflicto, son sanados de ese abuso de manera permanente y completa, de la misma manera que yo lo hice cuando me reuní con el Salvador la primera vez.

Existe un paralelo con este proceso de cura que tengo la bendición de hacer de vez en cuando. Cristo tuvo que ser golpeado, escupido y maltratado cruelmente como parte esencial de completar la Expiación. Descendió bajo todas las cosas para poder superar todas las cosas, y cuando Él venció todas las cosas estaba preparado para tomarnos de la mano y elevarnos sobre todas ellas. En una escala muy pequeña era lo mismo que trataba de hacer con los niños. He experimentado la oscuridad del abuso en mi infancia, tanto en el vientre como en la vida, y cuando Cristo me sanó, entonces se me permitió, de alguna manera que no entiendo plenamente, ser parte del proceso de la curación de los niños.

De forma similar, cada uno de nosotros experimentamos pruebas y experiencias crueles, pero si venimos a Cristo y dejamos que nos sane, entonces podemos ayudar a traer otros a Cristo para su propia sanación. Es un don poder hacer esto, pero debemos pasar a través de nuestros propios dolores para que podamos servir a Cristo en Su nombre.

Niveles de significado

La última cosa que me gustaría mencionar que aprendí a partir de esta experiencia, es que cada vez que Cristo desciende y habla con un mortal, ésto tiene tanto significado que las meras palabras no pueden expresar la plenitud de las verdades provistas. El mensaje está en diferentes niveles. Primero están las palabras que Él pronuncia, después está este gran cuerpo de verdad que se recibe espiritualmente, nivel tras nivel, más verdad de la que puedas entender en años. Un pequeño instante en la presencia del Salvador puede durar por toda la vida.

Esta es la razón por la cual las Escrituras son tan poderosas, porque contienen las palabras de Cristo, y este nivel de verdad todavía se encuentran en ellas, espiritualmente entretejido entre las palabras. Toma una vida de crecimiento espiritual y obediencia el poder recibir los niveles más profundos. Verdaderamente están ahí y contienen los grandes misterios y las grandes verdades que Él desea que adquiramos y disfrutemos en nuestra vida. En cualquier circunstancia que nos encontremos, las respuestas nos son dadas dentro de las experiencias registradas de personas que hablaron con el Salvador.

Así como esas anteriores experiencias cambiaron mi vida y así como he aprendido de ellas, nada son si no el preludio de la gran sinfonía que me está esperando.

Al mostrarme y aprender tantas cosas que todavía debo cumplir en la vida mortal, se me dio la gran misión a realizar si soy fiel y obediente. Relataré más de esta futura misión en los próximos capítulos.

CAPÍTULO CUATRO

PROFUNDIZANDO EN LAS TRIBULACIONES

Después de esa época, tuve cuatro o cinco importantes experiencias de visitantes angelicales y visiones. Esas experiencias no estaban relacionadas con la muerte, sino que la mayoría ocurrieron durante varias noches de insomnio, cada una de ellas las sentí muy reales, con todos mis sentidos plenamente activos.

Esperando morir

Las visiones que he tenido nunca han dejado mi pensamiento, especialmente al crecer yo tan enfermo. Los años posteriores estuvieron llenos de miedo e incertidumbre. Creía completa y firmemente en las cosas que había visto, pero también creía que tenía que estar con vida para poder realizarlas. El miedo y la incertidumbre surgieron del creciente presentimiento de que nunca me recuperaría y de que moriría sin lograr mi misión en la vida.

Tenía un dolor constante en mis dientes y fosas nasales, mi salud y energía se iban deteriorando. Todo lo que había visto en mi experiencia con mi amigo el apóstol, y con el profeta, sucedieron. Ahora entiendo la razón de que mi amigo pidiera tan fervientemente por mí.

Tenía una infección crónica en la cavidad nasal que no respondería al tratamiento. Mi seguro medico me rechazó, lo cual fue un terrible golpe porque mi salud estaba en riesgo, y porque esperaba que el seguro me ayudara durante ese tiempo.

Estaba continuamente intentando asimilar lo que había visto en esas visiones con el innegable hecho de que me estaba muriendo. Consideraba obvio que si moría, no sería capaz de hacer las cosas que había visto. Morir también parecía significar que había fallado en completar mi misión en la vida, y que Dios me había llevado de esta Tierra por esa razón. Como se puede ver, estaba como sólo sobreviviendo, luchando por seguir adelante, pero paralizado por una muy mala salud, dudas y miedos.

Por esa época, me habían relevado de ser consejero del obispado debido a mi enfermedad. Simplemente no estaba en condiciones de cumplir con mi llamamiento como yo quería, y como el obispo lo necesitaba. Pedí ser relevado, fue una difícil y emocionalmente dañina decisión, porque parecía confirmar mis miedos de que yo no fuera capaz de hacer las cosas que había visto en la visión.

Al observar ese tiempo de mi vida con una perspectiva de los siguientes 20 años, también podía ver que mi propio miedo aumentaba mi enfermedad. Mi vida se convirtió en una serie de intentos de descansar lo suficiente para trabajar pocas horas, después volver a la cama, y esforzarme por trabajar un poco más. Estaba seguro de que mi vida estaba a punto de terminar, y admito que tenía miedo.

Estaba convencido que mi problema estaba en mi corazón, pero cada doctor que visitaba, me daba un diagnóstico nuevo, estaba tan enfermo que realmente creí que era el fin de mi vida, estaba empeorando y empeorando hasta que muriera, la experiencia de ver a mi amigo suplicando por mi vida se volvió realidad. En ese tiempo él estaba vivo, por supuesto, y fue a mi casa seis o siete veces para darme bendiciones y reconfortarme.

El consejo de un apóstol

Un jueves por la tarde, después de sus reuniones con el Quórum de los Doce en el templo, mi amigo el apóstol vino mientras yo estaba tan enfermo que ni podía levantarme de mi lecho. Estaba complacido por su visita, contaba con él como un querido amigo y confidente. Se me había permitido relatarle muchas de mis visiones y experiencias, y él me ayudó grandemente a entender algunas de ellas. Las otras que él me enseñó fueron aceptar que venían de origen divino, y que debía esperar en el Señor para recibir más luz y conocimiento. Confié en su sabiduría, y probablemente no hubiera podido soportar ese momento y ese sufrimiento sin su ayuda.

Se sentó en el borde de mi cama y literalmente estuvo ahí por 45 minutos sin hablar, intentaba hacerle plática pero sin éxito.

Finalmente le dije: "élder, sé que está ocupado, debe haber una razón por la que vino, ¿tiene algo que decirme?, voy a dejar de hablar y sólo escucharé".

Estuvo en silencio por otros pocos minutos y luego dijo: "Spencer, necesitas aprender a estar contento con lo que el Señor te ha dado".

Para ser honesto, eso no era lo que esperaba escuchar, no sonaba como un consejo apostólico profundo o una promesa que se cumpliría, sentí como si él no entendiera lo enfermo que estaba yo y lo mucho que eso estaba interfiriendo con la misión que había tenido en las visiones. Sin embargo, en los días y semanas siguientes, empecé a darme cuenta que eso era verdaderamente un mensaje del Señor. Estaba consumido en mi educación, con todo el trabajo y tiempo invertido en prepararme para ser capaz de cumplir con los hijos. Quería que las cosas se hicieran a mi manera. No tenía disposición, o tal vez no estaba consciente de cómo aceptar que el Señor tenía un propósito y resolución diferentes para mi vida.

Me sentí como la pequeña cabaña que C.S. Lewis describe. Sólo quería ser una pequeña cabaña, pero el Señor quería reconstruirme como una mansión, estaba esperando una remodelación, una pequeña mejora y alguna alfombra nueva. El Señor estaba demoliendo mi casa entera, todo a mi alrededor, porque eso tenía que irse para hacerle espacio al plan del Maestro en mi vida. Él no estaba remodelándome, me estaba reconstruyendo. Ya no podía entender más las visiones, porque había aceptado la idea de que iba a morir.

A pesar de que todas las otras experiencias y visiones que había tenido indicaban que iba a vivir más tiempo, y de que iba a hacer mucho más. En ocasiones he analizado varias veces la paradoja de mi vida con mi amigo el apóstol. Creo que lo que me estaba diciendo era que dejara de tratar de establecer el curso de mi vida y sólo confiar en el Señor para poder lograr las cosas que creía tenía que hacer. Me aseguraba que todo lo que se me había prometido sucedería, pero necesitaba dejar de luchar contra el proceso que el Señor había planeado para llevarme a ese punto.

Me resultaba difícil hacerlo en ese momento. Estaba en una condición como de tener árboles bloqueándome la vista del bosque. No me daba cuenta que ya estaba en el bosque.

Lo veía tan lejos que luchaba por sobrevivir lo suficiente para pelear hasta llegar ahí. Me resistía al proceso insistiendo en llegar ahí bajo mis propios términos, y preferentemente sin sufrimiento y sin muerte como parte del camino.

Cáncer

Poco después fui con un cirujano oral para averiguar el porqué mi cara me dolía tanto, en mi lado izquierdo. Se había vuelto insoportable y ningún analgésico me quitaba el dolor. Sentía que me ardía mi cabeza, no podía tocar ninguna parte de mi rostro debajo de mi ojo izquierdo porque aun la almohada lastimaba mi cara.

El cirujano realizó exámenes y encontró un área obscura en las radiografías, lo cual llevo a un diagnóstico de osteomielitis de la mandíbula y de los huesos orbitales. Eso todavía no parecía ser cáncer, pero mi mandíbula infectada así como la cavidad nasal, necesitaban removerse; el dijo que partes de mi mentón y hueso facial tendrían que ser remplazados por placas de titanio. Dijo que perdería todos mis dientes en la parte superior del mentón izquierdo, y que necesitaba hacer la cirugía inmediatamente. Eran noticias difíciles de escuchar, mi esposa y yo por varias horas lloramos y hablamos de lo que haríamos.

Obtuve tres opiniones, que sólo confirmaron el diagnóstico inicial del primer doctor. Al mismo tiempo, tanto mi cardiólogo como mi médico de cabecera pensaban que no soportaría la cirugía. Todo mi equipo de especialistas concluyó que solo debía volver a casa y prepararme para morir.

A pesar de mi corta vida, había hecho buenos amigos, gente a quien amo y quienes me aman. Incluyendo un joven abogado que vivía en el área, que me visitaba regularmente y estaba al tanto de mi vida. Él tenía un buen amigo llamado Jason, quien se había recuperado de un cáncer similar al mío. Jason era un hombre justo que consideraba que su sanación había sido una intervención de Dios y que había hecho convenio con Dios de que usaría todos sus medios para ayudar a quien el Señor le indicara, particularmente en situaciones como ésta. Como consecuencia de este convenio, Dios le había dado considerable riqueza para cumplir con esta promesa.

Mi amigo abogado había presentado a Jason con un físico alemán que ejercía en México, quien estaba teniendo un gran éxito al reemplazar el hueso enfermo con coral de mar en vez del titanio.

Dicho proceso causaba menos trauma al tejido del cuerpo y al tejido facial, además el coral no era atacado por el sistema inmunológico, que lo consideraba un objeto extraño, así que las oportunidades de éxito eran más altas.

La cirugía en México

Cuando Jason se dio cuenta que yo no tenía seguro, nuestro Salvador misericordioso le inspiró para cumplir este convenio en mi nombre. A través de mi amigo, el abogado, Jason ofreció pagarme todos los gastos para ir a México y hacerme esa cirugía.

Mi esposa y yo oramos por guía y el Espíritu me testificó que eso era lo que debía hacer. Finalmente, fui a México tres veces, por tres cirugías, dos cirugías mayores y una menor; Jason pagó todo esto, incluyendo los gastos y el viaje de Lyn, lo interesante es que Jason todavía no me había conocido, lo conocí por primera vez tres o cuatro años después de las cirugías. Él llegó a mi vida como un milagro, y nunca me ha permitido ni siquiera sugerir pagarle. Humildemente me asegura que ha sido un milagro y un privilegio haber sido un instrumento en las manos de Dios. Continúo dándole gracias a Dios hasta este día.

La segunda cirugía fue la más complicada y tardó ocho horas, removieron mi cáncer de la cavidad nasal y mandíbula superior, colocaron coral pulverizado de mármol en su lugar. Con todo eso, regresé a mi casa a los tres días después de la cirugía.

Dos días después de llegar a mi hogar, imprudentemente acordé dar una cátedra en el Centro de Justicia de Salt Lake City. Hice esto porque estábamos desesperados por dinero, y porque era la oportunidad de recuperar algunos ingresos perdidos, no me sentía lo suficientemente bien para ir, y no sentía que debía hacerlo; estoy casi seguro que el Espíritu Santo hasta me advirtió acerca de eso, pero el mundo mortal era ruidoso e insistente, y cedí a esa incitación.

Casi al inicio de mi presentación, mi corazón empezó a acelerarse, empecé a arder en fiebre. Me senté justo en el piso en medio de la presentación, uno de mis colegas me llevó a casa y mi esposa rápidamente me llevó al consultorio del doctor. Me habían diagnosticado una infección en el músculo del corazón, lo cual puede pasar como resultado de una cirugía oral. Este tipo de infección es casi siempre fatal, debí haber tomado antibióticos antes y después de la cirugía en México, pero por alguna razón eso no se trató. Mi doctor me recetó antibióticos orales masivos y me envió a casa, me dijo que no se atrevería a mandarme al hospital por el riesgo de adquirir una infección adicional. Llegué a casa y me fui deteriorado muy rápidamente.

De todas las enfermedades que había tenido, ésta era la peor, a cada momento me sentía más cerca de la muerte debido al extremo sufrimiento de mi cuerpo y porque todavía lidiaba con toda la recuperación después de las tres cirugías en México, esos fueron verdaderamente días obscuros de dolor y sufrimiento.

A diario me encontraba experimentado con "el otro lado". Los espíritus venían a mi casa y se paraban frente a mi cama. Yo estaba consciente e inconsciente, estaba tan débil que ni intentaba hablar con ellos, sólo los observaba. Venían dos o tres veces al día y frecuentemente durante la noche.

Con toda franqueza, el doctor debió meterme al hospital porque me estaba muriendo, cada momento era de agonía, y cada momento sentía que empeoraba un poco más. Mis fuerzas se habían ido completamente, y perdí toda voluntad de vivir.

Mi hermoso ángel

Mi profunda crisis de salud afectó mis patrones de sueño. Casi siempre dormía durante el día y luego me mantenía despierto durante la noche. Se había convertido en mi hábito el reflexionar y orar durante esas largas noches de insomnio. Una tarde, mientras mi esposa dormía junto a mí, estaba orando cuando vi a una mujer joven bajando el pasillo corto fuera de nuestra habitación. Se volvió y entró por la puerta abierta, yo no estaba dormido, ni lo había estado, tampoco estaba alucinando. Había experimentado alucinaciones y delirios por la fiebre y los medicamentos, pero lo que veía no era nada de eso. Estaba despierto en ese momento, coherente y curioso sentí que el Espíritu Santo acogía mi alma, y todo el miedo y duda se desvanecieron.

El cabello de ella era largo y obscuro, casi negro, estaba grueso y un poco ondulado, se extendía hasta alcanzar sus hombros. No estaba atado de ninguna manera, sino que caía libremente sobre sus hombros. Ella tenía una cara hermosa con unos pómulos pronunciados. Tenía los más hermosos y penetrantes ojos que jamás había visto, eran de color café con tonos color turquesa en ellos. Sé que suena inusual, pero eso es lo que vi.

Me miró como si viniera de recorrer muchos miles de años. No estaba caminando, más bien estaba flotando, moviéndose hacia mí, sin mover sus pies. Llevaba puesta una túnica larga color crema, sin costuras o cierres visibles, parecía haber sido tejida en una sola pieza, y que sólo se la había puesto a través del cuello, sobre la cabeza. Era hermosamente elaborada con un delicado pero intrincado patrón en la tela. Esta hermosa prenda la cubría desde el cuello hasta las muñecas y los tobillos.

Su ropa no era de un blanco brillante, como lo había visto en otros ángeles, sino que era de color crema. Su túnica estaba bordada en el mismo color alrededor de su cuello, mangas y dobladillo, ésta parecía brillante, como si fuera seda en el amanecer moviéndose gentilmente en una brisa. Su cara, sus manos y pies descubiertos eran un poco más brillantes que la túnica.

Su rostro me resultaba familiar, como si la hubiese visto toda mi vida, pero no sabía su nombre, y nunca se presentó conmigo o me habló con voz audible. Yo estaba en mi cuerpo y no tenía la habilidad de saber todo sobre ella como yo lo hacía en mi espíritu. Era un misterio para mí. Se colocó justo al lado izquierdo de mi cama. Al estar cerca podía ver la complexión de su cara y manos, tenía forma humana.

Sin hablar verbalmente escuché su voz en mi mente; "¿tengo tu permiso para hacer lo que se me mandó hacer aquí?", ella no me explicó lo que intentaba hacer, ni tampoco yo percibí lo que era hasta que ella casi había terminado. Había aprendido previamente que los ángeles de Dios siempre piden permiso, y al pedírmelo ella y sentir la calidez en el pecho, sabía que ella estaba ahí para bendecirme de alguna manera.

Sabía que me amaba como un hermano o un hijo. Su afecto se sentía como la luz cálida del sol sobre mi cara y pecho. No sentía nada más que gozo y paz en su presencia, y desde el momento en que llegó a un lado de mi cama ya no sentí ningún dolor físico, así que estaba ansioso de que ella permaneciera conmigo el mayor tiempo posible. Todo mi ser confió en ella completamente, y mi corazón respondió antes de que mi mente formara palabras: "¡sí, por favor!", al quedarme con mis pensamientos me preguntaba: "¿Por qué Dios me había mandado una mujer en ese momento?" No cuestionaba su habilidad, era sólo que todos mis anteriores visitantes angelicales y guías habían sido hombres.

Me callé para mis adentros, y pensé: "Deja de preguntarte y solo disfruta esta experiencia por el tiempo que sea", tan pronto como pensé eso, ella sonrió, como si estuviera satisfecha finalmente con mi permiso para que procediera. Sabía que escuchaba cada palabra que pensaba, porque así son todos los seres divinamente comisionados, saben todo sobre nosotros.

Se levantó en el aire y se colocó en posición horizontal sobre mi cuerpo, nunca me tocó, a pesar de que su rostro no estaba a más de un metro de distancia del mío. Estaba tan cerca de mí que podía ver las pequeñas venas y los poros de su piel; su ropa y su pelo no eran sensibles a la gravedad, caían en dirección a sus pies.

Tenía un aspecto muy placentero en su rostro. Cerraba los ojos y disfrutaba el no tener dolor ni enfermedad. Me di cuenta de que ella estaba tomando algo de mí, probablemente mis síntomas de dolor físico y, al hacerlo, estaba limpiando mi mente y preparándola para el mensaje que se le había de entregar.

De pronto me acordé con gran claridad de la visita que Jesucristo me hizo en el estacionamiento. Nuevamente sentí todas esas cosas, vi su cara y sentí su amor, me acordé de cómo me sentí cuando dijo mi nombre, todos esos detalles volvieron a mi mente, de repente vi la visión que tuve en Tahití con un total y nuevo entendimiento.

Veía las experiencias de la clínica cuando había muerto a causa del compuesto de contraste de rayos X, todo con un nuevo entendimiento y una nueva claridad. Lo que recordaba con mayor claridad, a partir de esas experiencias, fue lo que mis cinco sentidos habían grabado, estaba permitiendo o posibilitando ver todo de nuevo desde la perspectiva eterna que tuve alguna vez, cuando lo había experimentado desde el principio. No es que se me hubieran olvidado aquellos eventos, sino que mi entendimiento había cambiado en los últimos 26 años, para dar cabida a lo que creía era mi muerte inminente. Ella no sólo me permitía recordar los acontecimientos, sino también comprender una vez más los significados profundos de ellos, y que sus promesas y profecías todavía eran verdad.

No vas a morir

Había estado repasando este mensaje en mi mente una y otra vez: "Me moriré pronto". Estaba preocupado de que mi vida estaba a punto de terminar y de que mi misión, como la había visto en la visión, aún no había logrado.

Aprendí de ese hermoso ángel sin nombre que todavía tenía muchas cosas que hacer, y que todo lo que había visto antes había sido escrito por Dios en mi viaje por la mortalidad, que todo acontecería. Este fue su mensaje para mí: "No vas a morir en este momento", literalmente ella me ordenó que dejara de pensar acerca de mí mismo como si me estuviera muriendo, se mantuvo así por un tiempo indefinido, pudieron haber sido segundos u horas, simplemente no lo sé.

Era también el mismo mensaje que mi amigo el apóstol había intentado transmitirme un par de días antes.

Sin que el dolor de mi cuerpo interfiriera y con la paz profunda de su presencia, me quedé dormido. Cuando me desperté, ella permanecía junto a mi cama, observándome, me instruyó para escribir en mi diario todo de lo que había aprendido en mi vida, y que lo recordara y no dudara nunca más. Dijo que cualquier otra cosa que tenía que aprender y ver, para continuar con mi preparación para mi misión en la vida, iba a venir a mí en poco tiempo.

También me dijo que mi vida había sido preservada, no para mí, sino para el bienestar de los demás, de los que iba a servir. Aprendí muchos años después que esa gente que serviría, eran su pueblo.

Ella me dijo que yo había sido preparado desde antes de la fundación del mundo para esta misión, y que nunca debería volver a dudar de que cualquier acontecimiento terrenal, accidente, enfermedad o incluso la muerte podían detener lo que acontecería. No estoy orgulloso de admitir que yo no tenía suficiente fe en ese momento para creer en las visiones que Dios me había mostrado, sino que creía en mi cuerpo, el cual pensaba que estaba casi muriendo. Es difícil, tal vez inhumanamente difícil, sentir tu cuerpo moribundo, apagándose, la vida escapándose de tus manos, y aún así tener fe en las promesas antiguas sobre un futuro aparentemente ahora imposible. Debí haber creído y rechazado los intentos de mi cuerpo por morir, entonces mi fe en Dios y Salvador me hubiesen elevado. Estoy seguro de eso, sin embargo, en ese momento, en mi debilidad y en mi necesidad profunda, su mensaje me reconfortaba profundamente. Ella había venido a detener mi decadencia, para establecer mi pensamiento correctamente, para reacomodar mis pisadas en el verdadero camino de la vida.

Ella me dejó como llegó, a través de la habitación abierta y por el pasillo.

Nunca la volví a ver, he pensado en ella muchas veces y me pregunto quién era, mi fe me dice que era un antepasado mío. Esas personas que nos ministran desde más allá del velo, son casi siempre familiares. Cuando la vea de nuevo quiero agradecerle y preguntarle su nombre.

Me quedé recostado por un rato, totalmente exhausto y agotado. Mi mente seguía repasando la experiencia de su visita una y otra vez. Por fin me quedé profundamente dormido y no desperté hasta la mañana siguiente.

¡Estoy curado!

Me desperté con un recuerdo lúcido de todo lo ella que había hecho, y mi corazón clamaba: ¡Estoy curado!, pero, cuando empecé a moverme, me di cuenta de que mi cuerpo estaba tan enfermo como antes, sin embargo, mi actitud ya no estaba mal. No pensaba como una persona enferma o que contemplaba la muerte. Sabía que no iba a morir, y dejé de estar ahí recostado esperando morir, deseando que se diera prisa. Su regalo para mí fue que desde ahora en adelante esperaba recuperarme totalmente, y comencé a mejorar inmediatamente.

Estaba emocionado cuando le dije a mi esposa acerca de las experiencias de la noche anterior. Ella no lo tomó muy bien, tampoco lo del mensaje, ni cómo se había suscitado. Ella no dudaba de lo que yo le decía, solamente que no sabía cómo tomarlo. Lo que yo había olvidado, como la gente moribunda lo hace, era que ella había estado sufriendo junto conmigo ¡no me estaba muriendo solo!, me estaba llevando una pieza de su corazón, su amor y su paz conmigo. Ella había aceptado lo inevitable de mi muerte y lo había estado esperando esa misma noche. Fue un proceso de duelo que había arrancado un pedazo de su alma, y no sabía cómo recuperarlo con sólo oír algunas palabras. No sabía cómo pasar de la desesperación a la alegría tan abruptamente. Incluso cuando creyó mis palabras y aceptó la verdad de lo que había sucedido, tuvo que esperar un momento para que su mente y su corazón se desengarzaran. También pienso que algo de su instinto primario le estaba diciendo que no se expusiera a tal esperanza, que se desvanecería y la destrozaría en corto tiempo. Cuando vio que en realidad me estaba recuperando, se empezó a regocijar conmigo.

Capítulo Cinco

CUEVAS, LLAVES Y LLAMAMIENTOS

Tres visitantes

Aproximadamente una semana después, me desperté en la mañana con la impresión de que iba a recibir tres visitantes ese día. Me gustaba tener visitas porque aún me estaba recuperando de la cirugía y de la infección, el aburrimiento era en ocasiones un problema. Esto me sorprendió de manera cómica, ya que a Ebenezer Scrooge (el del cuento), se le informó que tendría tres visitantes también, y ya saben cómo sucedieron las cosas.

El primer visitante era un hombre mayor de nuestro barrio. Vino y se sentó conmigo a leerme las Escrituras, era muy amable de su parte hacer eso, pero se quedó por dos horas, lo cual me dejó un tanto exhausto. Dormí un largo rato después de que se había marchado. El segundo visitante llegó cerca de las 5:30 de esa misma tarde. Era un hermano de nuestro barrio que solo pasaba por aquí de camino a casa después del trabajo. Dijo que había tenido la impresión de venir a hablar conmigo. Se quedó por una hora y me dijo que tuvo la impresión por el Espíritu de decirme algunas cosas. La primera fue que yo podría ser sanado y que necesitaba trabajar para obtener la fe para ser sanado. La segunda cosa fue que tenía que hacer muchas cosas antes de morir. Esas dos cosas me parecieron interesantes. Creo que él estaba inspirado al decirme tales cosas, porque yo ya sabía que en algún momento iba a ser curado. Lo sabía porque lo he visto en mis visiones varias veces. Me he visto a mí mismo en un cuerpo libre de enfermedades y haciendo mucho más, pero en un mayor alcance del que estaba implicando.

Sentía que ya poseía la fe necesaria para obtener dicha bendición, y que estaba haciendo lo posible para obtenerla. No le comenté que hacía solamente una semana un ángel había venido a mi habitación, que me había recordado esas promesas, y que había sanado mi mente para que ya no pensara: "voy a morir". Acepté su inspiración de traerme ese mensaje. Era un testigo más de lo que ya sabía era verdad.

Para cuando me dejó, me sentí completamente exhausto, y no deseaba que viniera el tercer visitante, ya que los primeros dos me habían dejado agotado, sin aportarme nada que pudiera utilizar para mejorar mi recuperación o cambiar mis circunstancias. No estaba siendo crítico o mal agradecido por la bondad de ellos, solamente estaba cansado.

Esa misma noche no pude dormir por el incesante dolor en mi cara y pecho. Ya no sentía miedo de morir, pero las cirugías en México me habían producido mucho dolor. A causa de nuestras condiciones financieras, no podía darme el lujo de comprar medicamentos de prescripción para el dolor, y lo único que tenía era Tylenol e Ibuprofeno, pero simplemente no eran suficientes.

El tercer visitante

Mi esposa y yo estábamos viendo las noticias de la tarde en nuestra habitación, cuando alrededor de las 10:15 p.m. escuché un fuerte ruido en la puerta principal, la cual estaba cerca de mi habitación.

Le pregunté a Lyn: "¿escuchaste a alguien tocando la puerta?", ella respondió que no. Me preguntó si quería que ella revisara la puerta.

En ese momento me di cuenta de que se trataba de mi tercer visitante y que tendría que acompañarlo. De hecho, estaba pensando que se trataba de otra persona de mi barrio, y no estoy seguro de por qué pensaba que debería ir a algún lado, pero le dije: "no, por favor no contestes. Tendré que ir con él y estoy muy cansado".

Ella me sonrió compresivamente, no porque estuviera cansado, sino porque asumía que yo estaba escuchando cosas. Apagó las luces, me besó y se cubrió para poder dormir. Yo no podía dormir porque el dolor y el cansancio eran muy abrumadores, sé que esto suena extraño, pero estaba muy, muy cansado como para poder dormir. Escuché otra serie de golpes en la puerta. Quien sea el que estuviera tocando la puerta, empezó a tocarla cada vez más frecuentemente. Me quedé acostado pensando: "si me levanto, tendré que ir con él".

Finalmente comencé a pensar que tal vez era un ángel que venía a

llevarme de esta vida mortal. Esta era una lucha constante entre mi entendimiento de mi condición física y lo que el bello ángel me había poderosamente enseñado: que no iba a morir. Aún hasta el día de hoy, mi fe siempre
ha sido más fuerte que mi pensamiento, sin embargo, esa noche en particular, me sentía vacilante. Me reprendí un vez más y antepuse mi fe.

Debí quedarme dormido, porque desperté a las 12:50 a.m. pues otra
vez alguien estaba tocando la puerta de enfrente. No era un golpeteo
impaciente, sino simplemente un llamado a la puerta. Esta vez me di
cuenta de que el golpeteo era en la puerta de nuestra habitación, no en
la puerta principal. Sabía que no era uno de los niños, porque los golpes
eran fuertes y venían de la parte superior de la puerta. El pensamiento
me vino una vez más de que tal vez eso era parte de morir y que tendría
que irme con ellos.

Me di cuenta que estaba empapado en sudor por la transpiración de
las últimas horas que había dormido. Me sentí desesperadamente enfermo,
el tipo de enfermedad en la que estás muy cansado como para levantar
tu brazo o suplicar por ayuda. Nuevamente tenía un dolor extenuante en
el pecho. A pesar de lo que el hermoso ángel me había dicho, sabía que
no podía continuar viviendo sin un milagro, el cual esperaba yo, pero que
aún no recibía. Todavía el toque de la puerta en mi habitación continuaba
resonando con golpes intermitentes e insistentes.

Inmediatamente dejé mi cuerpo. Creo que mi cuerpo estaba demasiado enfermo para poder contener mi espíritu. Me moví encima y fuera
de mi cuerpo para sentarme en mi cama. Miré detrás a mi derecha y pude
ver mi cara y hombros apoyados en la almohada. Mi cara estaba pálida y
con un semblante de dolor, y mi cuerpo no estaba respirando. Me sentí
tan agradecido de estar fuera de él. El dolor se detuvo y me sentí lleno de
energía y vitalidad.

Tienen que recordar que había muerto dos veces antes, y esta vez, el
alivio que sentí inmediatamente después de estar fuera de mi cuerpo fue
casi como una droga. Fue una infusión de euforia y libertad. Estaba tan
agradecido de estar fuera de ese cuerpo enfermo, devastado por el dolor.
Estaba tan gozoso, y me sentía más que emocionado. Estaba en júbilo,
aunque esperaba regresar a mi cuerpo y vivir para poder completar mi
misión. No podía dudar de las palabras del ángel, pero en ese momento
sentía una gran gratitud de estar libre de dolor, aunque sólo fuera por un
momento.

Me puse de pie sin esfuerzo alguno y caminé hacia la puerta para atender a quien estaba tocando. Miré hacia mi cuerpo, el cual estaba tendido en la cama, a un lado de mi esposa. Me sentí conectado con mi cuerpo, como si un elástico divino estuviera conectándonos. Sabía que era la garantía espiritual de que regresaría. Esta no era la muerte, sino otra oportunidad de ver y aprender las cosas de Dios.

Mi ángel guía

Traté de abrir la puerta y no pude. Mi mano traspasaba el picaporte, así que caminé a través de ella. Me encontré cara a cara con un ángel masculino de aspecto agradable. Era un ángel de luz y tenía el mismo brillo que los otros ángeles que había visto venir a ministrar a los que recién habían muerto. Sin embargo, en el instante en el que lo vi, supe que no venía a llevarme de este mundo. No era el "ángel de la muerte", por así decirlo. Él había sido mi guía en muchas de mis otras experiencias fuera del cuerpo, así que lo reconocí, aunque no sabía su nombre. Fue un reconocimiento espiritual. Yo confiaba en él y estaba listo para acompañarlo.

El ángel me habló verbalmente, no a mi espíritu como en ocasiones anteriores. Tenía un cuerpo y no era un espíritu. Me di cuenta de que ahora, en mi ser espiritual, era menos sustancial de lo que él era. Extendió su brazo y dijo: "¿estás listo para partir?", yo respondí agradecidamente: "¡sí!"

A diferencia de otras ocasiones con ángeles que solo flotaban a través de las paredes y puertas, éste abrió la puerta frontal girando la perilla y caminando hacia el exterior de la casa. Afuera era de día, no parecía extraño que en mi habitación fuera un poco antes de 1:00 a.m. y afuera mediodía. Lo que concluí fue que ahora estaba en una visión, aunque se sintiera real al tacto. El ángel cerró la puerta de mi hogar. Bajamos los escalones del frente y comenzamos a caminar por la acera. Él estaba a mi derecha, con su brazo en el mío. Podía sentir la calidez de su brazo.

¡Se sentía tan bien caminar otra vez! No había estado de pie por semanas, y había estado enfermo aun más tiempo. Fue maravilloso el poder hacer eso sin cansancio ni fatiga. Me sentí como si pudiera caminar sin esfuerzo alguno por días. Me sentí eufórico de estar con él, como un niño pequeño que quería expresar su felicidad corriendo, brincando y riendo, por supuesto no lo hice, quería permanecer con él. Entendí que tenía algo que enseñarme.

Nos mantuvimos caminando una larga distancia. Caminábamos a un costado de las tiendas y las casas. Los autos nos pasaban en la calle y la gente nos pasaba en la banqueta. Estoy seguro de que no nos podían ver porque nos hacíamos a un lado para dejarlos pasar. Era una experiencia visionaria, pero muy realista. Había una brisa ligera soplando el cabello del ángel y sus ropas. Me miré y me di cuenta de que estaba en pijamas. No sentí vergüenza alguna, pero noté que no podía sentir la brisa, y que ésta no estaba afectando mi ropa. Pensé: *"¡qué extraño, estoy en presencia de un ángel y él es quien tiene un cuerpo físico y yo soy el espíritu, y estamos caminando hacia las montañas!* Fue maravilloso para mí. Quería hacerle preguntas, pero sentí que debía esperar.

No sentí esfuerzo ni fatiga. Estaba caminando sin ningún esfuerzo, lo cual para una persona enferma y moribunda es como sorpresivamente ganarse la lotería.

Entonces el ángel me dijo: "la primera cosa que veremos te explicará por qué estás experimentando tu vida como hasta ahora". Le respondí: "¡muy bien! Me encantaría saber la respuesta a esa pregunta". Era amigable y estaba muy interesado en mí. Mi mente daba vueltas con preguntas, y estoy seguro que él las estaba escuchando. Sonreía frecuentemente conforme caminábamos en silencio. Sentí que me conocía mejor de lo que yo me conocía a mí mismo. Estaba completamente comprometido con el hecho de mostrarme lo que necesitaba saber. A pesar de que no conversamos, sabía que existía un propósito en todo lo que hacía.

Cuevas y barrotes

Caminamos hacia un cañón en el que había estado muchas veces, por una larga carretera hacia donde empezaba el camino empedrado.

Podía sentir el camino debajo de mis pies, pero nos movíamos más rápido de lo que en realidad caminábamos, como si nos moviéramos en una cinta transportadora del aeropuerto. Llegamos rápido al cañón. La escena me resultaba familiar. Había estado ahí antes en días de campo y excursiones. Cuanto más pisábamos la grava, la escena cambiaba a unas montañas azules grisáceas con grandes riscos, y frente a mí tres imponentes picos de las montañas que sobresalían hacia el cielo por encima de los acantilados. El cielo cambió su matiz al de un atardecer, aun cuando era mediodía. Había un pequeño trecho de agua entre donde estábamos, y la montaña era como si estuviéramos en una isla viendo hacia tierra firme.

Podía oler el aire del océano y escuchar las olas romperse contra el acantilado. No sabía hacia dónde me llevaba la visión. Se me dijo que entendiera que estaba viendo el futuro, hacia el que sería el propósito de mi vida. Concluí que estaba viendo un tipo de metáfora sobre el propósito de mi vida, no eventos que realmente pasarían tal como los estaba viendo. Pero también entendí que la misión sugerida por esta metáfora sucedería, aunque no exactamente como yo la estaba viendo. Empecé a mirar a nuestro derredor a través de los ojos espirituales, como el ángel lo hacía.

Él me preguntó: "¿ves esta montaña?", "sí", le dije, "¿qué es lo que ves?", volvió a decir, y entonces me acerqué. Había luces en lo alto de la ladera de la montaña. Finalmente me di cuenta que venían de las bocas de cuatro enormes cuevas hechas por el hombre. Las cuevas eran de doce pies de alto y cerca de ciento cincuenta pies de ancho en la entrada. Las entradas tenían barrotes en ellas, como si fueran prisiones. Las cuevas se extendían profundamente en la montaña, con puertas que conducían más allá de lo que la vista alcanzaba. Las cuatro cuevas ocupaban la mayoría de la ladera de la montaña.

Contesté: "vi cuatro celdas en la montaña con barrotes en ellas. ¿Qué es lo que significan?", él dijo: "necesitamos acercarnos". La vista cambió instantáneamente. Me encontraba parado enfrente de los barrotes, en una amplia cornisa entre los barrotes y la pared del acantilado. Estábamos en la cima de la ladera de la montaña. Había un amplio pero empinado camino descendiendo hacia el valle de abajo.

Miré hacia adentro y vi a miles de personas en las cámaras. Había habitaciones adentro para albergar a muchas personas: áreas de cocina y enormes jardines con flores y vegetales. En lo profundo de la cueva pude ver puertas cerradas a lo largo de la parte trasera, y habitaciones. Asumí que eran los dormitorios, cuartos de almacenaje y otros albergues necesarios. La gente no me veía, aunque algunos de ellos estaban considerablemente cerca, tanto que podía verlos claramente. Estaban bien vestidos y continuaban con lo que estaban haciendo. Parecían no considerarse cautivos, pues estaban saludables y felices. Los niños de todas las edades jugaban y hacían quehaceres. Los miré sin poder entender. Sus circunstancias parecían tan increíbles para mí.

"¿Quiénes son estas personas y por qué están aquí?" pregunté. El ángel señaló las cerraduras de las barrotes. Las cerraduras estaban por dentro. Ellos se habían encerrado a sí mismos en estas cuevas, y los barrotes fueron construidos por ellos mismos.

"¿Qué significa esto?", le pregunté al ángel. "¿Por qué se encerraron ellos mismos en la montaña?", sonrió y me respondió: "eso es cierto. Estas persona se encerraron a sí mismas a causa de la persecución, abusos y malos tratos que han enfrentado de organizaciones religiosas, y del abuso de gobiernos y autoridades del mundo".

Percibí que eso era algo bueno y malo. Ellos se habían aislado del mundo, pero también se habían aislado de mayor luz y conocimiento.

Pregunté: "¿Por qué me estás mostrando esto? ¿Qué tiene que ver esto conmigo?" Luego me enseñó en gran detalle el dolor, sufrimiento y abusos que esta gente había enfrentado mientras vivían en la tierra. Ellos fueron perseguidos y asesinados por generaciones antes de encontrar la manera de separarse del mundo. Dijo: "sólo los individuos como tú, quienes han estado dispuestos a someterse al dolor y abusos similares a los que esta gente pasó, habrán de escuchar y confiar. Debes beber de esta amarga copa sin contagiarte de la amargura. Esto te dará la experiencia y conocimiento que necesitas para que cuando seas llamado a trabajar con esta gente, ellos confíen en ti y reconozcan que eres un compañero que ha sufrido y se ha refugiado de la persecución al igual a ellos. Estos sufrimientos y triunfo personal sobre ellos será escrito en tu alma y en los nervios de tu cuerpo, ellos lo reconocerán y confiarán en ti".

Luego dijo algo que yo había reflexionado por años: "ellos verán que tu también perteneces a la Fraternidad del sufrimiento de Cristo".

La llave

Mientras intentaba entender todo eso, una mujer joven vino a nuestro lado llevando una llave en ambas manos. Ella no lucía como las personas dentro de las cuevas, sino que era un ángel de luz, como mi guía. Vestía una larga y blanca túnica que brillaba. Era hermosa y muy joven.

Él tomó la llave de la mano de ella y me la dio con ambas manos, con gran reverencia y cuidado, como si fuera algo precioso y frágil. El ángel femenino permaneció viéndome sostener la llave con gran interés. La estudié por un momento, maravillado por la belleza de su artesanía. Le di vueltas en mis manos muchas veces, admirándola. Nunca había visto algo semejante.

La llave era como de 32 centímetros de largo, su forma era como la de una llave moderna, con un mango redondo y bordes tipo sierra a lo largo de un costado. Era pesada, cono si fuera de metal sólido, lucía y pesaba como oro sólido. La textura del metal era suave, como terciopelo, no dura como el oro. El mango era de 15 centímetros de ancho con gemas preciosas incrustadas en el metal. Parecía que las gemas habían sido moldeadas en el metal, porque no se podían percibir en la suavidad de la superficie de la llave. Pero cada piedra era claramente visible y brillante dentro del metal, como si el metal fuera transparente sobre las piedras. Cada gema parecía tener una pequeña luz dentro, lo cual la hacía brillar como un destello de luz que provenía desde dentro de la llave más que por un reflejo del sol. El borde final era verde esmeralda. El cuerpo era rojo carmesí, y la tija era de un vívido azul. Lucía antigua, quizás de millones de años de antigüedad, aunque no estaba rayada, usada o dañada. Era tan compleja y hermosa que me hizo pensar en la Liahona, la cual había sido forjada por Dios mismo. Estoy seguro de que ningún ser humano podría haber hecho esa llave. Noté que había algunos símbolos en la llave, los cuales no podía leer.

El significado de los símbolos

"¿Qué significan los símbolos de la llave?", me preguntó mi acompañante. Inmediatamente sentí que el significado de los símbolos entró a mi mente. La llave en sí representaba la misión de rescatar a la gente que yo veía del otro lado de los barrotes. La llave representaba la habilidad de abrir las cerraduras que los mantenían en sus prisiones auto impuestas. Los colores representaban las aptitudes de quien Dios enviaría para completar la tarea de abrir las cerraduras.

El rojo representaba el sacrificio, pero no de la manera en que yo había entendido anteriormente como sacrificio. El conocimiento que había recibido incluía la plena comprensión de la condescendencia y Expiación de Jesucristo, pero también simbolizaba una disposición al sacrificio, tal como Él lo había hecho al ser preparado para su misión. Para poder recibir la llave, y la asignación que ésta representaba, uno debía estar preparado para sacrificar su propia voluntad, sus posesiones terrenales, su salud e incluso su vida si fuera necesario, para seguir el camino establecido por Dios, para prepararla con caridad, fe, pureza doctrinal, buen entendimiento y, más que nada, perfecta obediencia a la voluntad de Dios. Este es el camino al que Cristo mismo se sometió, aunque su sufrimiento fue mucho mayor y para toda la humanidad. Ese sufrimiento menor al que somos sometidos es para preparar a un individuo para una misión específica. Me llevó años darme cuenta de que esa era la razón por la que el ángel la llamó: "la fraternidad del sufrimiento de Cristo".

Se me dio a entender que no había otra manera, ningún otro camino para esta clase de servicio. Se trataba de un camino que podría requerir el derramamiento de sangre y sacrificios de igual magnitud. Cuando un siervo de Dios sigue ese camino hasta el final, eso le deja una reconocible marca, un brillo, por decir así, de rectitud. Era una preparación que lo hace imposible de fracasar, aquellos a quienes ministraba lo reconocían y lo seguían.

El mango azul representaba el linaje real, lo cual supe inmediatamente que se refería al sacerdocio de los últimos días. También ha sido llamado "el Santo Sacerdocio según el orden del Hijo de Dios".

El azul representaba tres cosas: primero, el recibimiento y magnificación con rectitud del sacerdocio actual. Segundo, representaba recibir "la plenitud" de ese mismo sacerdocio cuando la rectitud y necesidad del Señor lo requiriera. Tercero, este representaba una preordenación a esa misión de liberar a esa gente. Sólo ese oficial del sacerdocio, específicamente ordenado para ello, podía manipular la llave. El manejo consiste en cómo se sostiene y se opera.

El verde esmeralda representaba una renovación y recreación de la vida. La punta es el "cierre" de la llave. Entra primero en el cerrojo, y debe estar perfectamente alineada con la cerradura para que las demás partes de la llave puedan operar. La punta verde significaba el resultado completo del rojo y el azul, sacrificio y sacerdocio, los cuales son descritos en el juramento y convenio del sacerdocio, y que realizan una renovación del cuerpo. Es por esto que la punta verde ha sido llamada "renovación y re-creación de la vida". Esta renovación puede representar desde una larga vida mortal, hasta la curación de una enfermedad, incluso ser trasladado, como pasó con Juan, el Amado, y con la ciudad de Enoc. También representaba la renovación por la que estas personas pasarían al aceptar a Jesucristo como su Salvador, y así ya no le temieran a los representantes de Él. Ellos debían aceptar las ordenanzas del Evangelio, que les permitirían a cada uno de ellos ser renovado y, eventualmente, puestos en libertad de su actual auto encarcelamiento.

La llave en mi visión es representativa de la llave que cada Santo de los Últimos Días que edifica de Sión obtendrá para su misión específica. Tal vez no todos verán una llave real siendo entregada a ellos, pero serán sometidos a ese mismo proceso que me ha sido mostrado de sacrificio, sacerdocio y renovación. Me llevó muchos años identificar completamente el significado de las partes de la llave, hasta que recientemente lo pude hacer. Aún sabiendo lo que los ángeles me mostraron y enseñaron, le ha tomado mucho tiempo a mi alma comprender como me sucedería el hacerme un edificador de Sión. He llegado a comprender que, para completar mi misión en la vida, tengo que recibir esa llave por intermedio de la ordenación, al pertenecer a la "fraternidad del sufrimiento de Cristo" y, al hacerlo libremente, con disposición, e incluso alegremente.

Ahora entiendo que es un viaje personal con grandes consecuencias. No es un camino para buscadores de la comodidad y el servicio casual. Ni siquiera me había dado cuenta de que estaba aún en este camino, o que mi sufrimiento fuera parte de cualquier otro camino, a no ser del proceso mismo de mi vida.

Tampoco había considerado que yo era uno de aquellos quienes cuyo llamado premortal incluía un servicio en particular, hasta que el ángel me dio esa llave.

Esta llave representaba el curso entro y llamamineto del sacerdocio. Solamente con esos tres elementos juntos podemos reclamar las bendiciones y el honor de servir en una gran causa. Cuando hacemos esto, ya no estamos sirviendo a la Iglesia, a nuestras familias o a nosotros mismos, sino que estamos sirviendo directamente a Jesucristo, y hacemos la obra del Padre para preparar al mundo para el final de los tiempos y el regreso de Cristo.

Junto con toda esta información vino la confirmación de que lo que estaba viendo no era real, sino una metáfora para enseñarme la razón por la que estaba pasando penurias y sufrimiento, que habían sido gran parte de mi viaje en la vida terrenal. Me estaban enseñando que durante toda mi vida había estado comprometido con este proceso de preparación, para forjar los atributos y capacidades de alguien a quien le iba a ser entregada la llave de una porción de la obra de los últimos días de edificar Sión. En esta obra maravillosa liberaremos a personas de su propia prisión, ya sea real o figurativamente, y las traeremos a Sión.

La llave no representaba un llamamiento para presidir o ser un profeta de los últimos días. Representaba el proceso de adquisición, a través de la expiación de Cristo, del grado de purificación personal y santificación que califica al recipiente para servir en esta gran obra. Esta es una obra que, como verán en futuras visiones que describiré, está totalmente organizada y llevada a cabo por La Iglesia de los Últimos Días. Este no es un camino que deje fuera a la Iglesia, o incluso que se lleve paralelo con la Iglesia, sino que es uno que lo lleva al corazón mismo de la misión ordenada de La Iglesia de Jesucristo de los Santos de los Últimos Días: de preparar al mundo para el regreso de Cristo.

El significado adicional que obtuve fue el de saber que podía realizar eso, que era realmente posible y que debería esforzarme por cumplir con estas cualidades, para entonces terminar la obra que el Señor me había mostrado que tenía yo que hacer. Debería continuar aceptando que el proceso de mi vida no me estaba llevando a una muerte física, sino a la posibilidad de realizar un gran servicio en el contexto de los últimos días.

Sentí que esta admonición entraba sin palabras a mi alma; "Spencer, estás fuera de tu cuerpo, pero no estás muerto. No te des por vencido, porque estas cosas necesitan ser selladas en tu corazón y en tu mente. Estas son las cosas que me prometiste qué harías, así que no te rindas. Estoy dándote esta información para reforzar tu valor para seguir adelante y esforzarte para cumplirlas.

No te desanimes al regresar a tu cuerpo. Tu cuerpo no obstaculizará tu preparación. Era necesario traerte aquí para darte una perspectiva significativa de la obra que harás, y prepararte para lo que te costará cumplir con los atributos para poder hacerlo".

Esa información entró en mi alma enriquecida de amor y empatía, pero también con un profundo poder. Sabía que no era mi ángel guía hablándome. Estaba empezando a entender, parado ahí con esa pesada llave en mis manos, cuando el ángel dijo: "¿qué es lo que ves ahora?"

El túnel de luz

Miré alrededor de mí y me di cuenta de que no había más aposentos con barrotes, que ya no sostenía yo la llave. Estábamos en una clase de túnel y tenía la sensación de que nos movíamos a gran velocidad. Discerní que el túnel cobraba "vida", aunque quizás sería más apropiado decir que era parte de mí ser, era "mío" y yo lo había creado. Mi guía sonrió de nuevo, "así es, es un portal y tú lo creaste, solo tú puedes usarlo". Pensé acerca de eso, luego pregunté: "Así que, ¿cada persona hace su propio portal antes de venir a la Tierra?". El túnel se sentía tan parte de mí como mi mano o pié. Entendí que este portal era la manera como vine a este

mundo para nacer, y de cómo regresaría a Dios cuando hubiera terminado mi vida terrenal. Podía "sentir" el túnel, de la misma manera que
uno siente sus brazos o dedos.

Él parecía complacido. "Sí, eso es correcto. Todos crean su propio
portal, el cual ahora percibes como un túnel de luz, pero que es la mejor
manera para ti de entender lo que te está pasando. Es un poder divino
que aprendiste hace mucho tiempo, que te permitió venir a la Tierra y
eventualmente regresar a Dios. Todos deben crear el suyo".

Nos estábamos moviendo sin caminar, pero eso se sentía normal y
cotidiano. Sabía exactamente cómo moverme hacia adelante en el túnel.
Era como un acto de mi mente, como querer que tus dedos se cerraran
alrededor de algo. No necesitaba tocar el túnel porque así era exactamente
como yo percibía esta manera de viajar, mientras continuaba limitado por mi
inteligencia terrenal. Me estaba moviendo a la velocidad del pensamiento.

El lejano final del túnel era profundamente brillante. La luz no provenía
del final del túnel, sino del túnel mismo, como si creciera en forma divina
mientras nos acercábamos. Tan pronto como entramos al túnel o portal,
me sentí menos mortal, y más poderoso y de forma divina. Podía hablarle
a mi guía verbalmente o por medio del pensamiento, sólo me respondía
a través del pensamiento. Discutimos muchas cosas mientras avanzábamos
en el túnel. Con cada pregunta que llegaba a mi mente, veía ese evento
o cosa con gran y perfecto detalle, incluyendo su creación, existencia y
gloria presente. Era similar a cuando caminaba a través del escritorio y
el sofá de piel en mi primera experiencia. Esta información entró en mi
mente en un arrebato de entendimiento. No tenía que reflexionarlo o
clasificarlo. Simplemente recibía las respuestas a mis preguntas.

Mi recuerdo de esta experiencia hoy en día es que hablamos de
muchas cosas, y que aprendí rápidamente. No tenía permitido retener en
mi mente terrenal la mayoría de lo que había aprendido.

Doblando el Universo

Hice la pregunta: "¿la Tierra tiene un túnel de luz?", las Escrituras nos
informan que es un ser vivo e inteligente.

Respondió: "sí, Dios provee medios similares para el movimiento de
la Tierra donde se encuentra ahora".

Entonces yo experimenté algo, como si realmente estuviera ahí, cómo
"cayó" la tierra desde donde fue creada y hacia donde está posicionada

ahora. Tuve la impresión de que eso le tomó miles de años para llegar. La imagen que vi me parecía como un "doblez" en el universo. Era como si el universo estuviera doblado en sí mismo, como una página de papel grueso o de tela donde la Tierra era creada, y que el lugar en donde iba a estar ubicada estuviera uno encima del otro. La Tierra fue entonces movida de donde emergió y físicamente "trasladada a su nueva posición". Este movimiento ocurrió durante el proceso creativo entero. Para cuando llegó a su lugar, había sido preparada para el hombre terrenal. También vi que cuando sea tiempo de regresar a su posición original, el universo se contraerá otra vez, y la Tierra será movida de regreso al lugar de su creación. La imagen que observé reveló que, aunque nosotros solamente percibamos un plano de existencia, hay un número infinito de planos apilados o en capas, en el mismo espacio.

Estos planos no son realmente "universos", porque son menos que las estrellas infinitas, planetas, soles y mundos, así como son en la organización de Dios y exaltación todas Sus creaciones y Su asignación invariable de gloria y leyes a cada uno de ellos. La lengua humana no nos da palabras adecuadas para describir estas cosas, tampoco la inteligencia humana nos da la habilidad de entender tales cosas, a menos que nuestras mentes sean abiertas por un instante. Mientras estaba con el ángel, podía entender todo esto claramente. Creo que recuerdo la mayoría de lo que vi, aunque ahora solo tenga una porción de entendimiento sobre lo que significaba y por medio de qué principio se realizó. Lo que aprendí entonces, y que me fue permitido retener, me ha tomado muchos años poderlo describir en palabras, incluso para mí mismo. Si se toma en cuenta que es la primera vez que hablo de muchas de estas cosas abiertamente, podrá comprenderse el porqué se me dificultan las palabras.

Entendí que la razón por la que los universos se "doblan" juntos fue porque era más eficiente. La palabra "fácil" no aplica, porque Dios tiene todo el poder, y nada disminuye Su poder o habilidad, simplemente era más eficiente y era la forma en la que siempre había sido hecho.

Existe una aritmética celestial en esta visión que era increíble observar. Me di cuenta de que este poderoso doblez del universo no era magia para Dios. Era más como una tecnología espiritual y brillante. Vi que Dios poseía vastas leyes, principios y ciencia, por decirlo así, de cómo hacer estas cosas dentro de Su entendimiento y poder. Era hermoso observar como una danza divina, donde los danzantes eran las estrellas y los planetas. Cuando el hombre hace matemáticas, siempre está la amenaza del error y equivocaciones. La aritmética de Dios es perfecta, vi que la totalidad de sus creaciones fueron recipientes de su impecable ingeniería divina.

Todos los universos glorificados que percibí pertenecían a una de las tres glorias: celestial, terrestre y telestial. Había otros tipos, que no eran tipos de gloria. Esos eran lugares maravillosos, sin gloria, a donde eran enviados quienes no habían sido calificados para una recompensa de gloria durante sus vidas, como una última estancia. Había de cualquier tipo, de cada descripción, y eran creadas conforme a sus deseos. Ellos no querían tener nada que ver con Dios o Su intervención en sus vidas, así que les dio lo que querían, lo que sea que fuera, entonces ellos se quedarían ahí por toda la eternidad, incapaces de desafiar la autoridad de Dios nunca más.

Nuestra Tierra se encuentra en el orden telestial, pero antes de la era del hombre, ésta venía de un plano celestial. No había sido celestializada todavía, pero había sido creada ahí. La transición de un reino celestial a un reino terrenal, es lo que constituyó la Caída, y fue completada en este proceso de doblez.

Cuando una persona muere o tiene una experiencia fuera del cuerpo, como en mi caso, su propio túnel lo conduce a su lugar y a su estructura original, donde eran espirituales en naturaleza. Ese poder de regresar con Dios sólo se concibe como un túnel de luz. No es físico, y de hecho no es un túnel, sino que es la manera segura que Dios proveyó para que nuestros espíritus pudieran regresar a Él.

Cuando hayamos terminado esta experiencia telestial, no necesitaremos ese túnel entre la Tierra y Dios. Seremos capaces de movernos instantáneamente como espíritus y, eventualmente, como seres resucitados entre vastas distancias por medio del poder de Dios, que estará inherente en nosotros.

Necesitábamos el túnel de luz porque un mortal imperfecto no tiene la habilidad para iniciar el viaje como lo tiene un espíritu. Semejante a dejar una cuerda colgada de un precipicio para que podamos treparla y regresar arriba, así nosotros dejamos nuestro túnel de luz como medio seguro para regresar a casa después de dejar este tabernáculo físico.

El prado y el lago

Estuve reflexionando estas cosas mientras llegábamos al final del túnel. Me encontré de pie en un hermoso prado. Había árboles crecidos de muchas variedades. Algunos dando flores, mientras otros estaban llenos de fruta. A una corta distancia, un lago azul reflejaba el hermoso arreglo de árboles y arbustos. No había un sol en el cielo, y comprendí que esa luz que yo percibía venía del Hijo de Dios, no del sol.

Era consciente de que había grandes variedades de peces en el lago, así como grandes variedades de plantas, pero no otros animales. El prado y el lago estaban deslumbrantes, con magníficas exposiciones de muchas variedades de flores y arbustos brotando.

Un estrecho arroyo fluía entre el lago y yo, mismo que desembocaba en el lago, a una corta distancia.

Justo a mi derecha vi una cerca decorativa de casi un metro de alto, la cual se encontraba a lo largo del arroyo por pequeños senderos, y después se desviaba de mi derecha. Había hermosas bancas construidas en la pared, a poca distancia una de la otra. La pared se curvaba en ciertos lugares para que las bancas formaran un recodo, donde las personas quedaran frente a frente y conversaran.

Al inicio solo caminaba viendo la pared. Nunca había visto una cosa así antes. La pared estaba hecha de ladrillos de piedra blanca de un metro cuadrado, me senté cerca de la pared en una de las bancas y sentí que ésta me daba la bienvenida, dándome amor y alabando a Dios. Si no hubiera experimentado este nivel de comunicación espiritual antes, y esa conexión con todas las cosas en visiones anteriores, me habría sobresaltado. Sin embargo, me sentía conectado con todo lo que podía ver. En experiencias previas al caminar a través de escritorios y paredes en la Tierra, también entendí la historia de esas cosas, cada evento de su existencia. Con estas cosas, la pared y los árboles, no había historia, aun así entendí que estas cosas eran casi eternas en su existencia. Este era un mundo espiritual y nada cambiaba, nada envejecía o moría, ni era cosechada y forzada por el hombre para ser otra cosa. Así que eran justo como Dios las había creado, sin transformación ni historia.

Estaba esperando a mi guía para que me alcanzara y me dijera a dónde ir. Vino a mí pero no me acompañó al prado. No estaba seguro a dónde ir sin él, y acepté que me estuviera dando ese tiempo para que experimentara el lugar. No sabía en dónde me encontraba, pero tampoco estaba preocupado. Todo era como debía ser.

Me quedé y caminé hasta el final de la pared, paso a paso sobre el arroyo, y caminé hacia el lago. El agua del arroyo y del lago era cristalina.

Podía ver fácilmente hasta el fondo del lago, lo cual nunca había experimentado en la vida terrenal por el reflejo e impurezas en el agua. Podía ver peces nadando como si fueran aves volando en el aire. Todo rendía tributo a Dios, y me daban la bienvenida. Caminé hacia la orilla del lago y me arrodillé para sumergir mis manos. El agua estaba fría, pero cuando saqué mi mano no estaba mojada. Me paré y puse un dedo de mi pie en el agua, no dentro, pero sobre el agua. Me sentí como si ya hubiera hecho esto antes. Yo sólo supe que podía.

Me paré sobre el agua y caminé una docena de pasos. Podía ver abajo, hasta el fondo. Me daba la sensación de estar volando, porque el agua era muy cristalina. Cuando movía mi pie, el agua ondeaba justo como lo hacía en la Tierra, pero mi pie estaba en una superficie sólida, y no se mojaba. Caminé de regreso a la orilla, hacia el césped, esta vez decidí caminar dentro del agua.

Me di cuenta de que caminar dentro del agua era algo que ya había aprendido a hacer antes, en la Tierra, la repuesta natural del agua es dejarte hundir. Aquí, obviamente, la respuesta natural era mantenerte a flote. Decidí que lo intentaría una vez más.

Di unos pasos dentro del agua, presionando mi pie un poco más. El agua llegó hasta mis tobillos, y luego caminé en un giro corto con el agua hasta mis tobillos. Cuando alcancé la orilla una vez más, estaba perfectamente seco. Lo intenté una vez más, esta vez hasta mis rodillas, luego hasta mi cintura. Me di cuenta de que en realidad me estaba metiendo en el agua tanto como mi creencia me lo permitía. Finalmente, decidí caminar dentro del agua hasta que estuviera completamente sumergido.

El agua no se resistió a mi deseo, y caminé con el agua hasta la cintura. La podía sentir pero no me estaba mojando. Salpiqué un poco de agua sobre mi ropa y se escurrió dejándome seco. Caminé más profundo. Sabía que estaba en espíritu y que mi cuerpo estaba en algún lugar en la Tierra, así que no tenía miedo a ahogarme. Aún así, cuando me sumergía totalmente, contenía el aliento. Esperé mucho tiempo antes de que me diera cuenta de que no estaba sufriendo por falta de oxígeno. Lentamente liberé mi aliento, y no salieron burbujas de mi boca. Cuidadosamente inhalé y entonces respiré aire, con lo cual me di cuenta, o el entendimiento vino a mí, de que yo me estaba acordando de la necesidad de oxígeno de mi cuerpo. El espíritu no tiene tal necesidad, y no había aire entrando y saliendo de mi espíritu, aunque tenía la sensación de estar respirando.

Caminé alrededor del fondo del lago por un rato. No había resistencia al agua. Solo caminaba libremente como en suelo seco. El fondo del lago era como un jardín cultivado, con hermosas plantas flotantes y caminos hechos de arena. Toqué algunos peces, que no huyeron, sino que me irradiaron su pequeño amor.

Cuando estuve satisfecho, caminé a la orilla y emergí seco al césped. Cuando miré de vuelta al lago, estaba asombrado por la experiencia, hasta que me di cuenta que el lago no estaba lleno con H2O, era agua en un estado espiritual, y que tenía la apariencia del agua terrenal, pero con pocas propiedades del agua misma.

El aspecto más profundo de esta experiencia hasta ahora, era que todo alababa a Dios. No tenía voz, no como un sonido humano, sino que se comunicaba por su espíritu, y por su conexión con todas las cosas, su amor por Dios. También me di cuenta, en el instante en el que llegué a este nuevo lugar, que todas las cosas me conocían. Todos sabían, reverenciaban y respetaban el hecho de que yo era a la imagen de Dios, y que venía de un cuerpo mortal. Sabían que yo era hijo de Adán, y me amaban y respetaban. No sabía nada de ese lugar, y no venía de ninguno de mis recuerdos anteriores, pero me sentía verdaderamente conectado.

Todas esas cosas, fuera el césped, rocas o ladrillos de la pared, estaban agradecidos de su existencia. Estaban contentos con lo que eran, pero también observé que ninguna de esas cosas tenía voluntad. No eran capaces de "querer" ser otra cosa. Todo el lugar y lo que estaba en él era consciente, lleno de alabanza hacia Dios, pero carecía de personalidad, de albedrío o voluntad de ser algo más.

Como ya lo he señalado a menudo, esto es difícil de describir. No hay palabras lo suficientemente poderosas, apasionadas o impactantemente significativas para describir tales cosas en cualquier idioma terrenal, así que admito haber tropezado un poco con esta explicación. Cuando estás en espíritu, las palabras no son necesarias y todo puede ser descrito con un solo pensamiento, puede ser comprendido en su totalidad por cualquiera con quien te comuniques.

Estaba completamente consciente que este prado, y todo lo que estaba experimentando, estaba aquí porque la voluntad de Dios lo había organizado en esta existencia, de esta forma, en este lugar. Esto había sido hecho para los propósitos de Dios, y había permanecido sin cambio durante más tiempo que la existencia misma del hombre. Ellos han oído la voz del Señor, llamándolos para asumir esa forma, y ellos le obedecieron. Su propósito era como si siempre se estuvieran preguntando: "¿Cómo puedo servir?" "¿Cómo puedo ser de valor para ti?" "Esto es por lo que estoy aquí". Incluso las flores, cuando me acerqué para tocarlas u olerlas, estaban alabando a Dios y expresando alegría en su belleza, sólo porque yo había pensado lo gloriosas y hermosas que eran; y ellas oyeron y entendieron dicha expresión.

Por supuesto, no asumí el tener alguna autoridad para cambiarlas, y no tuve la intención de hacerlo bajo ninguna circunstancia. ¿Cómo podría yo mejorar algo que ya es perfecto? Todo estaba a su máximo nivel de vida y vitalidad. Cuando pisaba el césped, no se dañaba, sólo "me recibía", y sentía placer al ser usado por mí.

Los colores eran hermosos, distintos y más brillantes que los colores en la Tierra. Había colores que no creo que el ojo humano podría distinguir, los cuales, si tuviera que darles un nombre, serían colores malvas y pasteles, de una variedad increíble.

No recuerdo haber visto animales además de los peces. Este lugar era como una pintura en donde el artista solo quería peces en el lago, y optó por no pintar nada más. No era una reflexión de la vida terrenal. Este era el lugar que Dios había creado para ser exactamente como era, para irradiar belleza, para captar con los sentidos. Todavía contemplaba el lago cuando mi guía regresó. Me preguntó si ya estaba listo para acompañarlo. A través de mis interacciones con él y con otros ángeles, siempre me pedían permiso para poder continuar. Una vez que yo consentía, ellos dirigían mi atención o me hacían preguntas, pero siempre era mi decisión irme, quedarme o continuar. Le dije: "sí, estoy listo para continuar".

Niñez espiritual

Instantáneamente estábamos en otro lugar. Lo reconocí inmediatamente. Era mi casa, en donde había pasado toda mi niñez espiritual.

Antes para mí el edificio era inmenso, extendiéndose de izquierda a derecha, hasta donde podía ver, y consistía de hermosas partes. Había magníficos arcos, altas paredes, ventanas de muchas formas, de increíble arquitectura y gloriosa ornamentación.

La estructura estaba hecha de un material parecido a la roca, color blanco, pero más aperlado, con motivos plateados y dorados que parecían moverse lentamente alrededor de líneas color esmeralda, como si se hubieran formado en la roca natural. Cada bloque de roca era tan alto como la altura de un hombre.

Me vino un recuerdo muy lejano donde veía al Padre crearla. Había tomado su forma actual después un largo periodo de tiempo, aunque el tiempo era sólo la forma limitada de entenderlo en mi mente. Era una continuación de lo eterno ahora en mi memoria. El edificio tomó forma por una razón: Dios quería una habitación en la cual enseñarme, así que el edificio obedeció ese deseo.

Él amaba las columnas y representaciones de la belleza de Sus creaciones terrenales que estaban cerca de la parte superior de las columnas, a lo largo del techo, y sobre las puertas, y todo le obedecía. Me di cuenta de que algunas de las habitaciones habían sido "creadas" para enseñarme mis primeras lecciones de las cosas que encontraría en la Tierra. Otras habían sido formadas para permitirme ver y tocar objetos para enseñarme, tales como libros, arte, herramientas y otras muchas cosas necesarias para prepararme para la vida terrenal.

Era menos un edificio y más un lugar divino que asumió la forma de un edificio terrenal para mi educación. Podía tomar la forma que Dios quisiera. No requería trabajo, trabajo manual, herramientas o cambio para modificarlo. Simplemente fluía en gozosa obediencia en la forma que Dios deseara.

Mi guía abrió una gran puerta que estaba hecha de una sola pieza de madera. No había marcas de uniones o goznes, como si Dios le hubiera pedido a un solo árbol asumir la forma de esta elaborada puerta. La madera no estaba pintada, tenía hermosos tallados como las maravillas naturales de la Tierra: las flores, los animales, niños, hombres y mujeres en momentos amorosos.

La habitación al fondo era una entrada familiar. La totalidad de lo que vi irradiaba una sensación de desbordante emoción, porque yo había regresado. Las paredes y columnas eran de la misma piedra divina de afuera. El techo era abovedado, descansando sobre cuatro columnas estriadas y luces que irradiaban desde todo lugar. El piso era más obscuro, como un mármol natural de un color verde esmeralda obscuro. Había una puerta cerrada a mi derecha, un ancho pasillo detrás de mí y otra puerta cerrada a mi izquierda.

Mi guía me llevó por el corredor que estaba al frente de nosotros. Era de cerca de 6 metros de largo, y terminaba en una ventana arqueada que lucía como una perla. Parecía ser fluida, con colores claroscuros moviéndose en ella. Mientras nos acercábamos, se tornó clara para dejarnos ver a través de ella. La gran habitación del fondo me resultaba familiar.

Él me miro y preguntó: "¿conoces este lugar?"

Contesté con lágrimas de alegría rodando por mi cara: "¡estoy de vuelta en casa!". En mi mente pensé: *Aquí es donde vivía yo antes de nacer.* Yo sabía que estaba de vuelta en el mundo espiritual, en donde crecí como espíritu. Muchos recuerdos sagrados y escenas fluyeron en mi mente de mi niñez espiritual, las cuales decidí no relatar aquí. Estuve de pie ahí por mucho tiempo, nunca entrando, sino viendo y recordando mi pasado.

Mi habitación

Cuando estuve satisfecho y listo para avanzar, mi guía me llevó de regreso a la entrada y a la primera puerta que había visto. La puerta se abrió para mí en cuanto me aproximé. La reconocí como "mi habitación", casi como la habitación de un niño terrenal, pero no tenía cama. La habitación era de unos seis metros cuadrados, con un alto y plano techo. Las paredes y el piso eran del mismo material que el vestíbulo, pero con una ligera diferencia en los colores, dejando ver más un color azul y malva. Amaba esa habitación y sentía que era toda "mía".

El único mueble en la habitación era un arcón grande y redondo en medio del piso. Era de cerca de noventa centímetros por 1.20 metros, con una tapa arqueada y esquinas redondeadas. La cubierta tenía un hermoso color rojo con reflejos en color naranja quemado. Estaba hecho del mismo material que el resto de la casa, pero más claro y de colores brillantes. A los lados tenía un vívido color amarillo canario. Sabía que yo había elegido esos colores, y que los había cambiado seguido para adaptarlos a mis caprichos infantiles. La tapa podía ser abierta, pero no había bisagras visibles.

Caminé hacia él, y después de caminar alrededor, le di un vistazo a mi guía cuestionándolo. Él sonrió y yo lentamente levanté la tapa. La sustancia le dio a mi memoria terrenal el mensaje de que estaba pesada, pero se sintió tan ligera como una pluma cuando la abrí. Adentro había objetos extraños que nunca había visto en mi vida terrenal. Había utensilios de formas extrañas y diferentes tamaños, ropa blanca y herramientas que yo había usado. Sabía exactamente el propósito de cada herramienta y objeto mientras estaba ahí como espíritu, pero desde que regresé a la mortalidad, esa información no ha permanecido conmigo.

Me di cuenta de eran de mi "posesión", pero también que tales cosas eran comunes para nuestras experiencias premortales. Aun así, su conexión conmigo había sido una parte de mis primeras experiencias. Sostuve cada una, las observé y recordé para lo que servían. Cada objeto en el arcón era un logro mío. Cada objeto representaba una meta alcanzada, como alguna clase de trofeo, de una lección aprendida, ordenamientos que había recibido, etapas de desarrollo que había alcanzado. Esos objetos significaban mi dignidad y preparación para participar en el objeto de la lección, no solo en este mundo, sino también en el mundo terrenal. Dichos objetos eran como certificados, autorizándome para hacer lo mencionado antes. Cada habilidad y autoridad alcanzada por un largo proceso de aptitud para ganar dicha autoridad.

Había recibido estos objetos como símbolos de las lecciones que había aprendido y los logros que había alcanzado. Algunos de los objetos eran herramientas que me ayudarían para tal efecto. El recuerdo de estos objetos que parecían ser de una tecnología divina, objetos dotados con el poder de Dios para permitirme y asistirme al hacer alguna acción o servicio necesario, como la Liahona que ayudó a la familia de Lehí, o el Urim y Tumim que habilitaron a los videntes para saber el futuro. La vestimenta blanca fue cuidadosamente doblada, y era sagrada, de naturaleza ceremonial. Todo era parte de mi matriculación para la madurez espiritual.

Al tomarlos, la lección aprendida, el proceso de aprendizaje y la alegría que sentí al lograrlo regresaron a mí. Atesoraba cada objeto con todo mi corazón y reflexionaba sobre ellos, y luego los regresaba cuidadosamente al arcón. Nada en el arcón era un juguete o un objeto caprichoso. Todo tenía un profundo y eterno significado para mí. Cada objeto me reconocía y estaba feliz de verme y de interactuar conmigo.

No sentía ninguna prisa. Mi guía me miraba, sonriendo y disfrutando mis descubrimientos, era como si tuviera una eternidad para examinarlos. Después de haberlos sostenido en mis manos y haberlos entendido, recordé la naturaleza de la habitación. Me di cuenta de que tenía la habilidad de cambiar la habitación en cualquier cosa que necesitara. Si deseaba leer un libro que pertenecía a la vida terrenal, como una Escritura o algún manuscrito de un profeta, simplemente lo deseaba y la habitación cambiaba para proveerme tal cosa. En la escena se veía que había sido usado en un palacio, una cueva o en un escritorio; así me parecía. Podía tocarlo, tomarlo y leerlo, sentirlo e incluso olerlo. No era el objeto real proveniente de algún almacén eterno, sino una recreación espiritual o representación de ello, libre de defectos. Cada objeto era perfectamente parecido al original, incluyendo todos los recuerdos e historia que un espíritu individualmente podría experimentar del objeto original.

Si quería ver algo grande, como el nacimiento de Cristo o la creación de la tierra, ese evento me rodearía. Lo podía ver y aprender de él, interactuar con él, ver a los ángeles y seres divinos originales que representaron los eventos originales. Podía moverme alrededor, y ver desde cualquier ángulo con perfecta claridad y experimentarlo todo, como los que participaban. En resumen, era magnífico, y era el más perfecto salón de clases de la eternidad, y todos los que lo desearan, tenían uno igual que el mío.

Me acordé que cuando era niño pasaba eternidades en esta habitación. Una vez más, no había tiempo en ese mundo, y el concepto de tiempo, o de existencia linear, era difícil de entender entonces. La idea de cambiar, envejecer, decaer y la oposición eran conceptos difíciles. Era como una medusa de mar tratando de entender a los automóviles. No había experiencias comparables con mi niñez hasta ese momento, y recuerdo el haber reflexionado todos estos conceptos de la vida terrenal.

El decir que pasé mucho "tiempo" en esta habitación sería incorrecto, más bien pasé vastas proporciones de eternidad ahí. Nunca cambié. La habitación nunca cambió, excepto cuando lo desee. Nunca estuve cansado, hambriento o cansado de aprender. Estaba cautivado con todo eso, y no deseaba hacer nada más, a menos que el Padre o alguna otra causa me interrumpiera. Cuando tenía una pregunta, no necesitaba ir al Padre en busca de respuesta. Se generaba la pregunta en mi mente y la habitación cambiaba para brindarme lo necesario para aprender.

Mi educación no fue aleatoria; estaba programada, secuenciada y ordenada. Era la misma secuencia experimentada de entrenamiento para todos los niños del Padre, aunque estaba consciente que no todos Sus hijos, mis hermanos, tenían curiosidad de las cosas, o buscaban educación con tanta devoción e interés como algunos de nosotros lo hicimos.

Como un niño en una tienda de dulces gratis, me quedé en esa habitación e interactué con todas esas cosas durante un largo tiempo (hablando como ser terrenal), hasta que mi corazón se regocijó.

Mi guía espero por mí, disfrutando mi alegría. Cuando estuve listo para irme, cuidadosamente llevé todo de vuelta exactamente como estaba antes. Lenta y reverentemente cerré el arcón y me quedé ahí con mis manos descansando sobre su suave superficie. Fue un largo adiós. Sentí tanto mi propio gozo como la comunión con esos objetos en el arcón, los cuales adoraban a Dios, me amaban y esperaban mi regreso.

Mientras caminaba hacia la entrada, de repente recordé a mis hermanos eternos, madre y padre. No me recuerdo a mí mismo siendo como uno entre billones. Recordaba incontables hermanos, todos amados y amorosos, pero no recuerdo compartir una madre o un padre con ellos. Solo recuerdo haber sido individual y singularmente amado y apreciado.

Recuerdo bien a mi Padre, Su poder y majestuosidad, Su rostro, Sus manos, Su forma, Su toque y delicado cuidado. Aún hoy recuerdo haber jugado con Él, haber pasando mis dedos entre el suave vello de su brazo, riendo juntos, yendo a destinos divinos, probando futuros goces terrenales, probando cosas nuevas, viendo eventos divinos, viendo galaxias y eternidades encenderse al estar bajo Su mano. En mi memoria, yo era el único presente en esos tiempos, aunque pudo haber multitudes de nosotros, cada uno sintiéndose guiado individualmente a través de la infancia. La mayoría de mi niñez espiritual la pasé bajo Su delicado cuidado, en Sus brazos, en Su regazo, en Su corazón.

Recordaba a mi Madre de la misma manera, mientras estaba en mi hogar premortal. Ella estuvo presente en todos mis recuerdos, pero la mayoría de esos recuerdos no fueron a la mortalidad conmigo. Mi corazón recuerda Su poderoso amor y personal atención hacia mí, pero no recuerdo ningún evento con Ella, ni Su rostro permanece en mi mente hoy. No se la razón de esto, pero parece consistente con la protección de mi Padre hacia Ella a través de los asuntos de Él con la humanidad. Lo más extraño es que me parece correcto que no recuerde nada. Recuerdo Su poderoso amor, y estoy espiritualmente contento al saber sólo lo que sé. De alguna forma esto es correcto.

Le pedí a mi guía que me mostrara el resto de la casa. El aceptó alegremente y me llevó al corredor que terminaba en la ventana ahumada. Caminamos lado a lado por el ancho corredor y nos aproximamos al vidrio. No era transparente, sino de aspecto blancuzco con colores mezclados que se movían como humo en ella. Mirarla me dio la sensación de que el vidrio se extendía a innumerables y distantes lugares. Él solamente continúo caminando y lo seguí justo a través del vidrio. Comprendí, mientras lo atravesaba, que era un portal que conectaba a lugares distantes. Sentí como si estuviéramos en mi "hogar", pero estábamos en un lugar muy lejos y distante.

La biblioteca

Un segundo después nos encontrábamos en un cuarto lleno de gente trabajando tras escritorios. Cada escritorio tenía una gran ventana por delante, con el mismo propósito que mi habitación. Ellos estaban estudiando las imágenes y objetos en la pantalla, como en mi habitación, podían manejar los objetos; los movían, los tocaban y experimentaban con ellos en cualquier forma posible. Los libros que ellos desearan ver no necesitaban ser leídos.

Solo tocaban el libro y lo maniobraban, y de esa manera proporcionaban la información completa que había dentro de ellos. Un toque era suficiente, pero una exposición mayor era más encantadora, ya que le permitía a uno experimentar el libro en gran profundidad, disfrutando todo sobre él, incluyendo la vida y los sucesos en la vida del autor. Si lo sostenían lo suficiente, se podía experimentar a cada persona que lo había tocado, y todo sobre ellos. Recordé mis propias experiencias, y sabia que había un punto en el que la información no era elevada y el objeto era regresado a la pantalla.

Creo que esta gente era como yo, seres terrenales que recientemente habían partido de la mortalidad, y ahora continuaban en la búsqueda de la luz y la verdad. Estaban vestidos con ropas blancas que parecían flotar sobre sus cuerpos. Sus caras brillaban de alegría.

Había personas llevando objetos a las personas sentadas en los escritorios, a través de la habitación. Todos estaban involucrados y ocupados, pero no apurados. Había una sensación de eternidad, pero también un agradable deseo de aprender tan rápido como fuera posible. Todos eran felices. Parecía ser una biblioteca central o lugar de información para que las personas aprendieran. Cuando alcanzaban cierto nivel de aprendizaje, recibían reconocimientos de su educación, justo como los que encontré en mi arcón. Esos eran los objetos que los instructores llevaban a través de la habitación para presentarlos a los aprendices.

Mientras caminábamos por la habitación, había un círculo de luz que nos precedía. La gente de cada lugar que nos acercábamos sabía quiénes éramos, y cuál era nuestro propósito y nuestras necesidades, de hecho, lo sabían todo. La información acerca de mi guía estaba bloqueada para mí, pero no para los otros en la habitación. No me era permitido saber quién era mi guía ni de dónde venía.

Dios, el tiempo y las leyes

Me fue mostrado que Dios no reside en una realidad limitada por el tiempo o distancia. Él Existe fuera del tiempo y puede moverse hacia adelante y hacia atrás, a través del imaginario del tiempo. Él creó lo que nosotros llamamos "tiempo" para nuestra percepción y progreso, pero Él mismo no está sujeto a ello. En donde existan Sus creaciones, y en cualquier "tiempo", Él está ahí. Puede actuar y actúa en el pasado, presente y futuro, Pero ante sus ojos, para Él todo es el "aquí" y el "ahora".

El puede fácilmente adelantar el tiempo para Sus propósitos o detenerlo, todo sin que seamos conscientes de ello. Como Él puede ver el resultado final de todas las cosas y a todas las personas, tiene el poder de influenciar o cambiar cualquier cosa, en donde sea y cuando sea que Él desee bendecir el resultado eterno de nuestras vidas.

Todas las cosas que aceptamos como leyes terrenales, tales como la gravedad, la física, la luz, calor o velocidad son todas creaciones de Dios. Estamos obligados por ellas a la vida y a la muerte, pero Él no. Estas son "leyes" que pertenecen al orden Telestial. Estas funcionan por Su mandato y decreto, pero Él no es un prisionero del orden Telestial y, por lo tanto, no está sujeto a esas "leyes". Cuando vi por primera vez al Salvador, Él estaba de pie sobre la tierra, pero estaba firmemente anclado en Su lugar escogido. Esas cosas no violan las "leyes" de la naturaleza, sino que operan por encima de ellas en obediencia a las leyes celestiales. El Padre ha dispuesto que el tiempo percibido por los mortales sólo sea hacia "delante", pero Él mismo no está sujeto a ese decreto.

Como relato más adelante en este libro, a medida que nos acerquemos a la Segunda Venida, después de haber trabajado para servir a Dios por un largo tiempo y haber adquirido una mejor medida del poder de Dios mientras opera en un mundo milenario, nosotros comenzaremos a tener la habilidad de trabajar sin límites de tiempo o distancia. Este era el único modo en el que hubiéramos terminado el trabajo asignado previo a Su venida en gloria.

Regresando a visitar mi cuerpo

La siguiente impresión que tuve fue estar de vuelta en mi habitación al pie de mi cama. Mi cuerpo aún estaba en la cama. Vi el reloj digital en mi mesa de noche. Había pasado exactamente una hora, aunque tenía la sensación de haber estado lejos por días y días. Yo sabía que mi cuerpo estaba muerto conforme a la definición del mundo, pero también estaba tan emocionado con lo que recientemente había experimentado, que quería despertar a mi esposa y contarle todo lo que había aprendido.

Sin lenguaje verbal, mi guía me dijo que si quería hablar con mi esposa, yo tendría que volver a mi cuerpo y así la experiencia se completaría.

Me di cuenta que había más cosas que él quería mostrarme y que aún no era tiempo de regresar a mi cuerpo, pero por alguna razón necesitábamos ir a visitarlo (mi cuerpo), tal vez para mantener el vínculo fuerte entre mi espíritu y mi cuerpo, mientras él me llevaba a más viajes en el espíritu. Le dije: "si tienes más que mostrarme, vamos; ¡estoy listo!"

Capítulo Seis

ÁNGELES Y DEMONIOS

Los espíritus de maldad y tentación

No caminamos por la puerta, me encontraba en un lugar diferente, estábamos en una pequeña oficina de casa, era tarde por la noche. Un joven en ropa interior entró en la habitación en silencio, mirando a su alrededor sigilosamente, cerró la puerta suavemente sin prender la luz. Fue a una computadora y la encendió; mientras esperaba que la computadora se calentara, percibí un creciente sentido de emoción viniendo de él; sabía que su esposa, sus dos hijos y su hijita, aún bebé, estaban dormidos en la casa en otro lugar, y que él tenía la intención de ver pornografía, comprendí esto sólo por el hecho de estar en la misma habitación. Tal como en las experiencias anteriores, sabía todo acerca de su vida, sus decisiones, sus deseos, sus fracasos; percibí que era un buen hombre, un misionero retornado sirviendo actualmente en su presidencia de quórum.

Mi guía me dijo: "Está aquí para ver pornografía",

Vi ocho espíritus entrar a la habitación, cuatro de ellos eran espíritus que alguna vez fueron seres terrenales; los otros cuatro eran espíritus malignos no nacidos en la carne, subordinados de Satanás. Los espíritus que una vez vivieron en la tierra, parecían humanos y usaban ropa típica de la época en la que habían muerto, los espíritus malignos eran menos sustanciales, generalmente más pequeños, con características deformes, haciéndolos parecer no tan humanos. Estaban agitados, activos, saltando frenéticamente y dándole órdenes por medio de gritos desenfrenados.

Los otros espíritus dijeron poco al principio, tenían poca habilidad para ser escuchados por el joven. Estaban allí tratando de satisfacer la pasión sexual que habían desarrollado durante sus propias vidas, había masculinos y femeninos, su adicción sexual los había seguido al espiritual, su adicción era interminable, dolorosa e imposible de sa, se perseguían, estaban desesperados por tratar de satisfacerse sin fin, estaban contentos de lo que iban pronto a experimentar a través del joven, tenían esa intención observándolo, animándolo, aunque él no podía oírlos, no buscaban la pornografía en la pantalla de la computadora; lo observaban de cerca, poniendo su cara en la cara de él y gritándole, burlándose y mofándose. No les importaban las imágenes, lo que les importaba era compartir la sensación del cuerpo, de la gratificación sexual.

Los espíritus malignos no nacidos en la carne estaban allí para atraparlo, para seguir tentándolo, para recordarle la próxima excitación, no les importaba nada con tal de experimentar su pasión. Nunca habían tenido un cuerpo y eran incapaces de comprender la excitación, solo estaban allí para controlarlo, para hacerlo obedecer sus palabras y mantenerlo envuelto bajo su "conjuro" el mayor tiempo posible.

Se reunieron alrededor de él, esperando a que se envolviera totalmente en el éxtasis sexual que él esperaba al ver estas imágenes. Los malignos le recordaban de ciertos sitios web, instándolo a continuar, susurrándole lo emocionante que iba a ser, le dijeron qué imágenes ver y cómo se debía sentir por ellas, argumentaron en contra de su conciencia, dándole muchas razones para ignorar la voz de su conciencia y para seguir adelante. Colocaron sus manos sobre él una y otra vez, causándole sentir emoción tras emoción; deseaban que buscara mientras hacía clic en su computadora y, después de la excitación, que la recordara, que la necesitara más que cualquier otra cosa; estaban más interesados en mantenerlo concentrado sobre su propio cuerpo y sus propias excitaciones tan eficazmente que no pudiera sentir su relación con Cristo, con el Espíritu Santo o recordar a su familia. Todo lo que podría pensar era en sí mismo y en la satisfacción garantizada a un sólo clic de distancia.

Entre más se excitaba él, más se enloquecían los espíritus malignos, se volvieron más agresivos, saltando sobre él, golpeándolo con sus manos y maldiciendo; fue algo grotesco de ver.

Me di cuenta aún con más firmeza, al ver esto, que todas las adicciones son puramente egoístas, garantizan la gratificación instantánea de la carne, las relaciones no están garantizadas, y la gratificación, que es el resultado de las relaciones, debe ser cuidadosamente mantenida y cultivada. Esa es la razón por la que la gente se vuelve a las adicciones, porque son instantáneas, requieren poco trabajo y los resultados están garantizados. Es también la razón de que el maligno las use y las promueva con tanto esmero, ya que empujan al usuario lejos de todas las relaciones significativas, especialmente aquellas que tiene que ver con lo divino.

Comprendí que este joven había sido despertado por uno de esos espíritus tentadores que habían estado influenciando sus sueños, instándolo a despertar y necesitar un acto sexual, y tan pronto como él tomo la decisión de salir de la cama y de participar, los espíritus sin cuerpo se habían unido. Se sintieron atraídos como una polilla a la luz en un cielo oscuro. Llegaron todos al mismo tiempo. Con la aceptación de la tentación y la decisión de hacerlo, él les había dado permiso para entrar y experimentar su emoción sexual con él. Vi a muchos espíritus sin cuerpo que competían para entrar en el pequeño cuarto, pero sólo cuatro espíritus malignos permanecieron ahí.

Cuando él tomó la decisión de participar, todos sus deseos y buenas intenciones se ahogaron inmediatamente por la pasión y por el control de los espíritus malignos. Los buenos espíritus que habían estado cerca de él mientras dormía se vieron obligados a mantener distancia, hasta que no pudo oírlos, con el tiempo se fueron, ahuyentados por las decisiones de él.

Cuando alcanzó el pináculo de la lujuria en su cuerpo, una lágrima negra apareció en la coronilla de su cabeza, en ese instante los espíritus sin cuerpo comenzaron a atacar, se veían como los jugadores de fútbol que abordan al contrincante con la pelota, tenían la esperanza de compartir un momento de sus sensaciones físicas y excitantes, actuaban como perros hambrientos que van tras la misma carcasa. Había una feroz competencia entre ellos para estar en él por más tiempo, lucharon para seguir en turno, gritando y maldiciendo, empujándose uno al otro para entrar, tan pronto como uno o dos espíritus entraban, nadie más podía entrar. Los malos espíritus gritaban y se lanzaban contra él varias veces hasta que uno más débil era expulsado y otro tomaba su lugar. Me parecía que los que eran expulsados estaban exhaustos, tirados en el suelo como si fueran esclavos sexuales de sí mismos, imitando las acciones del joven en la computadora. Traté de voltearme por la repugnancia, pero no pude. La imagen estaba delante de mí, no importaba en qué dirección mirara, los malvados se recuperaban rápidamente y se reincorporaban a la lucha para volver a entrar una y otra vez.

La lujuria y la adicción que estos espíritus sin cuerpo habían acumulado para sí mismos en vida como mortales, todavía los perseguían. No podían deshacerse de la lujuria porque no se volvían a Jesucristo, que les podría haber sanado, incluso después de que la vida terrenal de ellos había terminado, sin Su gracia no podían vencer la gran necesidad de la adicción. No podían escapar de ella. Sin ninguna manera de satisfacer su adicción, sentían dolor, buscaban en todo el mundo cualquier oportunidad de experimentar esa excitación de nuevo, y por lo tanto disminuir su dolor, aunque fuera por un breve momento.

Mi guía me dijo que cuando esos espíritus entraban en el cuerpo de su víctima, no podían sentir plenamente lo que él sentía, era filtrado o no completo, para ellos resultaba sólo parcialmente satisfactorio, y no podían permanecer mucho tiempo debido a la competencia, así que atacaban una y otra vez.

Los espíritus sin cuerpo estaban rodeados por la oscuridad, y al pasar por este hombre, la oscuridad que poseían entraba en él. Podía sentirlo como oleadas de anhelosa oscuridad, y le incitaban a buscar más pornografía excitante, las imágenes más fuertes y más oscuras, instándolo de imágenes suaves a más violentas, incluso perversas y viles. Él se resistió algunas veces, pero ellos le gritaban, lanzándose hacia él en un frenesí.

Cuando el joven había entrado en la habitación, supe por la luz que le acompañaba que era un buen hombre, podía ver que la luz que poseía se atenuaba cuando se sentó allí. Vi que había mucho más regocijo en los subordinados de Satanás porque estaba rompiendo sus convenios, que viendo pornografía, la alegría de Satanás era mayor por el hecho de que él era un buen hombre, más que si hubiera sido cualquier otra persona común que hiciera este tipo de cosas sin necesidad de tanta tentación. El triunfo era mayor, su conquista era más dulce y su control era más valioso, debido al hecho de que este joven había hecho convenios para evitar ese tipo de cosas. Se deleitaban en el dolor que esto causaría a su esposa y a su familia, y ellos disfrutaron la oportunidad de afligir finalmente a su esposa con todas las emociones oscuras que sentiría, y que la separarían del Santo Espíritu.

Mi última visión de esta persona fue verlo acercándose a la pantalla, respirando fuertemente, mientras, sin que se diera cuenta, los cuatro espíritus oscuros le gritaban para que continuara, y otra docena de almas desencarnadas se lanzaban a él en un frenesí de lujuria insatisfecha.

Uno de los aspectos más trágicos de esta escena, es que esos espíritus del mundo invisible le estaban ofreciendo una sensación de relación falsa, dándole la sensación de estar satisfecho por esta experiencia, estaba empezando a aceptar a esos visitantes invisibles, como sus compañeros, y comenzaba a disfrutar con ellos, a dar la bienvenida a su influencia de decidir participar una vez más en su mundo secreto de suciedad.

En el bar

La tragedia que sentí por este joven hombre fue manejada rápidamente por mi mente como si me encontrara a mi mismo afuera de un club nocturno, mirando una fila de jóvenes veinteañeros, parados en una línea para entrar. Podía escuchar sus pensamientos, estaban deseando la adrenalina que esperaban encontrar adentro. Había más espíritus sin cuerpo y espíritus malignos que personas. Estaban parados cerca de las personas, utilizándolas para continuar esperando, hablándoles de la excitación que les esperaba.

De pronto, me encontraba adentro. Había mucha gente estrechamente bailando en la pista, bailando muy juntos, bebiendo y fumando. Podía escuchar sus pensamientos, que eran un cauce continuo de obscenidades, racionalismo y lujuria sexual. Muchos de sus pensamientos contenían más vileza y violencia que sus acciones. Parecían jóvenes normales bailando. Si tan solo pudieran escucharse sus pensamientos el uno al otro, no habría ningún tipo de límites, sino una escena de actos bestiales.

Me sentía intrigado y al mismo tiempo ofendido. No deseaba experimentar esta oscuridad, nunca había estado en un lugar así, me pareció una experiencia desastrosa y perturbadora. Mi espíritu guía permaneció junto a mí, me sentí reconfortado por el hecho de que parecía no afectarle la escena.

En la fila afuera, había más espíritus sin cuerpo y malignos que humanos. Así como ese joven que veía pornografía, los espíritus malignos se enfocaban en ciertas personas, aquellos que sentían y pensaban en la mayor lujuria y excitación. Se volvieron más agresivos al demandarles tener pensamientos más oscuros y lujurias más intensas.

Los espíritus sin cuerpo esperaban a que emergieran ciertos sentimientos en los humanos, tales como fantasías sexuales, intoxicación, euforia inducida de las drogas; algunos buscaban violencia y dominio. Cuando los humanos alcanzaban cierto estado de intoxicación, o cuando habían seguido las recomendaciones de los espíritus malignos, se hacia una apertura en la punta de sus cabezas. Cuando se abría, me parecía ver como una lágrima negra en su espíritu, similar a la del joven en la computadora. El espíritu más cercano se apresuró a entrar como una rana atorada en una aspiradora.

Los demás espíritus sin cuerpos iban rápidamente luchando y peleando por ser el próximo. Cuando un espíritu maligno entraba en un humano, solo permanecía unos segundos o a lo mucho algunos minutos, dependiendo de su habilidad. Cuando eran finalmente expulsados, parecía que se hubieran escurrido del cuerpo en distintos puntos. Parecían exhaustos pero satisfechos cuando salían. Lo hacían violentamente, imitando los actos del humano. Cuando se daban cuenta de que habían sido desechados, gritaban e inmediatamente luchaban para encontrar a otro cuerpo.

Una vez adentro, no solo sentían una limitada porción de lo que sentía su huésped, sino además podían ser escuchados por el mismo. Su pasión oscura se añadía a la altura de la euforia de su huésped. Ellos instaban a su huésped a realizar cosas como escalar una situación, buscar emociones más fuertes.

Vi a otros espíritus yendo alrededor, pausando para escuchar conversaciones, observando el comportamiento de las personas, tratando de buscar a alguien que llenara sus expectativas. Parecía evidente que no podían leer sus pensamientos, pero eran expertos al juzgar y leer las intenciones de las personas. También prestaban oído a los espíritus malignos y a los que tentaban. Si alguien estaba resistiendo las sugerencias malvadas, los otros espíritus pasaban de largo, pero si alguien estaba a punto de "abrirse", muchos espíritus se reunían alrededor de esa persona.

Ellos esperaban a que las personas fueran derrotadas por las artimañas de los sirvientes malignos. Así que trabajaban juntos. Los espíritus malignos queriendo destruir espiritualmente los objetivos de esas personas para poder tener control permanente en ellos, y así ya no preocuparse de buscar en otros esas experiencias terrenales. Los espíritus que nunca tuvieron un cuerpo se deleitaban en las sensaciones físicas de los mortales, sin deseo de dominar, pero sí de prolongar la experiencia.

Desde la perspectiva de los malignos, tener a una persona sucumbiendo a sus tentaciones, les daba poder sobre ellos. Si ellos sugerían un acto malo, y la persona hacía exactamente eso, ellos enviaban sus anzuelos cada vez más profundo. No buscaban la excitación; sino dominar el alma y eventualmente el control de su vida. Sabían que si provocaban a la tentación con suficiente elocuencia y engaño, el humano respondería, y ganarían más control. Este era su método, pero su meta era obtener suficiente control para no dejar que el Santo Espíritu pudiera influir en la vida de esas personas. No solo intentaban controlar el comportamiento, trataban de atar a las personas en las cadenas del infierno.

Veía que esas personas que habían sido atrapadas, difícilmente escuchaban sus propios pensamientos. La voz de esos espíritus malignos se había vuelto más poderosa que su propia mente. Harían lo que sus malvados controladores les pidieran, aun cuando pensaran que seguían su propia idea o deseos. Una vez que los espíritus malignos tenían el control total, entonces deseaban que esa persona dejara este mundo rápidamente, así su posesión sería permanente. Así que instaban a hacer cosas riesgosas, actos de violencia, aun el suicidio para apresurar el día de su muerte.

Los espíritus sin cuerpo no trataban de dañar tanto a los humanos, solo compartir con ellos sus adicciones y emociones. Vi espíritus que en la carne fueron adictos al cigarro que trataban de arrebatarlo de las manos de los mortales una y otra vez, como si no entendieran que no podían agarrarlo.

Durante toda esta experiencia, no solo veía lo que hacían los espíritus malignos y los que no tenían ya cuerpo, sino también conocía sus pensamientos de ambos, espíritus y mortales. Era más de lo que podía soportar, entonces la escena cambió.

En la carrera de caballos

Lo siguiente es que me encontraba en una carrera de caballos. Nunca había estado en una, ni tenía idea de cómo era. Tan pronto como llegamos, todos los pensamientos, emociones y experiencias de la gente entraron en mi mente con perfecta claridad.

Era una pista larga con grandes gradas de miles de personas. Había un sentido de emoción en el ambiente, lo que me di cuenta era provocado por miles de espíritus malignos.

Casi igual que sucedía en el bar, los espíritus malignos trabajaban para tener control sobre los humanos al crearles esta gran distracción. Aun cuando por mucho las carreras eran menos oscuras y prometían menos lujuria y sexualidad, todavía creaban una circunstancia ideal para los espíritus de provocar pasiones más elevadas, deseos y miedos, con grandes triunfos y derrotas, que mantenía a las personas alejadas del Santo Espíritu de Dios. Los buenos ángeles eran pocos aquí, habiendo sido alejados por los mortales que habían cedido su voluntad a los malignos.

Muchos de los asistentes estaban ahí para sentir la adrenalina de las apuestas, que había sido grandemente promovida por los espíritus malignos. Muchos habían mentido o engañado para poder estar ahí, entonces se habían abierto a los malvados. Algunos estaban ahí para beber, otros para engañar, otros para satisfacer su addicción a las apuestas. Ellos estaban rodeados de estos espíritus malignos, que les decían lo que deberían de sentir, a que caballo apostar, dándoles el sentimiento de que ganarían, que al mismo tiempo les aseguraría la derrota. Cuando ganaban o perdían, los espíritus sin cuerpo saltaban sobre ellos para compartir la experiencia.

En la pista, había más oportunidad de que los ángeles buenos intervinieran. En las dos experiencias previas, las personas estaban muy adentradas en la maldad del momento. Aquí algunas personas estaban orando. Algunas pedían para ganar, algunas por ayuda a su adicción, algunas oraban pidiendo ayuda para saber cómo explicarle a sus esposas e hijos que habían perdido mucho dinero. Aun un pensamiento para Dios, una oración, una petición, una intención de hacer lo bueno, una acción de arrepentimiento, traía a los ángeles buenos. Podían entonces rodear a la personas y protegerla de los espíritus malignos por todo el tiempo que esa actitud perdurara.

Debe de existir una acción de libre elección para invitar a los buenos espíritus. Algunas veces los ángeles más brillantes susurraban "deja este lugar", otras veces sugería cosas como, "debes llamar a tu esposa". Algunas veces les hacían recordar una promesa o evento de su vida que los animaba a hacer buenas elecciones.

Entonces los mortales decidían si seguían el susurro del espíritu, y así los siervos de Satanás se iban hacia alguien más. La luz comenzaba a ser más brillante alrededor de esas personas, los buenos ángeles les daban ánimo. Tenían la oportunidad de pensar claramente y escaparse.

Entretenimiento

La escena cambió de nuevo a varias vistas rápidas de los mortales buscando diversas formas de entretenimiento. Vi el interior de las salas de cine y los hogares donde la gente estaba viendo la televisión. Vi destellos de los parques de diversiones, casinos y grandes eventos deportivos. Vi a las personas escuchando música con aparatos y auriculares. Vi a la gente riéndose en las fiestas y saliendo a un sinfín de lugares con amigos. Pensé que se trataba de cosas cotidianas sin ninguna importancia espiritual.

"¿Por qué me muestras esto?", le pregunté, "¿cuál es el significado?"

Él respondió que se trataba de todas las maneras en que las personas inconscientemente se alejan del Espíritu del Señor. Percibí en cada una de estas escenas que los buenos ángeles estaban ausentes o habían sido apartados a corta distancia. Las personas en esas situaciones estaban tan involucradas en el entretenimiento, que no escuchaban al Santo Espíritu. No es que estuvieran haciendo algo malvado, sino que simplemente no escuchaban a Dios, que era en lo que los espíritus malignos estaban trabajando arduamente para lograr, haciendo que las personas se aislaran voluntariamente.

También vi que los espíritus malignos los estaban instando a ver contenido más violento o sexual. Persuadían a las personas escuchar música que los emocionara, para bailar, agitarse y girar, sentir emociones sexuales o físicas, para centrarse en sus cuerpos y en la belleza física, cualquier cosa excepto Dios.

Vi a la gente obsesionada con la comida, con no comer, con la dieta, con la actuación, con el baile o la realización, con la moda o la belleza, con el deporte, con citas o con la escuela, ninguna de las cuales eran inherentemente malas. Solo que estaban más concentrados en estas cosas que escuchar la voz del Santo Espíritu, vi cómo los ángeles buenos llevaban su voz, pero era ignorada.

Debido a que como mortales no podemos ver a menudo el mundo de los espíritus, ya sea bueno o malo, en verdad la mayoría somos ignorantes de lo que está sucediendo a nuestro alrededor.

Se requiere un entendimiento espiritual, generalmente obtenido al atravesar por experiencias negativas, para darse cuenta cómo funciona la vida. La vida mortal solo es un destello de la realidad. Los ángeles viven en un reino eterno, el cual es la más verdadera y resplandeciente realidad. La vida mortal terminará, sus vidas no. Ellos saben de lo increíblemente importante que es este pequeño tiempo en la mortalidad, y debido a que nos aman y están al servicio de su Dios, trabajan diligentemente para ganar nuestra atención y conducirnos a una vida que terminará en gloria.

Dones espirituales

Se me mostró cómo funcionan los dones espirituales. Esos son buenos dones, pero existen malos dones. Escogemos los buenos cuando obedecemos al Santo Espíritu. Estos son dones como el amor, el gozo, la paz, la fe, la sanidad, la profecía, entre otros. Cuando repetidamente escogemos obedecer lo bueno, creamos un vínculo espiritual con Jesucristo. Él nos cambia a Su semejanza espiritual, crecemos más y más brillantes en este proceso hasta que llegamos a ser hijos de la luz, y recibimos nuestra recompensa de nuestro Salvador.

Elegimos malos dones al obedecer las tentaciones de los malos espíritus, lo que es lo mismo que ceder a una tentación de Satanás. Elegimos malos dones al obedecer codiciar alguna emoción física o excitación. Cuando cedemos a cualquier cantidad de malicia, estamos creando un vínculo espiritual, como el acoplamiento de vagones de tren juntos, y cuando permitimos que se repita una y otra vez, cambiamos, nos volvemos a lo oscuro y nos dejamos arrastrar, hasta que llegamos a ser siervos de la oscuridad y recibimos nuestra recompensa del maestro de la oscuridad.

He observado que hay muchas personas que se dejan gobernar por la voz de Jesucristo, que son como las linternas en medio de la oscuridad. Expulsan la oscuridad con su presencia y los ángeles malignos deben partir. Los seres malignos no tienen poder sobre ellos y se ven obligados a salir.

Lo mismo aplica a las personas que se rigen por el mal. Se convierten en lámparas de tinieblas que repelen la luz. Se convierten en una fuerza de la oscuridad, incluso al caminar en el brillo de un día espiritual. Todos los que se asocian con ellos se contagian de la oscuridad y los ángeles buenos son incapaces de penetrarla, hasta que esa persona por un acto de libre albedrío pide ayuda u ora para recibir guía.

Las cadenas del Infierno

Vi que cuando una persona manifiesta incluso la partícula más pequeña de fe, aunque sea un pensamiento o una idea, cualquier cosa que la mueva hacia la esperanza, la obediencia a la verdad y la fe en Jesucristo, entonces la oscuridad es penetrada por un pequeño grado de luz, los ángeles de nuevo declaran las palabras de Cristo como la voz apacible y delicada. Si las personas responden a esa voz, la oscuridad comienza a disiparse. Todavía habrá un largo camino y muchas decisiones correctas que tomar, pero se habrá iniciado el proceso.

Las "cadenas del infierno" son cuando una persona se apega tanto a su vida de oscuridad, que ya ni siquiera puede escuchar la voz dulce y apacible de los ángeles gritando la verdad desde la distancia a la que han sido apartados. Cuando una persona cede a ese grado, ha perdido su brújula moral y ya no puede distinguir entre el bien y el mal, lo correcto y lo incorrecto, el amor y la lujuria y, finalmente, entre la misericordia y el asesinato. Lo único " bueno" que reconoce es lo que le trae la satisfacción más rápida a sus deseos y adicciones, entonces ningún precio parece demasiado alto.

El ministerio de ángeles

Vi a los ángeles de luz que están asignados a nosotros. Son reales. Tienen acceso directo a la guía de Cristo y están completamente involucrados en nuestras vidas. Ellos permanecen con nosotros durante toda nuestra vida, a menos que elijamos la oscuridad a través de nuestros pensamientos, acciones o palabras. Su capacidad para dirigir, influenciar y guiarnos está completamente controlada por nuestras elecciones.

También existen ángeles más poderosos de luz que son asignados por Cristo para que nos bendigan en ciertos momentos de necesidad, como cuando me estaba muriendo en el hospital. Estos ángeles vienen en una misión, trabajan en conjunto con nuestros ángeles asignados, entregan las bendiciones que Jesucristo desea que tengamos.

Cada vez que se abrieron mis ojos al mundo de las cosas espirituales, había más seres espirituales en la sala que seres mortales. La mayor parte de los buenos y santos ángeles son nuestros antepasados, gente de nuestra familia que nos ama y que ha sido enviada para ayudarnos en momentos especiales.

No tenemos otro tipo de ángel más poderoso como acompañante frecuente.

Ellos vienen en una misión especial, cuando hay una necesidad importante o una mayor bendición a otorgar. Los invitamos para que nos ayuden al rechazar la tentación y al invocar el nombre de Dios, y al hacer lo que es correcto con la mira puesta únicamente en la gloria de Dios. Estos ángeles guías nos conocen bien porque nos hemos asociado con ellos durante mucho tiempo.

Nuestra relación familiar no comenzó con su nacimiento o el nuestro. Sentí esta conexión eterna mientras estaba viendo mi casa de la infancia premortal. Nuestras relaciones son ordenadas [por Dios], y son de importancia eterna. Nuestras relaciones comenzaron hace mucho tiempo en la casa de Dios, antes de nuestro nacimiento y antes de la creación del mundo. Nos hemos amado por mucho tiempo y nos hemos servido unos a otros en formas interminables. También es cierto que mientras ellos eran seres terrenales, los ministramos amorosamente. Ahora ellos nos están ministrando bajo el mismo oficio.

Todo lo que Dios hace es conforme a la ley, y de acuerdo con la libertad de escoger. Dios no nos dota de dones para los que no hayamos calificado recibir. Esto también es cierto con respecto a los ángeles. Algunos ángeles tienen mayores habilidades a causa de su gran diligencia y rectitud cuando eran seres terrenales. Algunos están aprendiendo, mientras que otros son bastante expertos. Algunos tienen una gran fe, otros menos.

Viendo esto desde la perspectiva de un padre, nos da la capacidad para bendecir a nuestros hijos y nietos cuando partamos de este mundo. Estos dones espirituales y fortalezas se convierten en el patrimonio de nuestros nietos, porque cuando ellos eligen la luz, estamos esperando ansiosamente derramar sobre ellos los dones que nosotros obtuvimos en la vida mortal.

Esa es también la razón por la que existen en las familias la embriaguez, el abuso, el crimen, la guerra, la mafia y otros rasgos oscuros que pueden corromper el poder político. Estas tendencias oscuras se transmiten por generaciones. Cuando nuestros antepasados se encuentran en la otra vida como seres espirituales infelices que todavía son adictos, están atormentados, son almas miserables, entonces tratan de hacer que los demás se sientan miserables como ellos. Cuando sus hijos y nietos sigan su ejemplo, entonces los "dones" oscuros se transmiten de generación en generación. Esto puede explicar por qué algunas familias han sido de la realeza por cientos de años, o ricos y opresivos desde el principio de los tiempos, o cualquier otro rasgo familiar oscuro.

También puede explicar por qué los profetas y apóstoles tienden a ser familiares, la grandeza corre por sus venas.

Finalmente me di cuenta de que este era el mensaje de este conjunto de experiencias, de ver cómo la oscuridad infesta la mortalidad a través de los "ángeles" malignos, y cómo la luz se amplifica en nuestras vidas a través de la obediencia a Dios y al ministerio de los ángeles de luz. Comencé a ver atisbos de cómo las decisiones de las personas hacían que esto sucediera.

Luz, oscuridad y la Tierra

Vi que la Tierra se había creado perfectamente, cumpliendo con la medida de su creación. Todo en ella, su ubicación en el universo; su distancia desde el sol; el producir vida, fruta y belleza, todo es creado y mantenido por la continua presencia de la luz de Cristo.

La gente instituye gobiernos, la religión falsa, la falsa ciencia y falsas enseñanzas. Construyen ciudades donde el mal prospera fácilmente, y ofrecen universidades y escuelas para promover tales cosas, la colección completa de las "filosofías de los hombres", sus mentiras, sus religiones, su racionalización y pecados. A medida que estas construcciones y contaminaciones del hombre son esparcidas por todo el mundo, lo cubren de oscuridad, y la Tierra responde con agitaciones, devastaciones, inundaciones, hambrunas, peste y muerte.

Todo esto es como un manto de oscuridad que se propaga a través de la faz de la Tierra, el oscurecimiento de la luz de Cristo. Esto disminuye el poder que la mantiene en orden y el ser un hogar apropiado para la humanidad.

Existe un proceso dado a la Tierra para que se limpie. Cuando el mal se apodera de ella, los desastres naturales, las plagas y trastornos comienzan en diversos lugares. Cuando el mal en el mundo se vuelve tan grande que la luz de Cristo se atenúa, se producen erupciones, climas extremos y temperatura anormal, tormentas, inundaciones, terremotos y otros eventos destructivos. Existe una correlación directa entre las elecciones de las personas y la condición de la Tierra. Es la razón por la que habrá tantos desastres naturales y muerte causada por la naturaleza en los últimos días, porque para entonces la humanidad habrá velado la Tierra en la oscuridad.

Esto no quiere decir que el terremoto o inundación se dirija como un misil contra el mal o que en los lugares donde suceden desastres era necesaria una limpieza. La humanidad entera sufre cuando reinan las tinieblas.

Enoc vio la tierra llorar porque estaba abrumada y cubierta del mal en esos días. Ella quería librarse del mal y descansar en los días del Milenio.

Si estaba cansada y enferma en los días de Enoc, imagínese qué tan cansada estará la Tierra hoy.

Inmediatamente después de esta vista de la Tierra y los efectos de la luz espiritual y la oscuridad, la escena cambió de nuevo.

Comencé a ver la Tierra pasando por las destrucciones profetizadas para los últimos días. Lo primero que vi fue las señales de la Segunda Venida manifestándose. Esos signos eran en forma de eventos en los cielos y en la Tierra. Los más visibles fueron los desastres naturales interminables. Otras señales fueron interpretadas erróneamente por la humanidad como trastornos inesperados pero normales de la Tierra, y como eventos celestiales entre las estrellas y los planetas.

Pude ver la creciente maldad en los corazones de la humanidad. Vi que la Tierra estaba en problemas, estaba sufriendo, muriendo, perdiendo su capacidad para sustentar la vida en su superficie. Era como una flor tropical que había sido trasladada a un sótano carente de toda luz que se estaba muriendo en la oscuridad. No podía vivir sin la luz que le dio vida a todo y la hizo hermosa y útil para el hombre. Cada parte de ella estaba en gran tribulación.

Volar a través de América

Empecé a moverme a través del mundo entero, volando como si estuviera en un helicóptero rápido, cerca de la Tierra. Podía ver cada detalle debajo de mí. No estaba en ninguna máquina, por supuesto, pero lo vi desde esa perspectiva. Mi acompañante espiritual estaba conmigo y guiaba nuestro vuelo. Nos trasladamos dentro y fuera de las ciudades a través de América del Norte.

Vi que se me mostraba el tiempo cualquiera que fuera, la estructura financiera del mundo se había derrumbado por completo. Todos los bancos habían cerrado y el dinero no tenía valor. La gente estaba aprendiendo a comerciar y el trueque. La manufactura y la industria estaban en un estancamiento virtual. No había materia prima ni dinero para pagarles a los trabajadores. Las fábricas y los negocios globales cerraron repentinamente.

Todas las instalaciones estaban en caos. La gente trató de mantener los suministros de la vida cotidiana, pero eran esporádicos y en su mayoría fuera de línea.

Había apagones en todas partes, algunos de ellos duraron muchos meses. Casi toda el agua no era apta para el consumo humano debido a los actos bélicos contra este país. La gente sufría por todas partes.

Mi vuelo a través de América del Norte comenzó en Salt Lake City. Se había producido un terremoto masivo en esa zona en el otoño de ese año. Traté de determinar qué año era, incluso mientras estaba en la visión, pero no pude. Miraba los escaparates en busca de un calendario o fecha. Incluso miré los relojes de la gente para ver si mostraban el año. No se me permitió saber cuándo podrían suceder esas cosas. Todo lo que puedo decir es que Salt Lake City se veía en esa visión como hoy en día. Había modelos de automóviles que no reconocía y otros pequeños cambios, por lo que considero que no se refería a un futuro lejano.

La falla que corre a lo largo de la cordillera Wasatch se había movido drásticamente causando un gran daño a las ciudades a lo largo de la parte delantera. En la tercera parte de esa experiencia que voy a relatar en el capítulo siguiente, regresé a Salt Lake City y me encontré en mi propia vida, en mi propio cuerpo a través de estos mismos eventos. Así que voy a volver a esos eventos en la tercera parte de ese evento visionario.

La siguiente primavera

Vi que en la siguiente primavera, después de la destrucción en Utah, había otra serie devastadora de terremotos que se produjeron a lo largo de la costa oeste de Norte y Sudamérica. La costa occidental de California, México y toda la orilla hasta la punta de América del Sur, fue sacudida tan severamente que gran parte de ella se separaba de la parte continental y formaba una serie de islas fuera de la costa. El agua de mar se apresuró a llenar los cañones entre la tierra y las islas. Las ciudades más importantes fueron sacudidas hasta lo profundo, con zonas interiores que sufrieron menos daño. El mismo terremoto se extendió hasta la costa de Canadá y siguió todo el camino a Alaska. No vi los efectos de los terremotos del norte del territorio continental de Estados Unidos, pero supongo que la destrucción fue inmensa.

Este terremoto envió olas gigantes por todo el mundo. No se me mostró lo que ocurrió en América del Sur, Europa, Asia o África. Pero asumo que esto fue una catástrofe mundial.

Desde los eventos que voy a relacionar en el siguiente capítulo; asumo que Europa no estaba tan gravemente afectada por los terremotos como América del Norte, porque esos países enviaban grandes cantidades de ayuda y suministros a los Estados Unidos después de los terremotos.

Dos meses más tarde

Unos dos meses después, otro terremoto abrió un estrecho cañón aproximadamente donde se localiza actualmente el río Misisipi, a pesar de que se desviaba hacia el este, donde el Misisipi actualmente se funde con el río Ohio, siguió al río Ohio hasta los Grandes Lagos. El río Ohio y el resto del río Misisipi se habían desviado hasta éste cañón. Se creó un nuevo y enorme sistema lacustre y fluvial aproximadamente donde el río Misisipi está ahora. Este cañón esencialmente dividió los Estados Unidos en un este y un oeste, que resultó después en una intriga internacional.

Después "volé" sobre la parte baja de California y hacia el Golfo de México. Casi la totalidad de California estaba en ruinas, pero menos destrucción entre más lejos de la costa. Vi que una gran masa de tierra se había levantado en el Golfo. Se extendía desde México hasta Florida, y consistía en unas cuantas islas grandes que reemplazaron a las aguas del golfo. No pensé mirar hacia Cuba. En algunos lugares, la nueva tierra unió a México, Texas y Florida; pero también había una gran vía fluvial que separaba la mayor parte de las nuevas tierras de América.

No vi de dónde provenía la tierra, bien se levantó del suelo del Golfo o fue empujada hacia el norte por los terremotos de América del Sur. La tierra no era estéril en todas partes, sino que gran parte de ella tenía árboles y otra vegetación. Algunas partes eran sólo islas fangosas. No sé explicar de dónde surgió eso.

Esta gran masa de tierra creó un maremoto que hizo una gran devastación hasta el norte, por el área de Chicago.

Alrededor de dos tercios del Golfo era ahora una serie de islas grandes. No vi el daño que eso causaba en todo el mundo, pero sólo puedo asumir que era extenso.

Entonces "volé" a través de la parte superior de la Florida y la costa este de los Estados Unidos. Los terremotos no habían llegado aquí tan fuertemente, por lo que la infraestructura estaba más intacta. Pero había habido un ataque biológico, y había más muertes en el noreste y el este del país que en esas zonas afectadas por los terremotos.

Vi cuerpos apilados en las plazas y ciudades abandonadas a causa del hedor de la muerte. Había bandas de personas que merodean saqueando y robando en todas las grandes ciudades. Estaban asesinando a todos los que encontraban para quedarse con los recursos restantes para sí mismos. Eran como sobrevivientes en un bote salvavidas, en el que lanzaban al más débil entre ellos por la borda para así dejar suficiente comida y agua para los más fuertes. Fue una escena horrible.

Era violenta y repugnante. Durante la redacción de este libro, se me mostró el texto de la visión del presidente John Taylor de eventos similares, en los que el hambre y la muerte estaban por todas partes. Me sorprendieron las similitudes, aunque el sufrimiento se ve más gráficamente en la visión del presidente Taylor. (Véase el Apéndice A para el texto completo del sueño)

Tropas extranjeras

Vi a las tropas extranjeras aterrizar en las costas este y oeste de Estados Unidos. Había decenas de miles de ellos. Vinieron en grandes barcos, algunos de ellos antiguos barcos de crucero con escoltas navales. Aterrizaron con miles de vehículos, la mayoría de ellos cargados de suministros de ayuda, pero también con grandes tanques y lanzamisiles. Llevaban cascos azules y verdes, se suponía que eran las tropas internacionales de rescate. En mi vida terrenal soy daltónico, y no estoy seguro de si veía el color de los cascos de estas tropas correctamente en la visión. No vi muchos soldados en las grandes ciudades como Boston, Chicago y Nueva York, allí ya no había casi nadie para ayudar. Los que no habían muerto se fueron caminando al oeste para escapar de esas ciudades.

En California, algunos estadounidenses trataron de combatir a las tropas porque los veían como invasores. Hubo unas cuantas batallas, donde la gente del lugar perdía las batallas y eran humillados. Las tropas extranjeras no castigaban a los sobrevivientes, sino que simplemente les pidieron cooperar, los alimentaron y los pusieron en libertad. Este ganó la voluntad de la gente. También vi que las tropas extranjeras habían venido con la idea de que tendrían que matar a la población local, a pesar de que los estadounidenses no estaban en condiciones de resistir.

Capítulo Siete

LA TRIBULACIÓN Y EL CUMPLIMIENTO

Terremotos e inundaciones

Mi siguiente impresión fue que estaba en persona parado en el estacionamiento, en el edificio actual de las Oficinas Generales de la Iglesia. Lo que quiero decir con "en persona", es que ya no estaba "volando" a través del continente, sino que ahora era partícipe de la visión. Nuevamente la sentí muy real. Estaba en mis cinco sentidos y estaba experimentando estas cosas en perfecto detalle. Como en la vida cotidiana, me encontraba sujeto a los eventos a mi alrededor.

Aun cuando lo que estaba viendo todavía no acontecía, yo, sin embargo, estaba allí, vestido en traje de negocios, cargando un maletín y caminando por ese familiar estacionamiento subterráneo. Me había estacionado ahí muchas veces cuando asistía a mis reuniones mensuales relativas a mi llamamiento.

En esta nueva circunstancia, recuerdo que estaba caminando viniendo de una reunión con un miembro del Quórum de los Doce, me sentía feliz, con el espíritu calurosamente presente en mí. Acababa de llegar a mi auto, que era uno diferente al que actualmente conduzco (en 2011), y estaba casi tocando a la puerta de mi auto cuando el suelo comenzó a temblar violentamente.

Pensé: *¡esto es un terremoto terrible! ¡No tengo tiempo de salir de este estacionamiento en mi coche! ¡El edificio me caerá encima antes de que yo salga!*

Estaba a escasos metros de la salida, así que arrojé mi maletín y corrí hacia ella. El suelo se enrollaba violentamente tras de mí, me caí varias veces, pero cuando me levantaba no estaba herido. Llegué a la calle North Temple, solo para ver torrentes de agua saliendo del suelo.

Tengo que detenerme en este punto de mi historia para explicar que he vivido enfermo toda mi vida, que al correr esa poca distancia generalmente me hubiera agotado, pero en esa visión no me cansaba, ni me lastimaba, a pesar de mis repetidas caídas, no sentía miedo. Me di cuenta que era diferente, que mi cuerpo se había regenerado de alguna manera. Aun cuando todo esto se sentía real, sabía que estaba experimentando una visión, me preguntaba si la condición de mi cuerpo era un efecto de esta visión. No entendí lo que se me mostraba, sino hasta mucho tiempo después.

Ahora, de regreso a esa calle North Temple. El terremoto había destruido las calles y había grietas en el suelo, el agua se disparaba hacia el cielo, también salía a borbotones de los sumideros, desagües pluviales y las grietas en la tierra. Salía con suficiente fuerza y se esparcía en todas direcciones empapándome por completo. Era agua fresca, sorpresivamente limpia y clara, dondequiera que mirara podía ver fuentes de agua rociando el aire, con un rugido ensordecedor. "¿De dónde viene toda esta agua?", me preguntaba, solo podía deducir la respuesta.

Me di la vuelta y corrí montaña arriba, el agua rugía hacia abajo de la calle North Temple, como una inundación que cada vez crecía más. El agua ahora me llegaba a las pantorrillas, entonces corrí hacia arriba contra la corriente con energía sorprendente. La parte este de Salt Lake City es algunos metros más alta de donde se localiza el templo, y yo corría hacia un terreno más elevado.

El piso continuaba ondeándose, me caí muchas veces, pero cada vez que lo hacía no me dañaba. Veía autos con personas dentro siendo arrastradas por la corriente, junto con muebles, partes de casas, cadáveres y escombros de cualquier tipo. Era una escena horrible. No había nada que yo pudiera hacer para ayudarles. Caí una vez más y fui arrastrado hacia una corriente de remolino. Me sostuve de los escombros y mantuve mi cabeza erguida arriba del agua.

Todo este tiempo me preguntaba de dónde salía esa agua. El agua se disparaba a casi dos metros en el aire. Todo era aterrador.

Me encontraba flotando hacia el oeste, hacia la vieja estación del tren Union Pacific. Había personas paradas en las escaleras observando las inundaciones alrededor del edificio, tratando de ayudar a alguien que estuviera flotando cerca. Floté hacia ellos y alguien me tomó hacia las escaleras y otros me ayudaron a ponerme de pie. Mis pantalones estaban rasgados y arrancados por completo de mí. No tenía zapatos, estaba de pie sólo con camisa, corbata, mis calcetines y ropa interior.

La estación del tren estaba inundada con unos 30 centímetros de agua; con el transcurrir de las horas, fue disminuyendo. Los sobrevivientes, incluyéndome a mí, eran mujeres, niños y hombres. Estuvimos viendo la inundación hasta que se puso el sol. Nos dimos cuenta que íbamos a pasar la noche en la estación, así que tratamos de preparar un lugar seco donde dormir. Intentamos barrer el agua fuera de los lugares donde necesitábamos estar y colocamos sábanas bajo las puertas para tratar de detener el agua que todavía flotaba sobre el alféizar. A mi parecer, la estación de tren parecía un barco justo antes de hundirse. Había todavía algunos centímetros de agua fluyendo en los túneles.

Encontramos lugares secos y nos sentamos en las bancas de madera para intentar secarnos. Recuerdo haber tenido mucho frío y tratar de dormir en ellas. En una de las áreas de almacenaje, encontramos pequeñas cobijas, probablemente sobrantes de cuando los pasajeros de trenes las usaban. Encontramos también pequeñas almohadas previamente usadas para dormir en el tren. Nos juntamos todos y tratamos de cubrirnos.

Alguien encontró una bodega llena de ropa de trabajo, eran de un azul deslavado, parecían uniformes de conserjería, estaban limpios pero no eran nuevos. También encontré un par de zapatos que casi me quedaban.

La mañana siguiente vimos que el agua había bajado. Había muchos charcos, también una gran cantidad de desechos por todos lados, incluyendo cadáveres y partes de cuerpos, lo que era aterrador.

Me comprometí a ayudar a los que estaban en la estación de tren, tratando de proveer para nuestras necesidades inmediatas. Alguien encontró una cocina y un tipo de masa, la cual mezclamos con agua y la comimos fría con nuestros dedos. Todas las líneas telefónicas y de celulares se habían caído. No había electricidad o agua potable, así que realmente estábamos en la oscuridad. Cerca de las dos o tres de la tarde, decidí emprender mi regreso a casa. Caminando rápido, debía haberme tomado medio día, pero me tomó tres días completos debido a la devastación, el rompimiento de las calles y la caída de árboles y edificios.

Tenía que desviarme continuamente. Cada vez que me encontraba a alguien necesitado, me unía a ellos en su trabajo. Me ofrecían comida y ayuda mientras iba camino a casa.

La devastación era enorme y horripilante, pero no había saqueos ni egoísmo. La ciudad había cambiado; los lugares históricos no existían. Me sentía desorientado por la falta de señalamientos, edificios y hasta árboles que durante muchos años me guiaron a casa pero ya no estaban. Pedía indicaciones para encontrar los caminos que estuvieran accesibles. Viajé una gran distancia hacia el sur antes de que pudiera pasarme al este, después al norte hacia mi casa. Quizás caminaba lo que parecían veinte kilómetros pero cubría cinco.

Miré hacia arriba y vi que la montaña, atrás de la ciudad, se había colapsado. Las cimas de las montañas habían caído, enterrando muchas de las grandes casas de la ciudad en las montañas.

Cuando finalmente llegué a mi vecindario, caminé hacia la calle donde vivía. No veía a nadie, todos habían abandonado sus hogares. Las casas se habían movido de sus cimientos. Mi casa estaba tan sacudida que se podía ver el sótano desde afuera. Vi que no era habitable y que era peligroso entrar. No encontré a mi esposa ni a ninguno de los miembros de mi familia. Volví más tarde con ayuda y bajé al sótano para recuperar nuestro almacenamiento de comida y algunas cosas personales, pero nunca entré a la parte superior de mi casa, sólo me alejé.

Todo el sismo duró solamente seis u ocho minutos, pero parecieron horas. Las aguas subieron por unas ocho horas y luego comenzaron a disminuir. Después de eso, el agua permanecía en las calles, y se estancó en los lugares bajos durante varias semanas. Los charcos de agua rápidamente se convirtieron en fétidos y sépticos. Hubo inundaciones en Salt Lake City desde el área de Bountiful. No estoy seguro si una represa se había reventado o qué podría haber causado eso. Hubo inundaciones hacia el sur, donde el río Jordán corría sobre sus cauces, supongo que eran aguas del lago Utah, que estaba inundado por el agua de las represas arriba de Provo y otras áreas.

Toda esta agua drenaba en el Gran Lago Salado, moviendo el agua salada en una ola gigante hacia el desierto, al noroeste del lago. El lago era ahora al menos el doble del tamaño de lo que es en el momento actual, y se había elevado unos tres metros de profundidad.

Las granjas y casas en la parte baja habían desaparecido. En algunos lugares, el agua cubría la autopista I-15. La zona del aeropuerto estaba toda inundada, y pasaron meses antes de que los aviones militares pudieran aterrizar allí. Creo que los servicios aéreos comerciales nunca fueron restaurados.

La mayoría de los habitantes de la zona en general, no creían que se trataba de una "señal" de la venida de Cristo. Ellos simplemente lo consideraban un desastre natural. Un grupo fuerte de personas siguió escuchando al Espíritu Santo, y creyendo e interpretando correctamente las "señales" de lo que estábamos viendo. Pero había muchos, dentro y fuera de la Iglesia, que estaban enojados, estaban desesperados y tenían pocas esperanzas.

El liderazgo de la Iglesia fue afligido tan duro como la población en general, y puesto que en el momento no teníamos ninguna comunicación disponible, pasaron varias semanas antes de que escucháramos algo de las líneas oficiales de la Iglesia. Los miembros de los Doce y otros quórums que había estado fuera debido a sus asignaciones, fueron aislados debido al colapso de la comunicación en todo el mundo. Lo primero que supimos de la Iglesia fue que algunos de los alimentos que recibimos de las tropas extranjeras estaban marcados con el logotipo de la Iglesia. Esto nos consoló, pero aun así pasaron semanas antes de que nos aseguraran que los líderes de la Iglesia y de su organización local e internacional no se habían derrumbado por completo.

No sabíamos si el profeta o cualquiera de los Doce habían sobrevivido. Esto asustó a mucha gente, y llevó a algunos a tratar de reorganizar la Iglesia de acuerdo con sus propias ideas.

Los que tenían el Espíritu sabían que el proceso de reconstrucción de la Iglesia y la restauración de los quórums del sacerdocio se habían iniciado, pero casi no sabíamos los detalles. La reorganización de la Iglesia se vio obstaculizada inicialmente por no saber quién había sobrevivido allí en Salt Lake City y en todo el mundo.

Sin la voz del profeta entre nosotros, un sentimiento de discordia y contienda creció en la Iglesia. Las personas se enojaban por casi todo, algunos eran egoístas con los recursos restantes. Sin embargo, muchos eran leales y fieles en medio de toda esa discordia y contienda.

Las iglesias locales de todas las denominaciones, incluyendo las estacas y barrios, hicieron bien su parte, organizando los esfuerzos de auxilio entre su gente, hospedando y alimentando a las personas, proporcionando confort y seguridad. La Iglesia tuvo un papel destacado en el esfuerzo de reconstrucción debido a que, tanto la Iglesia como sus miembros, estaban bien preparados, pero todas las demás iglesias se unieron en un esfuerzo conjunto. Fui uno de los que iban de puerta en puerta, excavando buscando sobrevivientes y enterrando a los muertos.

A veces sentíamos que debíamos dar bendiciones del sacerdocio, y los que tenían fe eran salvos, algunos con recuperaciones milagrosas. Más que todo enterramos a los muertos y llevamos comida y agua para los que estaban sin recursos.

Estaba realmente sorprendido por la cantidad de buenos Santos de los Últimos Días que tenían poco o nada de almacenamiento de alimentos. Nosotros no los juzgamos. Los que tenían fe, que habían almacenado alimentos, dieron libremente y se unieron a la obra de salvar a las personas que sufrían, y de la preparación para el invierno que se acercaba rápidamente. Nos apresuramos a cerrar las casas dañadas y encontrar una forma de calentar los hogares. Tomamos materiales de las viviendas dañadas para reparar las que estaban en mejores condiciones. Muchas familias se fueron a vivir juntos a una casa. Fue un esfuerzo enorme.

Durante este tiempo, una gran columna de vehículos militares llegó a la ciudad. Habían venido a ayudar. Llevaban cascos azules y tenía insignias internacionales en sus puertas, cascos y uniformes. Nuestros líderes cívicos locales habían tratado de organizar las actividades de socorro, pero ese esfuerzo terminó cuando las tropas extranjeras se hicieron cargo. Sólo la Iglesia y nuestros amigos cristianos permanecieron organizados y comprometidos.

Las tropas extranjeras eran de muchas naciones. La mayoría de los grupos no hablaban inglés en absoluto. Había grupos que parecían asiáticos. No podíamos identificar su idioma, ni sus uniformes, porque estaban todos vestidos igual. Había tropas de países europeos también, pero no me topé con ninguno de Inglaterra. Había también estadounidenses prestando servicio, de lo que quedaba de las fuerzas armadas de Estados Unidos. Dependiendo de su rango, algunas veces estaban a cargo de estas divisiones, la mayoría de las veces no eran estadounidenses. Vinieron en grandes camiones de aspecto extraño, mucho más grandes que los de nuestro actual equipo militar. Algunos de los camiones tenían cuatro o cinco ejes motrices, y eran demasiado anchos para reducirse a un solo carril de la carretera. Habían venido de la costa oeste de California, y se abrieron paso a través de una amplia zona de devastación. Sus vehículos estaban cubiertos de barro y mostraban evidencia de uso rudo, pero parecían fuertes y confiables. Los camiones fueron cargados con una gran cantidad de alimentos, suministros de medicamentos, combustible y otras necesidades.

Estábamos agradecidos de verlos llegar, pero al mismo tiempo era inquietante. Se apoderaron de varias escuelas como su sede y utilizaron los gimnasios para almacenar mercancía, que guardaban cuidadosamente. También establecieron hospitales con médicos, que pronto se sintieron abrumados por la cantidad de heridos.

Aquellos de nosotros que estábamos ilesos, nos ofrecimos a ayudarles. Se sorprendieron por la cantidad de voluntarios que vinieron a ayudar. Nos dieron guantes, abrigos y nos dieron la bienvenida. Encontraron equipo pesado y pronto comenzaron a cavar grandes fosas en los patios de las escuelas.

Había muchos misioneros retornados entre nosotros, así que eran capaces de comunicarse hasta cierto punto con los recién llegados. Nos informaron que gran parte de Europa, Asia y África se había librado de los principales efectos de los terremotos y maremotos. La mayor parte de la devastación había ocurrido en Norte y Sudamérica, dijeron que habían llegado a California en cientos de naves y que habían inmediatamente trabajado con esas personas para estabilizar las cosas, entonces ellos se habían dirigido hacia el este. Nos dijeron que un gran esfuerzo de socorro había desembarcado en la costa este y estaban trabajando hacia el oeste. Nos enteramos que todas las grandes ciudades a las que habían llegado habían sido devastadas. Informaban tal como lo había visto yo en mi visión que hice "volando", que la costa de California se había partido en una serie de islas.

También nos dijeron que más tropas y suministros estaban en camino desde todas partes del mundo. Dijeron: "Estados Unidos siempre ha sido generoso con nosotros en el alivio de desastres, y ahora es nuestro turno de responder", su deseo de ayudar parecía genuino, pero yo no podía ver la luz en sus rostros, y desconfiaba profundamente de sus objetivos a largo plazo. Creo que la mayoría de nosotros nos sentimos de esa manera.

No muchos días después de que llegaron, comenzaron a limpiar las calles de escombros y coches volcados, de manera que los esfuerzos de ayuda podrían moverse más eficientemente hacia el sur. Yo estaba en uno de los primeros grandes camiones cuando nos dirigimos al sur para ver hasta dónde podíamos llegar más allá de Salt Lake City, y ver si necesitaban los esfuerzos de ayuda en esa área.

Inicialmente, los extranjeros, y especialmente los americanos de las tropas de servicio, quedaron impresionados con lo que la Iglesia había logrado. Dijeron que en ninguna otra ciudad que habían encontrado hasta ahora habían hecho tanto o estado mejor preparada para un desastre de esta magnitud. Estas nuevas tropas fueron un gran activo para nosotros en nuestros esfuerzos para recuperarnos.

No les tomó mucho tiempo organizarse, y pronto tenían equipos de ayuda subiendo y bajando por las calles proporcionando la asistencia necesaria a los ciudadanos. Las tropas también dejaron Salt Lake City para continuar hacia el sur, por la zona de Utah Valley, que también fue duramente afectada por el terremoto, pero habían experimentado sólo mínimas inundaciones locales cuando las represas se habían roto.

Los socorristas locales se unieron con varios grupos de estas tropas extranjeras. Trabajamos con ellos y fuimos en sus vehículos para realizar las tareas. Nos abrimos paso por las calles laterales, a través de las áreas residenciales, acercándonos a Immigration Canyon. Nos detuvimos en cada hogar para ayudar a la gente, con la promesa de que otros equipos de rescate estaban cerca, atrás de nosotros. Todavía estábamos en la zona residencial, a pocos kilómetros del Punto de la Montaña, cuando me di cuenta de que la vista se veía muy extraña. No había ya más árboles o postes de electricidad que se vieran hacia el sur. Disminuimos la marcha y nos acercamos con cautela. No podíamos creer lo que veíamos. Delante de nosotros la tierra se había hundido completamente.

Me acerqué al borde y me asomé hacia abajo del agujero. Supongo que la tierra se había hundido cincuenta metros o más. El área de abajo estaba bajo el agua, en total destrucción. Nada había sobrevivido, hasta donde pudimos ver.

Nos quedamos allí, meditando durante mucho tiempo hasta que el líder militar nos dijo que era hora de irnos. Retrocedimos y regresamos. El sol se estaba poniendo, era la puesta de sol más hermosa que había visto en mi vida. La atmósfera estaba llena de polvo, el cual reflejaba los más profundos tonos rojos y naranjas imaginables. Estábamos regresando cuando una hipótesis se formó en mi mente.

El sismo no tenía su epicentro en el centro de Salt Lake City, sino en donde la tierra se había hundido. Al parecer, se había originado en un enorme lago subterráneo. Había una gran falla que corría a la derecha a lo largo de la base de la montaña, y unas fallas menores que se fracturaron de manera perpendicular. Parecía que una de estas grietas de este a oeste se había colapsado y dejado caer esa masa de tierra en el lago subterráneo. Sin ningún lugar a dónde ir, sino hacia arriba, el agua había seguido las fisuras del terremoto y luego los desagües pluviales, hasta que se disparó hacia al cielo dentro de la ciudad. No estoy seguro de si esto es realmente lo que ocurrió, pero es una explicación posible para el agua procedente del subsuelo.

Esta área hundida finalmente formó un nuevo lago de agua dulce que desembocaba en el río Jordán y luego en el Gran Lago Salado, que ahora estaba lleno de agua fresca.

Tomó un par de semanas para que el agua drenara hacia fuera de la ciudad. Continuamente seguíamos el retroceso del agua, llevando ayuda y enterrando a los muertos. Cuando por fin pudimos ver el templo de Salt Lake y el Centro de Conferencias, vimos que el templo se había inundado, con unos veinticinco metros de profundidad, el agua llegaba hasta las ventanas redondas. Todavía era majestuoso y sólido. El viejo Tabernáculo había desaparecido. Sólo quedaron unos cimientos y algunas maderas. El Edificio conmemorativo de Joseph Smith y el edificio de las Oficinas Generales de la Iglesia, seguían de pie, pero se habían dañado los pisos inferiores debido al agua.

El Centro de Conferencias había sobrevivido con un poco más de daños que las inundaciones en las zonas de estacionamiento y algunas salas inferiores. El auditorio principal se había inundado parcialmente, pero la mayor parte fue fácilmente recuperada.

La inundación se desvaneció con tanta rapidez que nadie se quedó por mucho tiempo varado en los edificios más altos, solo unos pocos días.

Una plaga devastadora

Por esa época, una devastadora plaga se extendió por todo el país. Llegó en tres oleadas. Cada ola era más virulenta que la anterior, matando a las personas sanas, y de manera rápida. Se extendió por todo Norte y Sudamérica, y por todo el mundo, matando a miles de millones. Pero las tropas que llegaron parecían ser en su mayoría inmunes, aunque algunos de ellos murieron también. De la población total antes del terremoto, creo que el 25 por ciento murió debido a la plaga. Yo sabía mientras estaba "volando" sobre ella que la plaga había sido hecha por el hombre, y que las tropas fueron vacunadas para resistirla, pero pasaron muchos meses antes de que los sobrevivientes de la plaga se dieran cuenta de la verdadera fuente de la misma. Voy a hablar más acerca de esta plaga en el próximo capítulo.

La anarquía empezó a controlarse al capturar a los merodeadores, que fueron capturados y ejecutados por las tropas. Ellos no tenían ningún respeto por los derechos civiles, ni por los derechos humanos. Tenían un trabajo que hacer y lo hicieron con fuerza bruta, mostrando poca empatía, que puede haber sido necesaria en ese escenario, por lo menos al principio.

Cuando las tropas llegaron a la zona de Salt Lake City, elogiaron a la

Iglesia y se sorprendieron por lo mucho que la ayuda y la restauración habían progresado.

Sin embargo, a medida que pasaban las semanas, se volvían cada vez menos tolerantes. Comenzaron a tomar ventaja de cualquier caos que existía. Debido al colapso de la autoridad civil, la Iglesia se había convertido en el único grupo organizado de personas. La Iglesia se había hecho cargo de la reconstrucción y reorganización, y no se detenía sólo porque los esfuerzos de socorro habían llegado. Esta fue la primera ciudad a la que las tropas entraron, y en la que no se daban por vencidos ni daban control civil a las tropas extranjeras.

La organización de la Iglesia parecía frustrar sus planes para tomar el control. En poco tiempo se hizo evidente que su objetivo principal era establecer su propio gobierno, en lugar de los gobiernos federales y locales. Cuando se enteraron de que la Iglesia estaba organizada y funcionaba como un gobierno de facto, eso frustró sus planes y también creó una división en sus filas, en gran parte por el origen nacional.

Los pocos soldados estadounidenses entre ellos se negaron a actuar en contra de la Iglesia, como lo hicieron muchos de Europa. Muchos de los soldados que se resistían eran miembros también. Las tropas de Asia no fueron disuadidas y, posteriormente, decidieron que la Iglesia era un enemigo que tenía que ser aplacado o destruido. No obstante, no podían proceder a destruir a la Iglesia debido a los soldados que no estaban de acuerdo, y al hecho de que casi la totalidad de la población restante eran miembros de la Iglesia, o estaban en deuda con ella por haber salvado su vida y su bienestar.

Una considerable cantidad de propaganda impresa comenzó a circular sobre lo que parecían ser los restos de nuestro gobierno federal. Proclamaban en júbilo que este era el comienzo del "nuevo orden mundial". Afirmaban que todo había cambiado en el mundo. Por primera vez en la historia, los Estados Unidos ya no eran capaces de satisfacer sus propias necesidades básicas, y el resto del mundo nos daba la bienvenida a este *nuevo mundo*. La lógica que utilizaban era: "por qué estarían ahí con comida y medicina y no con armas y bombas". Nuestro propio gobierno parecía estar instando a todos los ciudadanos estadounidenses a simplemente someterse y aceptar los cambios en la autoridad civil.

No pasó mucho tiempo en que la mayoría de las personas concluía que nuestro gobierno federal ya no existía, y que esa propaganda procedía de las mismas tropas extranjeras.

La actitud de casi todo el mundo había cambiado, de ser ayudados y aceptar, a la percepción de que esas tropas extranjeras eran una fuerza de invasión.

Había un enorme crecimiento de resistencia local y desconfianza. Especialmente en el área de Utah, la gente las veía como alguien que venía a destruir nuestra libertad y nuestra Iglesia, lo que era ser cierto. Algunas personas comenzaron a desobedecer silenciosamente las nuevas "leyes". No obstante, quienes escuchaban la voz del Espíritu Santo se dieron cuenta de que la resistencia a esas tropas no era la voluntad del Señor. Él tenía su propio plan, y los que le obedecían solamente observaban y esperaban en el Señor.

Las tropas extranjeras lanzaron una campaña de propaganda en donde trataban de destruir la confianza de las personas hacia la Iglesia. Lo hicieron mediante la publicación de mentiras y acusaciones. Se infiltraban en las reuniones locales, o les pagaban a personas para obtener información sobre lo que estaba pasando en los barrios y estacas locales. Entonces crearon un tipo de alboroto, sólo para ver quién era leal a la Iglesia y quién a la autoridad extranjera.

Se aprobaron leyes declarando que la Iglesia no tenía autoridad en materia civil. Posteriormente acusaron falsamente y arrestaron a los principales líderes por involucrarse en los asuntos cívicos. Esos eran delitos contra las nuevas leyes. Algunos de esos líderes fueron ejecutados públicamente, lo cual ensombreció dramáticamente el estado de ánimo de la gente hacia las tropas. En un corto período de tiempo, expulsaron de manera rotunda a la Iglesia de todos los asuntos civiles. Como no podían discernir a un "mormón" de entre cualquier otra persona a simple vista, hicieron ilegal que cualquier americano pudiera estar en una posición de autoridad en materia civil.

El estado de ánimo de algunos se volvió rebelde, y junto con soldados que habían desertado de las fuerzas extranjeras, salieron de sus casas para vivir en las montañas. Tomaron las armas y provisiones con ellos, y periódicamente atacaron a las tropas extranjeras. Sus esfuerzos eran mal inspirados y pronto fueron muertos o capturados, o se unieron de nuevo con la sociedad en general. El resto de la gente volvió silenciosamente su atención a la oración y la fe, y dando oído a los líderes de la Iglesia. La Iglesia comenzó a operar en silencio para cumplir la misión del Señor sin temer a las tropas pero sin provocarlas.

Nunca vi un grupo oficial de soldados de Estados Unidos o la Guardia Nacional. Más tarde me enteré de que las armas atómicas habían sido desplegadas para capturar las instalaciones de defensa más importantes de todo el país y en Utah. Ya había habido un primer ataque en contra de los Estados Unidos, el cual vino sin provocación.

Por este tiempo, la misma plaga que había devastado gran parte de la costa oriental, llegó a Utah, ya que se había extendido por todo el país. Las tropas extranjeras habían traído consigo equipo contra materiales peligrosos, como si estuvieran esperando la plaga, y pocos de ellos se enfermaron. Como he dicho, nos enteramos más tarde que la plaga fue hecha por el hombre, y las tropas se habían vacunado contra el patógeno que causaba la peste.

Las tropas extranjeras se prepararon de otras maneras. Habían impreso carteles[1] que requerían que todos los colocaran frente a su puerta. La señal era un círculo negro con una línea diagonal que atravesaba una corona.

1 Cuando Spencer me describió este cartel de plaga, no podía imaginármelo en mi mente. Le pedí que hiciera un boceto y me di cuenta que estaba dibujando la corona de la ONU y el círculo con la línea diagonal era un símbolo internacional de "no". Dibujé la imagen de arriba y se lo mostré a Spencer. Él dijo: "¿Dónde encontraste eso?", le pregunté: "¿Es esto correcto?" Él respondió: "¡Es exactamente como lo recuerdo! ¿Dónde lo encontraste?" Puesto que era aparentemente exacta, pensé que era importante incluirlo en el libro. También eso es de gran interés en la visión de John Taylor, registrada en el Apéndice A al final de este libro. El describe haber visto las insignias o signos de luto en todas las puertas", en todos lados y en todo lugar".

El signo tenía la palabra "plaga " en letras rojas impresas detrás de la línea diagonal de color negro. Había una fila de tiras blancas numeradas en toda la parte inferior del cartel. Había instrucciones en el cartel.

Debíamos poner una tira de papel en el lado izquierdo del cartel, en la línea de negro, que indicara cuántas personas estaban con vida en la casa. Cuando alguien moría, teníamos que poner el número de muertos en el lado derecho en la línea del cartel. Así cambiábamos el número de los vivos. Las tiras de papel podían ser reutilizadas cuando fuera necesario. Era un momento aterrador y de pena cuando alguien tenía que cambiar sus tiras de papel. A menudo la gente se paraba alrededor de la puerta de entrada, llorando y orando por fortaleza, sólo para mover las tiras de papel.

Cuando llegaban los soldados, iban de casa en casa, apuntando hacia el cartel con un lector portátil. Ese lector portátil estaba conectado a una computadora portátil que registraba cada casa por su posición GPS. Si los números habían cambiado, lo que indicaba otra muerte, se detenían en la entrada.

Se nos daban bolsas para cadáveres, y daban instrucciones para poner a nuestros muertos en el porche trasero o en el patio trasero para que ellos vinieran a recogerlos por la noche. Cuando la plaga se encontraba en su etapa más mortal, les tomaba días, o incluso semanas, para que los camiones llegaran a las calles lejanas. Estaban más preocupados por el control del centro de la ciudad, y sólo dejaban esa zona cuando todos los muertos habían sido recogidos.

Cuando una persona contraía la peste, le aparecían como pequeñas marcas de viruela en la piel, similar a las espinillas, éstas crecían en tamaño y cantidad hasta que casi la totalidad de su cuerpo estaba cubierto. La enfermedad se desarrollaba muy rápidamente. El picor y el dolor eran intensos. Poco antes de la muerte, la viruela entraba en erupción y rezumaba. Este líquido era extremadamente contagioso. Todo el que lo tocaba se enfermaba.

Aprendimos sobre todo esto por medio de experiencias tristes. Muchas personas que sabían que iban a morir se encerraban en las bolsas antes de que hiciera erupción y así evitar que sus seres queridos se contagiaran al trasladar sus cuerpos. Eran tiempos oscuros. Los muy jóvenes y los muy viejos murieron primero. Los que estaban tratando de ayudar a los demás, que se contaminaban al tocar el líquido, eran los siguientes en morir.

La plaga finalmente provocó la muerte de más de la mitad de aquellos que fueron expuestos a la sustancia. Algunas personas sobrevivieron debido a alguna inmunidad natural o intervención divina. Una vez que los síntomas aparecían, la persona moría alrededor de doce horas más tarde. La plaga llegó en tres oleadas, cada una tomando al siguiente grupo más débil de la gente. Si usted se enfermaba, y de alguna manera sobrevivía, se volvía inmune.

Los soldados que manejaban los muertos llevaban trajes blancos de protección.

Se llevaban los cuerpos de los muertos a los parques o estadios de fútbol, donde habían excavado grandes hoyos. Los mojaban con combustible y los incineraban. Las tropas no nos hablaban, ya que la mayoría de ellos no hablaban inglés. Permanecían alejados y no sentían empatía por nosotros. Solamente tenían un trabajo desagradable que hacer, y estaban decididos a lograrlo sin contaminarse o volverse locos con tanta muerte. Tampoco nos perseguían. Todo era impersonal.

Cuando yo había visto antes esas escenas mientras "volaba" a través del paisaje, vi una ciudad tras otra en todo el país donde los carteles estaban en las puertas. No entendía lo que querían decir hasta que vi esta última parte de la visión, en la que yo estaba en este lugar, y lo experimentaba como cualquier otra persona ahí. Me quedé con la impresión de que entre el terremoto y la peste, más de la mitad de la población había muerto, más personas en las costas y menos hacia el interior.

La escena se volvió cada vez más horrible al pasar el tiempo. En Utah y otros lugares donde la gente había obedecido las advertencias para guardar comida y prepararse espiritualmente, había esperanza; sin embargo, en otros lugares, la gente la había perdido. Algunas personas intencionalmente se contaminaban a sí mismos con la plaga después de ver que sus seres queridos morían. En los lugares donde las personas no tenían ninguna esperanza, cosas terribles sucedieron que creo lo mejor es no expresarlas. Baste decir que los crímenes atroces eran comunes.

En las zonas muy pobladas, el hambre y la sed llevaron a la gente a hacer lo impensable, cumpliendo así muchas profecías de los últimos tiempos, a las que Cristo se ha referido como la "Abominación desoladora". La Civilización llegó a un punto de paralización y espera, esperando el fin de toda vida, y la gente se desesperaba diciendo en voz alta que Jesucristo estaba retrasando Su venida hasta después del final de la vida en la Tierra.

En cualquier lugar en que la Iglesia estaba presente, las personas estaban mejor debido a la preparación, tanto de las personas como de la

Iglesia. Alimentos y agua estaban todavía disponibles; se preparaban alimentos y eran servidos en lugares públicos, en su mayoría iglesias. La gente tenía al menos una comida diaria nutritiva. Muchos llegaron con más alimentos de los que consumían, apoyando el esfuerzo de socorro y calmando los temores de la gente. Nadie era rechazado. Dividíamos con todos lo que teníamos.

Mientras la Iglesia no tomara parte alguna en las decisiones cívicas, las tropas extranjeras permitieron esos esfuerzos, y contribuyeron a que se proveyera la comida.

Las iglesias, entre ellas la Iglesia SUD, se dividieron en cuarteles familiares. Las tropas llevaban agua en grandes camiones tipo cisterna. El agua estaba racionada, pero era abundante. La comida era sencilla, no se veía tanta carne, en su mayoría eran alimentos almacenados por las personas locales y por la Iglesia.

Si alguien se enfermaba, había un protocolo en el que el doctor o la enfermera local certificaran que la persona no tenía la peste, posteriormente las tropas extranjeras tendría que llevarla a hospitales más grandes.

Las tropas ejercían cada vez mayor control, incluyendo el establecimiento de la ley marcial y la suspensión de las libertades civiles. La aplicación de las nuevas leyes era por medio de advertencias, de restricción de la comida y servicios para los familiares o por medio de la ejecución. Ellos no mantenían prisiones.

Fue en ese tiempo que la peste se expandió a Europa, Asia y África. No creo que se haya iniciado allí, o llevada allí intencionalmente, sino que se salió de control y cruzó los océanos. La devastación allá era mucho más grave que en las Américas. El resultado con el tiempo fue un colapso total de la sociedad. También se oía de grandes desastres naturales que estaban ocurriendo en todo el mundo. Había huracanes, tornados, inundaciones, terremotos y enfermedades. Ese fue el período de tiempo en que la masa de tierra surgió en el golfo y la ola gigantesca barrió con todo hacia al norte.

Inicialmente, los Estados Unidos habían sido los más afectados, pero cuando las destrucciones golpearon a las naciones que habían lanzado la peste y las armas nucleares, fue mucho más destructivo para ellas. Sus gobiernos enteros, instituciones financieras y economías se derrumbaron; experimentaron fuertes terremotos, y el movimiento continental, los disturbios y la guerra fueron mucho más devastadores que en los Estados Unidos. La gente estaba tratando de salir de esos continentes en tropel.

Como explicaré con más detalle más adelante, los ángeles y los seres trasladados ministraban a los dignos y fieles, y los protegían al iniciar su viaje a Sión.

La marca de la bestia

En todas mis visiones, nunca vi una marca sobre la gente, o escuché hablar de personas que fueran obligados a recibir una marca o un microchip con el fin de comprar y vender.

Era cierto que cada uno de nosotros tenía un número en nuestro nombre, y ese número era necesario para cualquier transacción grande, como la compra de una casa o para obtener un crédito. Eso puede haber sido parte de la marca.

Pero lo que sí vi fue que nos habíamos marcado espiritualmente. Esta marca comenzó unos treinta años antes de las tribulaciones, cuando comenzó la contracultura de lo que se consideraba políticamente correcto, y comenzaron el asalto a los valores y a las tradiciones cristianas. Al principio parecía tan ridículo que era inofensivo, como una especie de enfermedad a la que todos éramos inmunes. Pronto, sin embargo, fue comparada igual a la compasión, equidad, aceptación, tolerancia y a la igualdad. A partir de ahí se convirtió en un poder con la capacidad de tomar una verdad y disfrazarla de mentira, tomar cualquier mentira y re etiquetarla como una verdad. La aceptación de esta forma de pensamiento, y el desinterés hacia el Espíritu Santo, nos marcó con oscuridad. Era una marca que colocamos en nuestra propia alma. No era visible a otro ser humano, pero los que se habían marcado a sí mismos de esta manera, no podían discernir el Espíritu Santo, y se encontraban totalmente dependientes de las tropas extranjeras, que en verdad no tenían ningún interés en su supervivencia a largo plazo.

Cuando empezaron las tribulaciones, era casi imposible que los que recibieron la marca de la bestia pudieran ver la mano de Dios extenderse, conduciéndolos a un lugar seguro. Ellos fueron cegados a la única cosa que podría redimirlos y, con el tiempo, muchos se perdieron.

Señales de la Segunda Venida

El invierno que llegó fue leve. El cielo estaba cargado de ceniza, humo y vapor de agua. El sol todavía parecía tan cálido como antes, pero el clima era moderado. Impresionantes puestas de sol y amaneceres abundaron. A menudo nos quedábamos contemplándolas, preguntándonos su significado. La nieve no llegó durante todo aquel invierno, lo cual fue motivo de alivio y aumentó la expectativa de supervivencia. La mayoría de las personas no teníamos medios eficaces de calefacción en los edificios donde habitábamos.

La atmósfera de la Tierra se sintió diferente a partir de entonces. Había un proceso de limpieza que estaba comenzando. A pesar de que estábamos en una gran devastación, el agua se volvía cada vez más clara y limpia en los ríos y lagos. Se podía ver a una gran profundidad en el fondo de los lagos. La Tierra parecía estar siendo limpiada y purificada.

Muchas personas lo comentaron, y estaban maravilladas de las grandes "señales y prodigios" que se manifestaron en la tierra y el cielo. Vimos diferencias en las constelaciones, que nos hizo preguntarnos si la Tierra estaba siendo movida de su órbita normal. Esto causó pánico en todo el mundo cuando se observó por primera vez, pero no era tanto el miedo entre los miembros de la Iglesia. Sabíamos que la mano de Dios estaba sobre nosotros, y que se trataba de las "señales de la Segunda Venida" que el mundo había esperado tanto tiempo para ver.

Resucitar al niño muerto

Uno de los recuerdos favoritos de mi visión en esa época era la de estar en el sótano de una antigua capilla de los Santos de los Últimos Días en Salt Lake City. Estábamos cantando alrededor de un piano cuando la esposa del obispo entró en la habitación y nos pidió a mí y a algunos que subiéramos a bendecir a su bebé, que acababa de enfermarse. Corrí arriba y examiné al niño sin tocarlo. No vi señales usuales de la peste en él. Tenía cerca de dos años de edad, con el pelo rubio, suave. Sus ojos azules estaban abiertos, con la mirada perdida. Su pequeño cuerpo era delgado debido a una mala nutrición. Su rostro estaba con manchas, exhibiendo claramente sus venas, como si se hubiera asfixiado. No respiraba ni tenía pulso.

Ungimos al niño con aceite consagrado. Su madre me había pedido que pronunciara la bendición. Varios otros hermanos se me unieron. Tras una breve pausa para asegurarme de que estaba escuchando al Espíritu Santo correctamente, y darme valor un momento para ponerme al día con mi fe, le dije: "Tommy, en el nombre de Jesucristo, te ordeno que seas sanado. En el nombre de Jesucristo, amén". Fue una corta bendición, con sólo esas pocas palabras.

El niño inmediatamente se despertó de la muerte, respiró profundamente y comenzó a llorar. Su madre lloró de alegría y trató de consolarlo. Su apariencia se volvió rápidamente normal y en poco tiempo regresó a jugar.

Plenitud del sacerdocio

Nosotros, los hermanos que habíamos participado en el levantamiento del niño (enfermo) hablamos largamente sobre eso, porque habíamos dado bendiciones del sacerdocio cientos de veces desde que comenzaron los desastres y descubrimos que no teníamos poder para detener la plaga, y sólo ocasionalmente teníamos el poder para levantar a los muertos.

Tuvimos un poco de éxito con otras aflicciones, pero nunca un milagro como ese. El Espíritu obraba sobre nosotros y nos dimos cuenta que ahora teníamos la plenitud del sacerdocio. Nos regocijamos y rápidamente comenzamos a ir de persona en persona en la Iglesia y en la comunidad, curando a la mayoría de ellos. A algunos no se nos permitía sanarlos, puesto que así era el plan de Dios para ellos. No preguntamos por qué razón, sino que dábamos bendiciones a medida que el Espíritu nos indicaba, y así seguíamos adelante. El Espíritu Santo nos decía a dónde ir y quién podíamos sanar. A partir de ese momento, el 100 por ciento de las personas que recibían esas bendiciones fueron sanados o levantados de entre los muertos. No hay palabras para describir el alivio y la alegría que sentimos al ir de puerta en puerta. Estábamos muy animados con nuestros nuevos dones, y nuestra fe en Jesucristo se hizo más profunda. Sabíamos que podíamos hacerlo, y lo hicimos. Trabajamos día y noche para ministrar a la gente, todo el tiempo advirtiendo a cada persona involucrada no revelar este cambio a las tropas extranjeras.

Otros grupos de poseedores del sacerdocio descubrieron la misma bendición, entonces se produjo rápidamente una gran restauración de la salud física y emocional de las personas.

Este nuevo poder trajo gran esperanza y valor entre los santos. Este fue un evento poderosamente unificador entre nosotros. Nos hizo unirnos fuertemente de corazón. Nuestro valor y fe no solamente se restauraron, sino que se amplificaron y se hicieron más visibles ante todos. En ese momento supimos que íbamos a sobrevivir, que Dios estaba empezando a hacer milagros para salvarnos. Había comenzado el día de los milagros.

En ese momento tuvimos un gran resurgimiento en la obra misional.

Los de otras religiones podían verlo con los ojos abiertos por el Espíritu Santo, que los milagros estaban sucediendo. Sanamos a muchos de ellos, y también a sus hijos. Querían saber lo que teníamos que nos hacía diferentes. Les enseñamos, y muchos de ellos se unieron a nosotros llenos de gratitud, y comenzaron su propio ministerio milagroso en los últimos días.

Comenzamos a recibir instrucciones regulares y actualizaciones de la Iglesia. Se publicó una lista de las víctimas de las Autoridades de la Iglesia, y lamentamos la pérdida de nuestros amados líderes. Recuerdo la mayoría de los nombres de los muertos y los sobrevivientes, porque repetimos muchas veces sus nombres entre nosotros, y oramos por sus familias. Pero he optado por no revelar jamás sus nombres.

La vida alcanzó una especie de equilibrio. La plaga estaba casi totalmente controlada en nuestra parte del mundo, aunque todavía hacía estragos en otras partes. Tuvimos restaurada una pequeña parte de la sociedad, y teníamos este poder mayor en el sacerdocio. Nuestros corazones se volvieron hacia la reconstrucción, especialmente de la Manzana del Templo. Caminé allí cientos de veces para ayudar en la limpieza. El templo se había inundado unos ocho metros de profundidad, como he mencionado, y solamente era permitida la entrada a los trabajadores que eran dignos. Mi trabajo en el interior del templo era un dulce placer para mi alma.

Había un sentimiento de unidad y propósito, que nunca había sentido antes, entre los que se habían reunido para reparar y recuperar los jardines del templo. No había desesperación, ni discusión ni opiniones contrarias, sólo una solidaridad fraternal. Aquellos cuyas voces estaban enojadas no se unieron a nosotros en esta parte de la reconstrucción.

Habían pasado varios meses desde la inundación y estábamos muy cerca del primero de octubre, pero no hacía frío. El cielo estaba tan lleno de partículas de escombros que no hizo frío, supongo que esto fue una verdadera manifestación del calentamiento global, quizás eso nos salvó la vida. Trabajamos ente el lodo y edificios húmedos todo el día, con todo ello, no estábamos sufriendo por el frío.

Me di cuenta de que tenía mucha energía, y más fuerza física de la que jamás había tenido en mi vida. Tuve cuidado de no mostrar esas fortalezas abiertamente, sino trabajando de manera constante al ayudar a otros a mover vigas o estructuras caídas, era capaz de hacer mucho más de lo que otros podían notar. Me di cuenta que muchos otros en nuestros grupos tenían habilidades similares. Por lo menos la mitad de ellos eran mujeres. Rápidamente aprendimos a reconocer a las personas que estaban empezando a cambiar. No había ningún brillo o signo visible, sino que había algo, o que teníamos un aspecto que otros como nosotros podían ver. No hablamos entre nosotros de lo que estábamos experimentando, porque en realidad ninguno de nosotros lo entendía.

Conferencia general

Cerca del fin de año, la Iglesia anunció que habría una conferencia general y un servicio funeral general para todos los muertos, y por las Autoridades Generales fallecidas el primer domingo de octubre, en el Centro de Conferencias. Todos nos alegramos, pero también lloramos por la pérdida de nuestros seres queridos.

Todos mis hijos se habían trasladado a otras partes del país antes de que las tribulaciones comenzaran, no tenía ni idea de cómo estuvieran.

Los representantes de la Iglesia pasaron entre los trabajadores de la Manzana del Templo, y luego de calle en calle repartiendo entradas para esa próxima conferencia. Iban a ser cuatro sesiones de conferencia. Las entradas eran tiras rotas de papel. Las sesiones se clasificaban por colores blancos, azules, verdes y rojos. Me entregaron una entrada de color rojo, que eran de la última sesión del día.

En el día de la conferencia, puesto que asistiría a la última sesión, subí las escaleras hasta el piso superior del edificio conmemorativo José Smith, y encontré un asiento en la ventana del lugar donde el restaurante está ahora. Estaba mirando directamente enfrente de mí al ángel Moroni y los jardines de abajo. Cada centímetro posible de tierra estaba lleno de gente. Habían tratado de vestirse con traje de domingo, pero el agua era escasa para el lavado y la gente parecía un poco desarreglada. Esa fue la primera vez que entraba a un edificio alto desde la inundación, me sorprendió ver que la destrucción era todavía evidente hasta donde alcanzaba mi vista.

La Iglesia había instalado pantallas gigantes al lado del templo y otros edificios para que la gente pudiera ver y escuchar cualquier sesión de la conferencia, si lo deseaban. Había mucha gente para que todos tuvieran donde sentarse, incluso con cuatro sesiones. La muchedumbre se extendía hacia fuera del recinto y calles abajo. Todo el mundo podía escuchar la transmisión en los altavoces, y la mayoría podía ver las pantallas.

Se reservaron grandes áreas para la preparación y servicio de alimentos, ya que casi todo estaba siendo hecho de manera comunitaria. Las tropas extranjeras evacuaron la zona para hacer espacio. No había ninguna necesidad de la policía porque la armonía y la unidad eran tan fuertes que aún ellos podían sentirlo. No había coches en las calles. Nada se movía. La electricidad no había sido restaurada, pero se podían oír los generadores funcionando cerca de las pantallas de proyección y más allá del Centro de Conferencias.

El edificio en el que yo estaba tenía electricidad, pero la mayoría de las habitaciones estaban en la oscuridad. El día amaneció claro y cálido. Las personas en la calle sólo necesitaron suéteres y chaquetas.

La primera sesión de la conferencia fue un servicio funerario. Se leyeron todos los nombres de las Autoridades Generales fallecidas. Me sorprendió la cantidad de nombres conocidos que habían muerto, algunos de ellos eran viejos conocidos y amigos. En el Centro de Conferencias había dieciocho ataúdes vacíos en la parte baja del púlpito, que representaban a los que habían fallecido, y que habían sido enterrados semanas o meses atrás.

Había entre nosotros un sentimiento casi electrizante del Espíritu Santo. Lloramos por los fieles que habían muerto, pero también nos dimos cuenta de que algo maravilloso iba a suceder en esa conferencia. No teníamos miedo, no había disidentes, sólo un sentimiento de anticipación y de una gran unidad.

Cuando terminó la primera sesión, el siguiente grupo de fieles entró al Centro de Conferencias, y se llevó a cabo una sesión ligeramente diferente. Se mencionaron los muertos, pero no fueron conmemorados. Los discursantes enseñaron poderosos principios del Evangelio, y se nos instruyó sobre los planes para la reconstrucción y para reagruparnos.

La tercera sesión fue en al atardecer. Fue diferente de las sesiones anteriores, se habló del futuro de la Iglesia y del futuro del mundo. Anunciaron que la última sesión no sería transmitida, y se invitó a los que estaban reunidos fuera a regresar a sus hogares.

Para cuando la tercera sesión salió del Centro de Conferencias, el sol estaba bajo en el cielo. Me subí en el ascensor para bajar al sótano. Caminé por el túnel y salí a la derecha por la pila bautismal del templo. Salí por la puerta del asta de la bandera, entre el templo y donde estaba antes el Tabernáculo. Encontré muchos otros con boletos rojos, caminando a través de la calle. No había tráfico, así que caminamos juntos, avanzando en filas organizadas, como en el ejército. Todos estaban vestidos con ropa de domingo, pero la mayoría de nosotros estábamos un poco sucios y manchados por la falta de agua y las condiciones de las calles.

Caminé hasta el Centro de Conferencias y mostré mi boleto. Los hermanos en las puertas me dejaron entrar en la sesión y me dirigieron a la planta principal. Tuve el gusto de ocupar un asiento más cerca en la parte delantera de la planta principal. El Centro de Conferencias olía a humedad, pero no rancio.

Los pisos estaban secos, pero el daño del agua era evidente a unos tres metros arriba en las paredes. Las autoridades generales ya estaban en el estrado. Sólo un hermano se sentó en los tres asientos reservados para la Primera Presidencia. Reconocí a todos los miembros de los Doce que habían quedado.

Continué observando atentamente los asientos a la derecha del púlpito y reconocí a otros miembros de los Doce, y también había muchas sillas vacantes. A la izquierda del púlpito había un número de hermanos que no reconocí inmediatamente. Continué observando cuidadosamente. Podía sentir el Espíritu cada vez más fuerte dentro de mí; y de repente me di cuenta que una de las personas en el púlpito era José Smith, hijo, el profeta de la restauración. Tal vez mis ojos se fijaron en él porque llevaba un traje de lino, camisa blanca y una corbata de color. Todo el mundo vestía trajes oscuros. Se veía muy diferente de las pinturas y las estatuas que había visto de él, pero su identidad me fue revelada como en un destello. Yo sabía quién era, se sentó silenciosamente observando a la audiencia congregarse delante de él.

Me pareció reconocer a John Taylor y a Brigham Young, pero no estaba del todo seguro, porque eran más jóvenes de lo que parecían en las fotos que había visto de ellos. Me di cuenta de que algunos de los otros en el estrado eran seres resucitados, aunque no podía nombrarlos.

La conferencia comenzó como cualquier otra. El apóstol sobreviviente de más antigüedad se puso de pie, nos dio la bienvenida y anunció la primera parte de la reunión. Aproximadamente la mitad del Coro del Tabernáculo estaban sentados en sus acostumbrados asientos rojos. En lugar de agruparse hacia el frente, se sentaron en sus asientos habituales, dejando espacios obvios entre ellos en homenaje a los fallecidos. Se pusieron de pie y cantaron. Siguió la oración y el coro cantó de nuevo. La electricidad se apagó varias veces durante la presentación del coro, lo que hizo que sonaran más bajo, después más fuerte y más bajo de nuevo, y así varias veces.

Después de eso se nombraron a los nuevos apóstoles que llenarían las vacantes de los Doce. Reconocí a algunos de estos hermanos, pero no a todos. Anunciaron la nueva Primera Presidencia y los nuevos hermanos tomaron sus asientos correspondientes. Nos pidieron hacer el sostenimiento y lo hicimos con los brazos en alto y con una exclamación de: "¡Sí!". Que nunca antes se había oído en una conferencia, pero fue espontáneo y lleno de alegría.

La primera persona que habló fue mi amigo de los Doce que había muerto hacía muchos años. Me emocionó verlo de nuevo y lloré, porque lo amaba y lo había echado de menos, pero también por su presencia ahí, hablando en esa conferencia con otros antiguos líderes.

Era una poderosa señal de los grandes tiempos que se acercaban. El habló del cumplimiento de todo lo que los profetas habían predicho. Testificó de Cristo de la forma tan poderosa como yo lo sabía, y todo el mundo lo sabía también, que había visto a Cristo y que había estado entre sus brazos. Leyó las Escrituras sobre el cumplimiento de las dispensaciones, pero cambió algunas palabras de manera que en vez de hablar de las cosas futuras, testificaban del tiempo presente.

José Smith, hijo

La autoridad que presidía luego anunció que teníamos una persona especial que iba a dirigirse a nosotros. A continuación presentó a José Smith, hijo, quien se puso de pie y se acercó al púlpito. Era más alto y más amplio de los hombros de lo que yo había imaginado. Se quedó en silencio por un momento, mirando fijamente a toda esa gran congregación.

Cuando habló, su voz era suave, pura y firme. Su voz tenía el poder del conocimiento absoluto. Entendimos que su fe y conocimiento eran perfectos. Poseía un gran dominio de expresión, y pudo hablar con elocuencia y descripción bien detallada, algo que pocas personas poseen. Junto con el hecho de que estábamos llenos del Espíritu Santo, se puede entender por qué nos quedamos tan impresionados por José Smith, hijo, Intercalaba las declaraciones proféticas de las Escrituras con su propio testimonio, con tal elocuencia que nadie podía dudar o negar su verdad y poder. También estoy seguro de que cada una de las almas presentes ya sentía fluir con la luz y la verdad; y el brillante testimonio de él iluminaba nuestro entendimiento, causándonos un motivo adicional para alegrarse.

Había tanto silencio en el edificio que se podía escuchar a alguien respirar. Ni siquiera querían que el sonido de sus corazones les hiciera perder ni una sola palabra. Todos los ojos estaban fijos en él, cautivados por su presencia. Hubo una luminiscencia de rectitud sobre él.

Él nos dio la bienvenida y dio su testimonio del Salvador. Se volvió y reconoció a las autoridades que estaban con vida, y las llamó por su nombre. Testificó que habían sido llamados por Dios y que él no estaba allí para hacerse cargo, o para ser el profeta actual. Dijo que tenía su propia asignación con respecto a la edificación de Sión, que nos ayudaría en la gran tarea que teníamos ante nosotros y que iba a trabajar a través del profeta ordenado y no por cuenta de él mismo.

Adán-ondi-Ahmán

José dijo: "Me gustaría hablar de un evento que ocurrió hace unas semanas en el valle de Adán -ondi- Ahmán". Se volvió hacia el profeta recién ordenado y asintió con la cabeza, como si buscara su aprobación. El profeta asintió una vez como respuesta. Entonces José habló por unos noventa minutos, contándonos de la gran reunión que recientemente había tenido lugar en Adán-ondi-Ahmán. Procedió a narrar los acontecimientos en gran detalle, describió cómo se había erigido una plataforma temporal, y que el único que estaba sentado sobre ella era Adán. Dijo que el grupo era pequeño, así que no hubo necesidad de un sistema de megafonía. Nos dijo el nombre de cada líder de cada dispensación, cómo era, lo que había dicho y lo que había reportado.

Nunca antes había escuchado un testimonio tan poderoso de un nacido entre los hombres.

José dijo entonces que Adán había recibido el informe de cada uno de los profetas, así hasta llegar al mismo José, quien fue el último. Nos informó con gran emoción que luego se volvió hacia Adán y testificó en el nombre de Jesucristo, que su obra había sido cumplida, no del todo, pero que sus responsabilidades asignadas se habían logrado.

José informó que en ese momento de la reunión Jesucristo se apareció en gloria junto a Adán. Entonces Adán se arrodilló y le informó a Jesucristo que la obra había sido realizada. Jesucristo aceptó entonces su informe y lo declaró bueno, y los elogió a todos por su fidelidad.

Entonces José habló sobre el recogimiento de los santos en estos tiempos. Dijo que Salt Lake City sería un lugar de recogimiento, y que debido a los recientes eventos algunos de los fieles en todo el mundo se sentirían inspirados a venir a este lugar. Dijo que quienes llegaran aquí lo harían bajo el estandarte de Dios, y que debíamos recibirlos y cuidar de ellos.

Nos informó que muchos otros lugares en todo el mundo se convertirían en "ciudades de Sión", y en lugares seguros de reunión para los santos. Él dijo que el "Lugar central de Sión", lo que había sido conocido como Misuri, atraería a los que habían sido ordenados para reunirse allí; y que cuando nos reunamos todos en esos lugares seguros, entonces el trabajo del milenio comenzaría.

Dijo que cuando todos los elegidos se hallasen reunidos y seguros en Sión, Jesucristo mismo llegaría a gobernar y reinar sobre la Tierra.

Cuando dijo esas palabras, un grito espontáneo de: "¡Hosanna! " surgió de nuestros corazones y de nuestra boca.

José habló acerca de la restauración de todas las cosas, que todas las bendiciones y poderes que alguna vez existieron desde el principio de los tiempos, se habían restaurado en su plenitud en ese momento. Hizo hincapié en que todos los dones incorporados en la plenitud del sacerdocio, incluyendo el poder de ser trasladado, se habían restaurado en aún mayor medida que nunca antes en este mundo. Dijo que incluso los milagros que estábamos empezando a experimentar entre nosotros parecerían pequeños en comparación con lo que estaba por venir. Eso, dijo, es lo que se conoce como el "cumplimiento de los tiempos".

Nos sorprendió mucho, porque nos preguntábamos cómo podría ser eso, ¿qué cosas más grandiosas podían suceder de lo que ya estaba aconteciendo en este momento? Ahí estábamos, escuchando a un profeta resucitado y mirando a los profetas resucitados en el estrado. Ya teníamos la plenitud del sacerdocio, aunque reconozco que no sabíamos lo que eso significaba exactamente. Fuimos partícipes de milagros todos los días. Todos habíamos visto ángeles, y estábamos en el proceso de cambiar físicamente; no podíamos imaginarnos algo más grandioso que eso. Pero eso no nos impidió creer en sus palabras, simplemente no nos podíamos imaginar algo mayor, y el poder de su afirmación ardía en nuestras almas, iluminando nuestras mentes y elevando nuestras esperanzas más allá del alcance de la creencia humana.

No había una sola persona en todo el edificio que no tuviera lágrimas en los ojos. Todos lloramos abiertamente, gozosamente y con gran esperanza. Yo lloraba profundamente porque me di cuenta en ese momento que todo lo que había visto, y todo lo que se me había prometido, en ese momento se había realizado. Las promesas se habían cumplido, todo estaba hecho. Mi viaje, que pensé me había traído a este momento, cambió mi alma; mi verdadero viaje recién comenzaba. Los días y los años de mi infancia espiritual habían terminado y estaba preparado. El martillo refinador de la forja había caído sobre mí hasta que todas las impurezas y la escoria finalmente desaparecieron.

No pude contener mis lágrimas, de alivio y asombro, porque estaba ahí, sentado con ropa llena de barro, en un edificio dañado, con luces que parpadeaban, en un mundo devastado, sin sombra de una sociedad organizada.

Sin embargo, por fin había llegado al principio del camino que había estado tanto tiempo en mi corazón, pero también mucho más allá de mi capacidad de reclamarlo. Ahora, en este momento inesperado, sentado ante seres resucitados de dispensaciones anteriores, finalmente había llegado al principio de mi misión de los últimos días.

José hizo una larga pausa, hasta que hubo un silencio absoluto. Él parecía estar luchando con sus emociones, y no dejaba de mirar a su derecha. Finalmente extendió su mano hacia la persona sentada a la derecha de la nueva Primera Presidencia y aclaró su garganta.

Yo no tenía idea de quién era esa persona. Iba vestido con traje sastre negro simple, con camisa blanca y corbata roja, que podría haber comprado el día anterior a la inundación en una tienda de ropa JCPenney. Su ropa estaba arrugada y con manchas de barro, como cualquiera de nosotros los presentes. Supuse que era uno de los antiguos líderes de alguna dispensación. Sabía que era un ser resucitado, y también sabía, por su apariencia desaliñada, que había estado ayudando en las labores de rescate y reconstrucción.

El Hijo de Dios

José dijo con una voz temblorosa por la emoción: "Es para mí un gran privilegio presentarles a Jesucristo, el Hijo de Dios".

El hombre que indicó se puso de pie y comenzó a iluminarse en gloria. Su semblante irradiaba luz, como también cada parte de su persona. Su ropa se volvió blanca, pues su gloria dominaba todos los colores que había cerca de Él.

Había estado sentado allí durante toda la reunión, habían pasado muchas horas y yo no lo había reconocido. Había visto Su rostro y me había abrazado varias veces, pero no lo reconocí hasta que José dijo Su nombre. Entonces fue como si un velo se me hubiera levantado, y lo reconocí al instante, casi salto de mi asiento para correr hacia él, pero no lo hice. Sólo respiré con dificultad por el asombro, igual que todos los presentes.

No caminó hacia el púlpito, sino que simplemente se quedó allí, como si todo ojo estuviera paralizado por su presencia. Se convirtió en el centro del universo, y el pararse en el púlpito no habría cambiado eso. La luz procedente de Él creció en intensidad hasta que se iluminó todo el Centro de Conferencias. Era tan brillante que toda sombra desapareció.

Me di cuenta más tarde de que lo que había sucedido durante ese largo momento, cuando vimos Su gloria aumentar; no era que Él estuviera cambiado, sino que nosotros estábamos siendo cambiados.

Estábamos siendo transfigurados por el Espíritu Santo para poder verlo en Su gloria sin ser consumidos.

Toda preocupación se había ido de mi corazón y había sido reemplazada por la esperanza, la alegría, la caridad, el amor, la certeza y por el conocimiento perfecto. Finalmente, supe que había concluido mis experiencias en mi cuerpo mortal.

Pensé en los de mi familia que habían muerto en el terremoto, y sentí una paz total y completa. Sabía que eran felices y que estaban comprometidos en esta misma obra. Sabía exactamente qué tenía que hacer para fortalecer y ayudar a los miembros de mi familia que habían sobrevivido.

Cuando Cristo se levantó y se transfiguró en Su gloria completa, toda la experiencia de estar en esa sala, en la presencia del Cristo transfigurado, comenzó a cambiarnos. Sabíamos que estábamos siendo transfigurados, y que algunos de nosotros estábamos siendo trasladados.

Yo tenía un vivo recuerdo en mi mente de una experiencia sagrada que todavía no he relatado, en la que el Salvador me había prometido que si seguía siendo verídico y fiel en mi presente llamamiento, llegaría el tiempo en que yo sería cambiado igual que los antiguos habitantes de la Sión de Enoc, en un ser y un cuerpo que no podía morir.

Cuando nuestro Salvador habló, la primera palabra que salió de sus labios fue: ¡mi nombre! Estaba extremadamente sorprendido, hasta que me di cuenta también que todas las personas presentes habían oído su nombre. Mientras hablaba, pude escuchar y comprender plenamente las palabras que me estaba diciendo, pero al mismo tiempo estaba teniendo una visión de Su descripción de mi futura misión. Vi toda mi vida desde ese momento en adelante, todo lo que yo haría, los lugares en donde estaría, a cada persona a la que iba a ministrar y cómo sería todo. Más tarde hablé con todos los que pude, que habían estado en ese glorioso acontecimiento, probablemente varios cientos de personas, y todos con los que hablé comentaron que habían oído su propio nombre, y que habían tenido una visión de su propia vida.

Mi primer sentimiento fue que todo lo que había visto durante muchos años, mis muchas excursiones más allá de la muerte, las muchas visiones y las cosas que yo había visto habían sido ciertas. Siempre había creído que eran verdad, pero que quizás eran tal vez más una metáfora que una visión de los acontecimientos futuros. Siempre había sido fiel a ese conocimiento, pero ahora que se me habían mostrado acontecimientos, que de cierto me iban a suceder, lo sabía ahora sin ninguna duda, y me regocijé en ello. Las visiones que había visto años antes eran para guiarme hasta ese momento. Las visiones que había visto en ese momento completaron mi educación y me dieron todas las piezas que me faltaban.

Como he dicho muchas veces, no podía entender muchas cosas que había visto antes, pero ahora lo entendía todo con una dulce claridad.

Esa visión se cerró y Jesucristo hizo una pausa. En tiempo real, creo que habrían pasado sólo unos minutos desde que se puso de pie, pero las visiones que tuve abarcaron muchos años.

Jesucristo entonces nos dijo que había estado con el Padre y que le había informado de la obra que la familia de Adán había logrado. El Padre había aceptado la obra. Luego se volvió lentamente de izquierda a derecha, bendiciendo en silencio a todos en la congregación. Él habló al corazón de cada individuo al mismo tiempo. Sus palabras penetraron cada corazón y mente por completo de una manera íntima y personal. Yo sabía, y todos sabían igualmente, que Él nos estaba hablando de manera muy personal.

Estar en el Centro de Conferencias para ver el cumplimiento de todo lo que siempre habíamos esperado, creído y deseado ahora se había cumplido; nuestra esperanza se convirtió en realidad y nuestra fe se confirmó. Nuestro conocimiento de todo lo que los profetas nos habían dicho durante generaciones, alcanzó su plenitud. Era contundente, definidor y al mismo tiempo nos empoderaba.

Vimos al tan esperado Salvador ante nosotros hablándonos palabras que sólo habíamos leído antes. Sus palabras hicieron huella en nosotros, y penetraron en lo más profundo de nuestros corazones y mentes. Sin embargo, ahora que sabíamos con mayor certeza que todo lo que Él había hablado sobre estos días y tiempos, todo lo que había dicho a Sus profetas durante milenios, iba a llevarse a cabo y sería cumplido en el curso de nuestra vida, ante nuestros propios ojos. Él era nuestra única realidad. ¡Nosotros lo vimos! ¡Lo escuchamos! ¡Tuvimos las visiones y derramamos lágrimas! ¡Lo Sabíamos! Estábamos unidos en los lazos más profundos de Su amor, para nunca más estar separados de Él.

Al finalizar la reunión, cantamos "Yo sé que vive mi Señor". Las palabras eran ahora profundamente personales, e inmediatamente fuimos llenos de ellas.

Yo sé que vive mi Señor;
consuelo es poder saber,
que vive aunque muerto fue
y siempre Su amor tendré.
El vive para bendecir,
y ante Dios por mí pedir.
El vive para sustentar
y a mi alma alentar.

El vive para sostener
y con Su mano proteger.
El vive para escuchar
y oídos a mis quejas dar.
El vive para alentar
y mis angustias sosegar.
El vive para ayudar
y a mi alma consolar.

El vive, mi amigo fiel;
me ama para siempre El.
El vive y siempre cantaré:
El vive, mi Señor y Rey.
Por El la vida yo tendré;
la muerte yo conquistaré.

Mi gran mansión preparará,
y viviré con El allá.

El vive, y yo lo honraré.
A Cristo siempre alabaré.
Gozoso, canto con fervor:
Yo sé que vive mi Señor.
El vive, y yo lo honraré.
A Cristo siempre alabaré.
Gozoso, canto con fervor:
Yo sé que vive mi Señor.

(Texto Samuel Medley, 1738-1799. Se incluyó en el primer himnario SUD, 1835).

Mientras cantábamos con Él, las lágrimas rodaban por nuestras mejillas. Él se regocijaba con nosotros en que Su misión como nuestro Salvador estaba en este momento sublime de finalizar.

Durante los siguientes años, aquellos que tuvieron el privilegio de estar en esa inolvidable reunión de los santos, hablaron de haber visto a Cristo, haber cantado con Él, trabajado hombro a hombro con Él sin saber quién realmente era. Hablamos haber sentido arder nuestros corazones dentro de nosotros al verlo descender para bendecirnos y sanarnos durante ese tiempo de gran necesidad, en esta gloriosa dispensación del cumplimiento de los tiempos.

¡Cambiado!

La bendición que nos confirió a cada uno de nosotros consistió en la capacidad y la fuerza para completar esa nueva etapa de nuestra vida con honor y rectitud. Las poderosas promesas volvieron a mí mente, tanto las que había visto en las visiones al pasar de los años como las que había recibido en el templo. Esas y mil otras realizaciones y verdades penetraron mi alma. Sabía que estaba siendo cambiado, en ese entonces y allí mismo, en cumplimiento de esas promesas. Desde la emoción y la atención absorta de la gran reunión que tendría lugar allí; el poderoso silencio, la reverencia y la comprensión de que estábamos escuchando al Cristo mismo hablándonos y bendiciéndonos de manera personal. Sabía que todos estábamos experimentando lo mismo. Nos estaban empoderando para completar nuestras misiones, pero creo que sólo un pequeño porcentaje de los que estaban reunidos estaban experimentando ese cambio adicional de ser trasladados.

Llegué a esta conclusión en una visión posterior sobre Sión que después relataré. Pienso que todos los Doce fueron igualmente cambiados en su estado corporal, porque a partir de entonces hacían cosas maravillosas que ningún mortal podría haber hecho sin haber sido cambiado. A modo de ejemplo, después de este evento viajé por más de un año para llegar a nuestro próximo destino, y cuando llegamos, los miembros de los Doce Apóstoles estaban allí delante de nosotros. Fuimos los primeros en llegar y no había de ninguna forma carreteras, trenes o aviones. Ellos simplemente iban y venían por medio del poder de Dios. Por esa razón creo que ellos también fueron cambiados.

Todavía me tomaría años para conocer la amplitud y el completo poder de ese cambio, así como la forma de bendecir a los demás por lo que había recibido, pero se realizó un cambio completo en mí en ese momento. Mi aprendizaje en cómo usarlo, apenas comenzaba.

Capítulo Ocho

EL VIAJE COMIENZA

Preparando a nuestro grupo

Preparamos nuestra compañía a principios de la siguiente primavera, hicimos los preparativos para hacer las asignaciones que habíamos recibido en esa última gran conferencia. Habíamos visto quien estaría en nuestra compañía, en donde nos reuniríamos, a donde iríamos y los detalles generales de lo que haríamos en el camino. No sabíamos cómo íbamos a hacer todo eso, pero sabíamos, sin lugar a duda, que Dios permitiría y dirigiría nuestro éxito, porque lo habíamos visto anteriormente. Durante el invierno todos fuimos apartados por las Autoridades de la Iglesia para cumplir con esas grandes asignaciones de Cristo en los últimos días, todo ocurriría bajo la dirección de la Iglesia. Aunque lo habíamos visto todo, aún teníamos que ser llamados y autorizados para administrar en el nombre de Cristo.

Me reuní con aquellos que fueron llamados para estar en mi compañía, nos reconocimos los unos a los otros, y estábamos animados para finalmente reunirnos y recolectar lo necesario para el viaje. Yo fui asignado a un grupo de 150 santos de hombres y mujeres, sin contar a muchos adolecentes, jóvenes, niños e infantes. Fuimos asignados a la parte norte de Cardston, Canadá, para reunirnos en un lugar cercano al templo de ahí.

Nuestro líder era un hombre local a quien el Señor había designado en una visión que tuvo él, y a quien la Iglesia había llamado y designado para este viaje. De acuerdo a la organización que se nos mostró, él llamó a dos consejeros y luego a un consejo de doce, y a otros para liderar, entre ellos hombres y mujeres.

Nosotros llamábamos a esas doce personas como "El Consejo", cada uno de ellas tenía responsabilidades específicas que no cambiaron. Por inspiración, algunos de ellos llamaron a consejeros adicionales, consistiendo de tres a siete hombres y mujeres. Algunos adolecentes servían en esos consejos también. Esas personas servían como consejeros de uno de los doce, y como obreros y organizadores de las varias tareas.

No fui llamado para estar en el consejo. Para ese momento ya era un hombre muy viejo, fui llamado para ser un consejero espiritual para toda la compañía, como un patriarca, o tal vez un obispo, pero no tenía título ni autoridad. En esa capacidad pasaba la mayoría de mi tiempo en reuniones del consejo y asesorando a personas. Estaba en una posición en la que sólo daba mi opinión referente a algún asunto cuando era sido inspirado por el Espíritu Santo y se me había pedido mi opinión. De otra manera, no participaba en las discusiones.

Nuestra compañía operaba por común acuerdo. Nuestros líderes consideraban algún problema o necesidad y lo discutían hasta llegar a un consenso. Luego, ellos oraban hasta saber la voluntad del Señor. Yo esperaba a que me preguntaran antes de dar mi opinión. Les respondía de acuerdo a lo que el Espíritu Santo me inspiraba o no les daba mi opinión. Después de ese proceso, los líderes presentaban la decisión al grupo entero y se pedía su sostenimiento. Después, el consejo y sus comités iban a trabajar y a completar sus tareas.

Al principio, estas decisiones eran prolongadas y a veces desafiantes. En algunos casos era difícil alinear nuestro pensamiento terrenal con la voluntad del Señor, y teníamos que desechar nuestra idea y comenzar de nuevo. Al ganar más experiencia en este proceso, todo se volvía cada vez más eficiente. Aprendimos a escuchar con más atención la voz de revelación mientras preparábamos nuestro plan, y así el proceso de confirmación había sido completado. Nos sentimos inspirados más prontamente, y las personas recibían la misma inspiración mientras ellos apoyaban el plan, y entonces eran inspirados en la ejecución de la obra.

Me di cuenta al inicio de nuestro viaje que yo era una de las dos personas en nuestra compañía que había sido trasladada, y era una de las veinte que habíamos estado en esa grandiosa conferencia en donde vimos y escuchamos a Jesucristo, además de haber visto nuestra misión en una visión. Me di cuenta de que yo tenía una vision mucho más clara de lo que necesitábamos hacer; también tenía un oído y corazón más sensibles para la palabra del Señor. Ese proceso, ese viaje, todo ese arreglo de consejos y sostenimiento estaba diseñado para refinarnos y edificarnos, y para ayudarnos a conocer nuestro deber sin necesidad de discutir o diseñar estrategias y planes.

Por ahora, mientras comenzábamos, ese era un plan inspirado, y todos tomamos nuestros puestos, ansiosos de comenzar.

Otras compañías

Había cerca de cincuenta compañías formándose en varias partes de la ciudad. Algunas eran dirigidas hacia a México, otras a California, y casi a cada punto cardinal. Casi un año después de la formación de estas compañias, otros grupos habían sido enviados a otros continentes, pero por el momento no había transporte comercial, estuvimos relegados a lo que restaba de nuestro mundo.

Cada compañía tenía la misma tarea: encontrar a aquellos a quienes Dios nos había mostrado, ayudarlos en sus necesidades, enseñarles, fortalecerlos y prepararlos para sus responsabilidades de los últimos días. En la mayoría de los casos, esas asignaciones consistían en construir en su propia localidad ciudades como la de Sión, no hacer un viaje largo y difícil a la Nueva Jerusalén. Tomó muchos años y esfuerzo enseñar y testificar ante la población en general de la Iglesia para internalizar esta verdad. Fue bastante comprensible que todos quisieran estar entre los "santos", entre quienes irían marchando al final hasta Sión, como yo lo hacía.

Nuestra compañía reunió todo aquello que ellos sintieron la impresión de llevar: ropa, cobijas, alimentos y suministros médicos. Algunas personas trajeron armas militares y municiones, las cuales nuestros líderes elegidos prefirieron dejar atrás.

Nuestro gran camión

Dos de nuestros hermanos llegaron con un enorme vehículo militar, y con muchos bidones de combustible en la parte trasera. Era uno de los grandes vehículos que las tropas extranjeras habían traído con ellos. Tenía una cabina lo suficientemente grande para llevar a cuatro soldados con todo su equipo, o a seis personas con ropa andrajosa. Tenía una cama larga y plana, de cerca de 7.6 metros, con una cubierta de tela que podría ser colocada sobre los aros de acero, lo cual la hacía lucir como un gigantesco vagón cubierto. Tenía cuatro ejes y grandes llantas de alta flotación. Los dos ejes frontales giraban y los dos traseros estaban fijos. El volante estaba al lado derecho de la cabina.

Creo que fue hecho en Asia, más no recuerdo que el camión tuviera alguna insignia.

Una característica interesante del camión, es que tenía un gran panel solar en el techo de la cabina. El panel solar podía recargar la batería, o la batería de cualquier otro vehículo. También tenía un convertidor que producía un voltaje normal, el cual usábamos para cocinar, iluminar el campamento o cualquier aparato eléctrico. Cuando el camión estaba en movimiento, tenía un gran generador para producir electricidad por la noche, pero preferimos no usarlo tanto, para ahorrar combustible.

Para cuando alcanzamos nuestra misión en Sión, este camión nos había servido mucho y salvado muchas vidas. Era realmente un vehículo de supervivencia, había sido construido para lidiar con lo que fuera. El camión estaba hecho de algún tipo de fibra de carbón, lo cual lo hacía liviano y más fuerte que el acero normal. Las llantas fueron diseñadas para que siempre estuvieran en contacto con el suelo, aún cuando se cruzara un obstáculo alto, rocas o un árbol caído. El camión era flexible y parecía torcerse cuando pasaba obstáculos, pero la cama siempre se mantenía plana y nivelada.

Nuestros líderes decidieron tomarlo en gran parte porque vino con su propio combustible, y porque tenía la capacidad de cargar casi todas nuestras provisiones. Ni siquiera preguntamos cómo lo habían adquirido, solo lo aceptamos como un regalo de Dios. Al avanzar en nuestro viaje, tuvo un lugar de destacado en nuestro trayecto y en nuestro éxito. Al mirar hacia atrás, todo lo que pasó en nuestro viaje, vi que ese fue el único vehículo que no se atascó ni una vez, y el único que no se descompuso. Nos dimos cuenta de que el camión podía funcionar con cualquier combustible, desde petróleo crudo, aceites vegetales, grasa para cocinar y hasta vodka, aunque no encontramos mucho de esto último. Hicimos uso de esa ventaja. Era uno de los pocos vehículos que había salido de Salt Lake y que había llegado a Canadá y a gran parte del camino hacia Misuri. Todos los demás, o se averiaron o fueron desechados para ahorrar combustible a lo largo del camino.

También descubrimos que había una planta purificadora de agua construida dentro del camión. Podíamos verter agua sucia de un charco e incluso anticongelante de un automóvil en ella y producía agua fresca. Era una gran bendición para nuestro viaje.

Recuerdo cuando descubrimos esa característica. El sistema estaba cerca del motor, y no era tan aparente, porque las instrucciones no estaban en inglés, no estábamos seguros qué eran o para qué servían.

Vi a uno de los hermanos verter agua sucia en un embudo cuadrado. Me quedé mirando de pie, dudando si realmente era un purificador de agua o si habría agua limpia como resultado. Casi veinte minutos después, la más pura y fresca agua empezó a fluir en un contenedor de plástico en la parte de abajo del camión. El agua más sucia era drenada al suelo. Recuerdo haberlo probado y quedar maravillado. Nunca he sido bueno con las cosas mecánicas, y eso me parecía un milagro. No fue hasta que empecé a trabajar en este libro que supe que existía esa clase de filtros. Era como un niño viendo algo que parecía milagroso, pero que otros de nuestra compañía ya entendían.

También teníamos un buen número de vehículos con tracción en las quatro ruedas (ATV), para todo tipo de terreno, del tipo en el que cabían de dos a cuatro personas. Muchos de esos vehículos tiraban de los remolques. Dejamos atrás los vehículos ATV todo terreno más pequeños. Había algunas camionetas 4x4 que tiraban grandes remolques para caballos, así podíamos movilizar a los animales rápidamente si era necesario. En otras ocasiones, los remolques para caballos servían como protección para la lluvia y tormentas. Salimos con una docena de caballos y un gran número de perros y cabras. No trajimos vacas, pollos y otros animales de granja, porque el Espíritu nos indicó dejarlos atrás.

Trajimos una gran cantidad de comida y otras cosas raras, como implementos agrícolas, piezas de repuesto y otros objetos que el Espíritu nos inspiró que lleváramos. Todas esas cosas desarollaron nuesta capacidad de trueque y comercio por el camino; todo era para nuestro aprendizaje, para enseñarnos a confiar totalmente y solamente en Cristo. Fue una dura lección el aprender por qué teníamos que seguir reaprendiéndolo en niveles cada vez más elevados.

Dejamos Salt Lake City en marzo, una hermosa mañana de primavera. Las Flores apenas comenzaban a abrirse. Era más cálido de lo esperado, y el césped era verde por doquier. La primavera había sido bastante lluviosa, y el mundo de las plantas parecía explotar con flores y vegetación.

Salimos por la autopista l-15 hacia el norte. Nos movíamos a un ritmo más lento porque la mayoría de nuestra compañía iba caminando. No teníamos prisa. Antes de partir esa mañana, nos reunimos en consejo, y después de analizar las cosas y orar, acordamos nuestra ruta y distancia de viaje. No solo íbamos a Cardston, sino que nos dirigíamos al campamento del Señor, y estábamos contentos de ir a donde quiera que el Señor nos enviara sin importar qué tan lejos estuviera.

Pronto nos dimos cuenta que el gran camión y las camionetas no podrían viajar a una velocidad baja de forma económica. Los enviamos al frente y cuidadosamente calculamos la mejor velocidad de ahorro, la cual usaron durante el resto de nuestro viaje. Nos reuníamos con ellos cada noche en donde el campamento ya estaba establecido. Yo iba a pie, como los demás, y con frecuencia ayudaba a cargar los niños o cualquier cosa que la gente necesitara. Estábamos llenos de esperanza, y como nuestra canción pionera dice, "con gozo anduvimos nuestro camino".

A menudo dejamos la carretera utilizando las vías alternas, porque el terremoto había destruido grandes tramos de la autopista o había abierto hoyos en ella. A veces, en nuestro viaje a pie nos topábamos con las camionetas que estaban tratando de resolver como pasar algún obstáculo. Muchos de esos obstáculos eran naturales, pero también había barricadas hechas y defendidas por personas, así como otras caravanas por el camino.

La primera parte del camino fue sin preocupaciones, excepto que el Señor nos había enviado alrededor de un área afectada por un arma nuclear. Esa explosión no ocurrió a causa de ataques aéreos, sino por el sabotaje de un arma nuclear almacenada bajo tierra en ese lugar. Creo que la mayoría de las explosiones nucleares a través del país fueron resultado de algún sabotaje, en vez de un ataque de misiles. Unos días después de haber cruzado Idaho, dejamos todas las autopistas y nos fuimos a campo traviesa. Idaho había sido impactado por varias armas atómicas, todas en instalaciones militares, probablemente debido al sabotaje. Estuvimos completamente receptivos a la voz del Señor y fuimos conducidos alrededor de esas áreas.

Aprendimos por experiencia que en las autopistas y carreteras era en donde la mayoría de nuestros problemas se presentaban. Si había bandas armadas asaltando las caravanas y robándolas, era en las carreteras. Si había algún daño imposible de atravesar, era en las carreteras. Nuestro gran camión era perfecto para ir a campo traviesa. Podía rodar sobre cualquier cosa, incluyendo cercas, dejando atrás anchas sendas para los vehículos pequeños y para los que cruzaban a pie. Mientras más avanzábamos, más valorábamos al gran camión.

Nosotros no íbamos en una ruta directa a Canadá. Cada mañana el consejo se reunía y planeaba el día por medio de la oración. Algunos días recibíamos el nombre de una familia, una persona o a veces un barrio o ciudad para ministrar. A veces era solo la impresión de ir hacia una granja o una ciudad. Podíamos determinar por el Espíritu cuántos debían ir con nosotros, y ellos salían por la mañana, llevando lo que fuera que el Espíritu les mandara. A veces tomábamos artículos que la gente que encontrábamos necesitaba desesperadamente; y entonces podíamos intercambiarlo por más combustible o carne y vegetales frescos.

A veces nuestros mecánicos lo intercambiaban por repuestos de vehículos. Otras veces tocábamos las puertas de una granja y la gente ahí ya había sido advertida por el Señor, igual que Lehi, y estaba preparada para irse. Nosotros llegábamos justo en el momento en que ellos iban caminando fuera de sus casas. Toda cosa imaginable pasaba mientras viajábamos, y aprendimos a nunca temer porque el Señor siempre estaba presente en nuestro viaje.

Dones del Espíritu

El poder del sacerdocio se manifestaba frecuentemente por medio de sanaciones y otros milagros. No todos tenían los mismos dones. Notamos que algunos tenían gran fe para curar y otros para profetizar. Incluso los niños y adolecentes tenían dones; nosotros recibíamos con manos abiertas todo lo que viniera de Dios. Habían algunos entre nosotros que tenían una habilidad que nunca habíamos visto antes, la cual era de hablar y enseñar con tanto poder que hasta nuestros enemigos eran apaciguados y sus corazones enternecidos hacia nosotros. Ese don de convencer no vino por una oratoria poderosa, o por un largo y elocuente discurso, sus palabras sólo eran suavemente pronunciadas, la mayoría sin elocuencia, pero lo que decían no podía ser refutado cuando ese don se manifestaba. Descubrimos que era era un don poderoso y reservado para aquellos momentos en que el Señor permitiría su uso, que era usualmente cuando estábamos atrapados y no teníamos otra forma de continuar nuestro viaje.

Mis dones crecían junto con los de la mayoría en el grupo. Muchos de nosotros desarrollamos la habilidad de leer los corazones de las personas. Frecuentemente nos encontrábamos con otras caravanas o pequeños grupos de gente viajando en todas direcciones. Ellos se acercaban con mucha cautela a causa de nuestro camión militar. Frecuentemente yo estaba en el grupo que se encontraba con esos viajeros; nos dimos cuenta que al acercarnos a ellos éramos capaces de ver sus intenciones y necesidades; también sabíamos cómo responder cuándo nos mentían.

Cuando íbamos a negociar con ellos, a menudo el Espíritu nos indicaba qué llevar con nosotros para poder hacer un trueque o vender. Como aún nos encontrábamos en Idaho, frecuentemente eran buenos santos los que encontrábamos tratando de llegar a Salt Lake City o algún otro lugar. Comúnmente iban a reunirse con sus familias en otras partes del país, e incluso tratando de viajar hasta Misuri.

Los alimentábamos y compartíamos provisiones con ellos, y a veces los invitábamos a unirse a nosotros. En algunas ocasiones les animábamos a que regresaran a sus hogares y construyeran Sión en su lugar de origen. Raramente siguieron nuestro consejo y no sé lo que pasó con ellos. Pero con frecuencia esos encuentros casuales no eran sobre las personas que se nos había indicado reunir. Nosotros habíamos sido enviados a aquellos que se pudieran unir a nosotros. Íbamos a sus casas, ciudades y granjas bajo la guía de Dios. Así íbamos a ellos.

Edifica Sión en donde te encuentres

Cuando entrábamos por primera vez a una ciudad, nos dirigíamos con los líderes de la Iglesia local. A menudo los líderes nos pedían que habláramos con su gente para transmitirles la palabra. Nos reuníamos con esas personas fuera de la ciudad; hacíamos una gran fogata y teníamos una verdadera "charla fogonera". Les contábamos todo lo que había pasado desde el terremoto en Salt Lake City y cómo el Señor hacía avanzar la obra de los últimos días. Todos sentían curiosidad acerca de lo que había pasado en Salt Lake City, los rumores habían circulado tanto de cosas horribles como gloriosas. Nos complacía poder actualizar su perspectiva de la obra de los últimos días y, por lo tanto, les dábamos una correcta visión de la gran fuerza del desenvolvimiento del reino en los últimos días.

Si el Espíritu lo aprobaba, les decíamos quiénes éramos y cuál era nuestra misión. El convincente poder de Dios conmovía a algunos de ellos para unírsenos, entonces les dábamos la bienvenida. Aún así, con frecuencia les decíamos que siguieran edificando Sión en donde estaban y que se prepararan espiritualmente para recibir al Señor cuando Él viniera.

No me gustaría dar la impresión de que los que fueran dignos estaban uniéndose a nuestra compañía. Ese no era el caso, nosotros habíamos sido autorizados por la Primera Presidencia a fin de representar la Iglesia a donde quiera que llegáramos, y con frecuencia el Espíritu nos hacía aconsejarlos a que se quedaran en donde estaban.

La mayoría de los líderes locales que conocimos entendieron que tenían que quedarse en donde estaban y santificar la tierra en donde se encontraban. Su lugar de recogimiento estaba por ahí, o en algún lugar cercano. Generalmente encontramos que los santos eran buenos espíritus con muchas esperanzas, y muy seguido, pero no siempre, poseían la plenitud del sacerdocio, como la que obtuvimos.

Si todavía no estaban a la altura, los aconsejábamos y amonestábamos para que se arrepintieran y vivieran de acuerdo con su potencial. Casi sin excepción recibían nuestras palabras con humildad y gratitud, y así comenzó su camino espiritual sin temor hacia Sión.

Los miembros de la Iglesia del Señor no presentaban una escena de personas hambrientas atrapadas en sótanos sin esperanza. Aquellos que sobrevivieron fueron escogidos para estos tiempos antes de que el mundo fuera creado, y se levantaron con gran fe y voluntad para hacer la obra del Señor. Ellos no estaban perdidos, se sentían como en su casa. Algunas veces todo lo que teníamos que hacer era decirles eso por medio del convincente poder del Espíritu.

También había reuniones de personas que no pertenecían a la Iglesia y que estaban llenos del Espíritu realizando la obra del Señor, incrementando su fe y viviendo sin temor. Algunas veces éramos conducidos hacia ellas. Cuando estábamos con ellas, las bendecíamos, las fortalecíamos y las dejábamos en las manos de Dios para que continuaran la obra que estaban haciendo. Nosotros sin duda esperábamos verlos algún día en Sión, pero primero teníamos que hacer nuestro propio camino hacia ahí y construirla, ese era el centro de atención de nuestras mentes y corazones.

Mientras estábamos entre los santos, siempre comerciábamos con ellos. Ocasionalmente teníamos lo que necesitaban y ellos tenían cosas que nosotros necesitábamos. Una cosa que siempre regateábamos era el combustible, siempre había gente dispuesta a negociar, ya que no puedes comer combustible, y además no había caminos por los cuales transitar. Notamos que podíamos usar aceite industrial usado, y aceite para freír usado, por casi nada de costo, de todas maneras nuestro gran camión podía quemarlo todo. Solo que exhalaba un olor a papas fritas. Siempre continuábamos nuestro viaje con lo necesario para cubrir nuestras necesidades. No recuerdo haber intercambiado dinero, oro o plata. Estas cosas no tenían valor. Lo que más importaba era la comida y las necesidades básicas.

Durante esa etapa de nuestro viaje, no recuerdo haber visto un milagro de proveer pan, pescado o combustible. Sabíamos que el Señor esperaba que nosotros proveyéramos para nuestras necesidades, y que nos permitiría obtener lo que necesitáramos. Desarrollamos una fe absoluta en este proceso. Mucho después aprendimos que esa era una ley menor, y que estábamos siendo conducidos a una fe mayor que nos permitiría depender totalmente de Él. Aprendimos eso en gran manera al continuar con nuestro viaje a Sión. Fuimos enseñados en todas las maneras posibles, hasta llegar a una verdad perfecta y poderosa, hasta que simplemente no tuviéramos nada más que a Él, y eso era suficiente.

Cambios en la Tierra

La tierra había cambiado de forma dramática. El paisaje había cambiado. Las montañas se habían aplanado. Los valles se habían levantado. Los ríos cambiaron su curso para formar nuevos lagos. Los caminos que fueron usados para llegar a la ciudad ahora conducían al cañón o a un lago. La mayoría de esos caminos ya no eran transitables, por esa razón la mayoría de los autos y camionetas fueron abandonados. Los caballos se convirtieron en el mejor medio de transporte. En las áreas devastadas, si tenías un caballo, un techo acogedor y algo que comer, eras rico.

Pero también había áreas en el campo que estaban impecables. Había ciudades y comunidades en lugares recónditos que no fueron devastadas, y donde los servicios básicos se habían reestablecido. A veces nos invitaban a los hogares para darnos hospedaje, otras veces a los centros de estaca para tomar una ducha o comer. Las ciudades más pequeñas tenían éxito más rápidamente restableciendo la ley y el orden que las ciudades más grandes. Llegaron al punto de resguardar sus fronteras día y noche para asegurar la paz. Tuvimos pocos problemas en convencer a los guardias para dejarnos entrar. Nos dieron la bienvenida y los bendijimos, les enseñamos, compartimos noticias y alimentos con ellos, después los dejamos sin dudar en el cuidado del Señor.

Me pareció interesante que muchos de los puentes estaban intactos. Los caminos que nos llevaban a ellos estaban destrozados, pero muchos otros sobrevivieron de alguna manera. Pasamos cerca del 40 por ciento de nuestro tiempo en carreteras viejas y el resto atravesando el campo. El campo era más fácil de cruzar y con menos interferencia humana.

Nuestra costumbre era acampar a las afueras de una ciudad o pueblo, y enviar pequeños grupos desarmados a la ciudad para hacer trueques o reunir gente. Procedíamos con mucha cautela, y primero buscábamos obtener la confirmación del Señor para guiarnos. Las ciudades grandes eran las más peligrosas para acercarse o entrar, sin embargo, nuestros grupos siempre regresaban con lo que necesitábamos.

En ocasiones contaban historias de que el Señor los había preservado y proveído para el objetivo de su misión. También regresaban con historias de sanaciones milagrosas y otras bendiciones que habían dejado a las personas que habían sido amables y receptivas con ellos.

Cuando los puentes desaparecieron, teníamos que desviarnos lejos a un lugar en donde las pendientes no fueran muy pronunciadas. De ahí podíamos descender al valle, rodeando un río, y luego caminar con dificultad hasta la cima. Había ocasiones que algunos de nuestros vehículos se atascaban o se hundían en los ríos. A veces los sacábamos jalándolos con el gran camión; otras veces los dejábamos ahí. Si un vehículo quedaba varado, nuestros mecánicos lo reparaban con las partes que teníamos, o simplemente lo abandonábamos.

Pasamos muchos vehículos abandonados, había poco combustible y cerca de la mitad de la población de antes; varios vehículos que eran perfectamente reparables solo se quedaron ahí, porque no hubo más combustible. Según el caso, dejábamos uno de nuestros vehículos dañados y nos quedábamos con los mejores que encontrábamos abandonados en las carreteras y campos.

Cuando nos acercábamos a ciudades grandes, ocasionalmente venían las tropas extranjeras. Nos deteníamos y los dejábamos aproximarse. Normalmente ya sabíamos antes de comenzar el viaje del día que nos encontraríamos con ellos. Teníamos un acto fingido para ellos. Actuábamos como si fuéramos personas errantes llevando poco o nada con nosotros, básicamente dirigiéndonos al norte sin un destino fijo. Nosotros no éramos una amenaza, y nos asegurábamos de que eso pareciera obvio. No era una parte difícil de actuar. Parecíamos una caravana de unos cuantos líderes fuertes, liderando a bebés llorando y mujeres cansadas, adolescentes quejándose y hombres viejos tropezando hacia un nuevo e indeterminado hogar. De hecho, el pequeño punto donde los engañábamos era que sabíamos perfectamente hacia dónde íbamos. El resto de lo que veían era cierto.

Lo extraño era que nunca nos preguntaron de donde habíamos obtenido ese gran camión. En ocasiones lo revisaban, pero nunca lo reconocieron como uno de los suyos. Parecía casi invisible para ellos. Las tropas extranjeras verificaban nuestra identidad y buscaban armas de uso militar, eran rudos y autoritarios, pero no hostiles. No les importaba a donde íbamos mientras nosotros no rompiéramos sus nuevas leyes.

Teníamos unos cuantos rifles de caza, pero nunca los escondimos. Las tropas no se interesaban por ese tipo de armas.

Debo mencionar que nunca disparamos esas armas contra la gente. Si nos aproximábamos a un grupo hostil, a veces las mostrábamos como señal de fortaleza y nos dejaban en paz. Pero no recuerdo haberlas disparado, excepto cuando algún individuo lo hacía para obtener comida. Con el tiempo, cesamos de cazar animales para comer, ya que eso parecía ya no ser necesario.

Fuimos hacia arriba a través de Idaho a manera de zigzag, siguiendo la voz del Espíritu, reuniendo a aquellos que nos fueron mostrados. Nuestro grupo crecía en tamaño, con más bocas que alimentar. Pero nuestro mayor esfuerzo era en enseñar a aquellos que se unían a nosotros. Esas personas pronto captaron el espíritu de nuestro campamento y se convirtieron en una importante ayuda para nuestra compañía. Todos tenían una asignación y todos trabajaban generosamente. Incluso los adolecentes y jóvenes trabajaban duro, a veces después de quejarse un poco, pero solo les sonreíamos, orando en silencio y después de eso se unían a las actividades gustosamente.

Las hojas en los árboles comenzaban a cambiar de color cuando entramos a Montana. Había muchas ciudades dañadas, más de las que habíamos visto en Idaho. No había ley alguna y existía el caos. Varias pandillas reclamaban regiones en las ciudades y las defendían, no permitiendo a la gente salir y entrar sin su permiso, sino hasta después de pagar una cuota. Los caminos dentro de la ciudad estaban fuertemente vigilados. Había economías de diferentes tipos ahí, y algunas de las necesidades básicas habían sido restauradas. Esas bandas o pandillas depredaban a la gente tomando parte de su comida a cambio de protección de otras pandillas.

Nosotros tuvimos mucha precaución para evitar conflictos con estas bandas, estábamos constantemente en guardia de aquellos que querían robarnos fingiendo amistad o necesidad. Usábamos el sacerdocio y dependíamos del Señor para dirigirnos de manera segura. Cada noche establecíamos vigilantes que se alternaban cada cuatro horas.

Cuando determinábamos por medio de nuestros dones espirituales que la gente venía en paz, los alimentábamos y les compartíamos nuestros suministros básicos. Raramente les decíamos quienes éramos y a donde nos dirigíamos. Todos esos grupos tenían sus propios destinos y nos dejaban en cuestión de unos pocos días. Les dábamos lo que necesitaban y, si tenían fe, los sanábamos por medio del sacerdocio. Si encontrábamos un grupo de miembros de la Iglesia, y el espíritu nos dirigia a ellos, podíamos revelarles quienes éramos y a donde nos dirigíamos, y los invitábamos a unírsenos. Lo más frecuente era que ellos seguían su propio camino. Cada día cocinábamos en grandes cantidades y comíamos juntos. Era comida básica, sin nada extra, mayormente sin carne, pero nos sentíamos muy bien porque estábamos siendo transformados, aunque la mayoría de nuestro grupo no podía entender aún en lo que estábamos siendo cambiados.

Sión en Canadá

Nos tomó todo el verano y el otoño llegar a Cardston, Canadá. Recuerden que aunque estaba experimentando esto "sobre suelo", aún era una experiencia visionaria. En realidad no estaba allí. Mi cuerpo estaba tendido en mi cama esperando el regreso de mi espíritu. A mi espíritu se le estaban mostrando estas cosas en visión. Mi razón para recordarles esto, es que para mí el tiempo había sido comprimido. Al principio veía cada día y cada paso de nuestro viaje; conforme nos acercábamos a Canadá, solo veía los eventos y lugares más importantes. La visión comenzó a adelantarse en el tiempo, brincando periodos de tiempo. Esto me dejó sin una idea exacta de cuánto tiempo había pasado. El pasar del tiempo se volvió más confuso cuando finalmente llegamos a Sión, pero guardaré todos los detalles para el lugar apropiado en la historia.

Encontramos una gran congregación de miembros de la Iglesia en Cardston, no lejos del templo. Estimé que ya había unas 20,000 personas, y estaban llegando más diariamente. Se había levantado una pequeña ciudad, en un gran terreno de siembra, a una corta distancia del templo. Estaba todo organizado y ordenado. Había mucha gente local que nos esperaba, que se había preparado para recibirnos. El terreno en que nos asentamos todavía tenía algunos edificios dispersos, graneros, depósitos y casas en propiedad. Éstas se volvieron parte de la nueva ciudad, de las tiendas y lugares de reunión.

Ese asentamiento no estaba destinado para permanecer como un gran campamento en la ciudad, aunque al principio había muchas carpas, remolques, casas móviles y cualquier tipo de refugios imaginable. La Primera Presidencia estaba siguiendo un plan; que era construir casas permanentes y otras estructuras. Había grandes almacenes de comida y agua. Un río cristalino corría al este de nuestro campamento, y nos abastecía de agua. La ciudad estaba iluminada por electricidad, con luces en las calles, carpas y remolques. Sabía que la electricidad era producida en algún lugar del campamento, pero no recuerdo haber escuchado algún generador funcionando. No sabía de dónde provenía y no recuerdo haberla visto parpadear o fallar. Había hospitales, escuelas y restaurantes, entre otros servicios e instalaciones que se necesitaban.

Estábamos casi a un año después de que ese recogimiento comenzó, y las cosas eran más estables y ordenadas de lo que había sido en el inicio. La Iglesia se hizo cargo y la ciudad en tiendas de campaña evolucionó rápidamente a un lugar seguro y organizado, con las necesidades básicas restablecidas. Los hombres y mujeres estaban trabajando para construir una ciudad permanente ahí.

No había dinero, pero todos tenían cosas en común y eran felices. Las personas nos dieron la bienvenida sin recelos, ellos nos esperaban desde hacía algunos días. Fuimos los primeros en llegar, pero otros grupos que dejaron Salt Lake City al mismo tiempo, con otras asignaciones, comenzaron a llegar en los siguientes días. Salieron en cientos y llegaban en miles. Algunos habían llegado a través de California, Oregón y Washington, y tenían interesantes historias inspiradas de su viaje. Nosotros les dimos la bienvenida, como lo hizo Alma y los hijos de Mosíah. Los abrazamos y nos regocijamos, glorificando la obra que nuestro Dios había completado a través de sus manos.

El campamento estaba protegido por una cerca, pero no con una barricada o un fuerte como lo habíamos visto en Montana. Aquí había seguridad y paz, los guardias en la puerta no portaban armas. Si hubiese sido necesario defendernos, se hubiera hecho por intervención divina.

Yo estaba consciente de que había otros lugares de recogimiento como éste, en los Estados Unidos, Europa, Sudamérica y en donde quiera que las estacas de Sión se hubieran organizado antes de los terremotos. El poder de Dios se había infundido en la Iglesia, la cual se había elevado a su mayor capacidad alrededor del mundo. La Iglesia tenía un sistema de comunicación global posicionado y ellos nos lideraban con inspiración y consuelo, además nos mantenían informados acerca de los eventos mundiales.

Nos fue mostrado un lugar para acampar, y nos dieron alimentos y lugar para dormir. No nos quedamos como compañía, sino que nos dispersamos por toda la ciudad en varias asignaciones de acuerdo a nuestras capacidades y habilidades. Yo fui invitado a ir con nuestros "doce" para reportar a las Autoridades Generales de Cardston. Caminamos a una distancia moderada del templo, en donde los líderes tenían sus oficinas. Estábamos sorprendidos, aunque tal vez no debimos estarlo, cuando nos reunimos con dos miembros del quórum de los Doce Apóstoles en las oficinas de la Iglesia en Canadá. Lo que más nos asombró fue que ellos no habían viajado con ninguna de las compañías, y no había ningún transporte comercial o algún sistema de carretera que nos conectaran, pero ellos habían llegado meses antes que nosotros. ¿Cómo viajaron hasta aquí?, era desconocido para nosotros, pero no para ellos. Nunca nos explicaron cómo llegaron antes que nosotros, aunque años más tarde, cuando al fin llegamos a Sión, tales cosas eran comunes y no nos sorprendían en absoluto.

Nosotros informamos de nuestro viaje. Habíamos llevado un registro de todas las ciudades a la que ministramos, y de cada persona que había ido con nosotros, que se nos había unido y que había muerto en el camino, y los que finalmente llegaron con nosotros. Ellos nos agradecieron cálida y gentilmente, y como habíamos oído de Adam-ondi-Ahman, aceptaron nuestro informe y nos dijeron: "bien hecho".

Conferencia en Cardston

Hacia el final del otoño, llegaron las compañías que se esperaban. Las Autoridades Generales en Cardston anunciaron que disfrutaríamos otra conferencia ese octubre. Se seleccionó una gran porción de pendientes y pastizales para hacer la conferencia. Un estrado provisional fue erigido con luces y un sistema de sonido adecuado. Durante la conferencia muchos estarían de pie porque había pocas sillas. La gente traía sábanas para sentarse en la ladera o solo se quedaban de pie. Sentí que era un privilegio sublime el estar ahí, y no oí a nadie quejarse.

Cuando llegamos a Canadá, nos habíamos regocijado como compañía y como amigos reunidos, y ahora nos regocijábamos como ciudad. Imaginen que había 30.000 personas juntas en ese campamento, y el espíritu de unidad y alegría era poderoso. Había lamento por los muertos, las familias perdidas en los terremotos y los sacrificios en el trayecto a esta parte de Sión, pero en nuestras mentes estábamos enfocados en la alegría de esos momentos que habían sido anticipados por mucho tiempo, vistos en visiones y descritos en las Escrituras. Nuestros corazones se unieron, y éramos uno en pensamiento, "¡finalmente ha ocurrido! ¡Finalmente ha sucedido! ¡Sobrevivimos, sobrevivimos la purificación, el viaje y aquí estamos!".

Todos nos sentimos ansiosos de dejar Cardston y viajar a Misuri a construir Sión, ayudando para el milenio y encargados de recibir a Cristo cuando Él viniera. Mucha de la plática y especulación antes de la conferencia era con respecto a quien se iría primero y en cuánto tiempo. Muchos esperaban que este campamento en Cardston fuera temporal. Creo que todos esperaban caminar hacia la nueva Jerusalén.

La conferencia comenzó con un gran coro cantando los himnos de Sión.

El miembro más antiguo de los Doce que estaba en Cardston condujo la sesión. El primer discurso fue sobre enseñarnos que en realidad pocos de nosotros íbamos a ir a Misuri, y que este lugar se iba a convertir en una ciudad tan gloriosa y grande como centro de Sión. Eso causó algo de decepción cuando la gente se daba cuenta de que no iban a ser enviados a Sión. Aprendimos más tarde que algunos grupos iban a ser enviados a Asia, Europa y a otros lugares lejanos para reforzar a los miembros y construir Sión alrededor del mundo.

Aprendimos en esta conferencia que existía un grupo que había llegado a Sión, así como algunos miembros de los Doce Apóstoles, y que la construcción del templo ya había comenzado.

Uno de los apóstoles se levantó y reportó sobre la gran conferencia de Salt Lake City y de los cambios en el mundo. Habló acerca de nuestro deber de construir, embellecer y mantener esas nuevas "ciudades de Sión", que ahora estaban siendo construidas.

Había un gran número de grupos que llegaron desde Sudamérica, se levantaron e informaron de su viaje. Ellos no hablaban inglés, pero todos entendían, aunque insistían que estaban hablando y escuchando en su propio idioma, aunque nosotros escuchábamos y hablábamos en inglés. Desde entonces, no pensamos en idiomas del mismo modo. Nosotros aceptamos ese cambio como uno de los milagros de los últimos días, que fue esencial para nuestras misiones de reunir a las personas de todo el mundo en Sión.

Los grupos que habían venido a través de California y otros caminos informaron rápidamente de su viaje y mencionaron los milagros de fe que habían disfrutado. También mencionaron los grandes cambios en el paisaje y los cambios radicales en la sociedad. No hubo mención de las tropas extranjeras o de lo que hacían, porque no era importante, y todo estaba sujeto a los planes de Dios, no al de ellos.

La conferencia duró todo el día. Era aproximadamente octubre, pero no hacía frío. El clima era apacible, incluso un suéter podría calentar demasiado. Las tardes y las noches eran apacibles. Todos veíamos los cambios y nos maravillábamos.

Después de la conferencia, los santos fueron fortalecidos. Eso nos había dado una perspectiva más amplia de lo que estaba pasando y de lo que haríamos a continuación. La diferencia en nosotros era como leer los relatos acerca del éxodo de los hijos de Israel y luego escuchar la misma historia de alguien que de hecho estuvo ahí. Cada corazón allí vio estos días como el final de los tiempos, no sólo como un terremoto global.

Esperando en Cardston

Había mucha especulación acerca de qué tan pronto sería la Segunda Venida. Había muchos cambios visibles en el mundo, en nuestro sacerdocio y nuestros cuerpos, pues las personas tenían dificultades para distinguir dónde estábamos en el proceso total de las cosas. Había muchas opiniones acerca de cómo esos tiempos se habían ido revelando, y no podíamos reconciliarlo con nuestras circunstancias actuales. Como he mencionado antes, yo estaba restringido de hablar del periodo de tiempo en que las cosas acontecerían, porque no era mi papel el "revelar" tales cosas a los demás.

No podíamos obtener información en aquella época como lo hacemos ahora. Ya no teníamos computadoras, televisiones o radios, el internet había desaparecido. Nosotros no solo ansiábamos conocimiento en esos momentos, también anhelábamos saber lo que estaba pasando en el resto del mundo. Todos nosotros conocíamos a alguien, en algún lugar, que estaba desaparecido. La mayoría de nosotros quería saber si los Estados Unidos habían sobrevivido como nación y qué era lo que buscaban las tropas extranjeras.

Las personas trataban de poner todas las piezas juntas, pero no necesariamente en orden. Algunos pensaban que la Segunda Venida había pasado en Salt Lake City, cuando Cristo apareció en la conferencia allí. Dependiendo de cuanto una persona había estudiado y entendido la doctrina del sacerdocio, y de qué tan fuertemente el Espíritu había actuado en ella en años anteriores hasta el día presente, algunos de nuestro grupo eran infantes en cuanto a su entendimiento. Sus ideas no causaron contención, pero se les hizo más difícil ver revelarse su futuro.

Muchos sermones y reuniones especiales se llevaron a cabo, y se dedicaron a favor de esos asuntos. Nuestros líderes nos pidieron que no nos preocupáramos acerca de los tiempos, de los acontecimientos mundiales, la intriga nacional o las guerras, sino que esperáramos a nuestro Señor y siguiéramos adelante.

En el último año habían pasado cosas significativas, así que no había ninguna duda de que estábamos en la cúspide de la Segunda Venida. Sabíamos que los tiempos avanzaban rápidamente.

Durante la conferencia, habíamos recibido nuestras asignaciones y una vez más nos dividimos en grupos. Estábamos ansiosos de seguir adelante y terminar nuestras asignaciones, para cumplir con nuestra parte de establecer Sión para que la Segunda Venida pudiera ocurrir. Habíamos recibido nuestras órdenes para marchar y al menos por ahora, esto era suficiente para prepararnos e ir tan pronto como recibiéramos indicación de salir.

Inicialmente las autoridades cívicas en Canadá y las tropas extranjeras estaban agradecidas de que nos cuidáramos por nuestra cuenta y no dependiéramos de sus recursos. Sin embargo, al incrementarse nuestros números, se empezaron a preocupar que reuniéramos más personas de las que podríamos mantener y que comenzáramos a pedirles comida o recursos. Canadá fue golpeado fuertemente en algunas áreas, especialmente a lo largo de las costas, pero en Cardston había menos daño. El templo ahí había sufrido sólo daños menores.

Nosotros considerábamos a Cardston una residencia permanente, y los residentes lo consideraban como algo temporal. Ahí empezaron a haber algunos conflictos en donde la gente local trataba de robar comida o iniciar peleas. Nuestros líderes liberaban a la gente después de darles comida e invitarles a regresar por más alimentos cuando quisieran. Nosotros consideramos que estos desacuerdos fueron planeados por las tropas extranjeras para darles un motivo, y así entrar a nuestra pequeña ciudad para establecer la ley marcial y tomar el control de nuestros almacenes de comida. Querían que nos dispersáramos, y si no teníamos comida, pensaban que la mayoría saldría de la ciudad.

Sin embargo, ellos nunca tuvieron éxito en encontrar una causa en contra de nosotros. Nuestros líderes eran inspirados en cada reacción, y habían planeado por décadas este día. Nosotros plantamos árboles de frutas y grano en grandes tramos de tierra, y criamos animales que producían leche y queso. Teníamos una gran fuerza de trabajo, podíamos lograr en sólo algunos días o semanas cualquier cosa que comenzáramos. Muchos edificios estaban siendo construidos, no eran estructuras improvisadas, sino edificios permanentes de fino trabajo hecho de madera, ladrillo y piedra.

Durante una de nuestras reuniones, los líderes de la Iglesia nos mostraron una serie de grandes mapas que habían sido trazados hacía mucho tiempo. Mostraba a Sión en Misuri como el centro de un tiro al blanco, con marcadores de anillos concéntricos dibujados hacia fuera del centro. Todo a través de Norteamérica, había ciudades indicadas a lo largo de esas líneas y anillos dibujados alrededor de esas ciudades indicando su tamaño planeado. El resultado final fue que todo el continente estuviera cubierto con ciudades situadas de manera uniforme, fluyendo hacia afuera desde el centro de Sión.

Toda la faz del continente era más plana ahora, y las montañas que quedaron parecían más grandes colinas en vez de obstáculos para el hombre. Solo había pequeños caminos hechos por el hombre para conectar una ciudad a otra, y éstas a Sión, no había carreteras o rieles. El plano de las ciudades incluía granjas, comercios, templos y otras cosas necesarias para la sociedad de Sión. Cada ciudad podía vivir independientemente con este plan.

Estaba intrigado en que en el mapa casi no había señales de industrias y pocos caminos. En lugar de ser una omisión, como inicialmente pensé, entendí más tarde que cuando Cristo regresara y este plan fuera desarrollado, no habría necesidad de industrias o caminos porque el mundo entero estaría viviendo en una condición milenaria. No habría muerte, enfermedades ni necesidades que no pudieran satisfacerse, ya sea por pequeñas industrias familiares, o por el poder de Dios.

Una sociedad evolucionada

La sociedad estaba cambiando; al menos así era en Cardston, la "Ciudad de Sión". El mundo de afuera todavía estaba en gran caos. Por doquier que los gobiernos se recuperaban, comenzaban a ejercer el control, usualmente en forma de leyes marciales, las cuales conducían al conflicto y a la guerra civil. Por todo el mundo comenzaban guerras sobre cualquier cosa imaginable. Odios étnicos y tradicionales todavía ardían, y las antiguas fronteras y tratados dejaron de existir. Aún con la mayoría de la población mundial desaparecida, esas guerras fuera de Sión finalmente sometían una vez más a la mitad de lo que quedaba de la población humana.

Aquí, en nuestra pequeña parte de Sión, nuestros corazones estaban cambiando, al igual que nuestros cuerpos y nuestro coeficiente espiritual. Todavía teníamos la plenitud del sacerdocio, que descubrimos inicialmente en la primera gran conferencia, y todos los días aprendíamos lo que significaba. Nos llevó años entender que teníamos que evolucionar en Sión, no solo caminar hacia ella. Fue un proceso que tenía que ver con quitarse todo lo perteneciente al mundo y remplazarlo con una fe total en Dios. Tuvimos que aprender que no necesitábamos nada del mundo telestial. Todo lo que necesitábamos era una fe completa en Dios. Era una transición difícil de hacer, pero era una de las razones por las que nuestro viaje a Sión tomó tantos años, no fue debido a la distancia, sino que fue para evolucionar espiritualmente, de la manera en que seríamos dignos de estar en Sión cuando llegáramos ahí.

Como ejemplo, recuerdo un acontecimiento que nos dejó una gran enseñanza: en la primera parte del viaje, uno de los hermanos en el consejo había sido diabético desde su niñez. Él fue capaz de proteger y traer consigo un suministro de su medicamento. Pero unos meses después, se le terminó. Se enfermó cada vez más y más, comía pequeñas porciones para que el azúcar en su sangre no subiera peligrosamente. Perdió peso dramáticamente y luchó con eso por meses. Todos esperábamos que muriera pronto.

El pidió y por supuesto recibió las bendiciones del sacerdocio, pero no mejoraba. Nuestra habilidad para sanar se había manifestado casi al 100 por ciento, todas las veces que pedíamos a Dios. Habíamos visto muchos milagros del sacerdocio y no podíamos entender por qué este hermano lleno de fe, que sabíamos era digno, no se recobraba inmediatamente. Lo habíamos visto hacer milagros y sabíamos que era digno de recibir las bendiciones que pedíamos por él, pero no se recuperaba.

Luego, una mañana se levantó de la cama y anunció que no necesitaría más medicamentos. Desayunó de manera normal y estuvo bien después de hacerlo. Le preguntamos qué había cambiado, por qué ahora estaba curado. El respondió: "mientras estaba muriendo, en lo único que podía pensar era: ¿por qué el Señor no me proveyó de más medicina para que yo pudiera continuar con mi misión? Tuve que estar muy cerca de la muerte para darme cuenta que estaba pidiendo la bendición equivocada. Había estado en el centro de conferencias cuando Jesucristo nos mostró nuestras futuros labores por medio de visiones, y sabía que llegaría a Sión con esta compañía, pero estaba tratando que el Señor me hiciera llegar en mis propios términos, lo cual era con mi medicina. Tomé una actitud más humilde y le dije al Señor que iría a cualquier lugar que Él quisiera, a Sión o al cielo, e iría en Sus términos". Continuó, "solo vino a mi corazón la sensación de que yo ya sabía que iba a llegar a Sión, y si el Señor aún no me había proveído de medicina, obviamente ya no la necesitaría. Sabía que era verdad, sentí la vitalidad regresar a mi cuerpo y salí de la cama. El poder de Dios y su sacerdocio se manifestaron en mí, y estoy perfectamente bien ahora. Solo necesitaba aprender que el Señor es mi salvación, no un envase de medicina".

Teníamos el poder del sacerdocio, pero no la madurez espiritual y entendimiento para usarlo impecablemente. Como este buen hermano, tuvimos que aprender a tener una fe perfecta y dejar de apegarse a las "cosas" como si ellas fueran nuestra salvación.

Había otras lecciones que teníamos que aprender antes de llegar a Sión. Si hubiéramos entendido plenamente lo que poseíamos, sólo hubiéramos simplemente "viajado" en un segundo a Sión por el poder de Dios. Ese conocimiento no nos fue revelado y tuvimos que caminar hasta ahí, y en el proceso ser despojado de todo lo que teníamos, excepto unas pocas prendas de ropa, antes de aprender a depender totalmente de Dios y usar Su sacerdocio, para proveernos de las cosas que antes dependíamos de la sociedad para tenerlas o de nuestro trabajo arduo. La ley de "obtener cosas con el sudor de mi frente" había sido modificada, pero nos llevaría años para desarrollar este dulce conocimiento.

Nuestra sociedad también estaba evolucionando en el sentido de que no había planes para autopistas, aeropuertos o trenes, porque en cierto tiempo los santos serían instruidos a viajar de un lado a otro por el poder de Dios. Nosotros sabíamos que así era como algunos apóstoles y algunos otros líderes habían llegado a Canadá para la última conferencia, pero no sabíamos cómo obtener esta bendición por nosotros mismos.

Tampoco había un plan para los servicios públicos permanentes, porque las ciudades de Sión debían ser iluminadas por el poder de Dios; las comunicaciones e información tenían que ser implementadas a través de un Urim y Tumim que cada persona poseería, y los cuerpos del Milenio no sentirían sed, hambre o producirían desechos del cuerpo, por lo tanto, no habría necesidad servicios públicos básicos.

Nuestra sociedad también estaba evolucionando en una era pre-industrial, porque con el tiempo, de hecho mucho tiempo, aprenderíamos eventualmente que no tendríamos que manufacturar nada. Durante la evolución de Sión en Cardston, construimos clínicas médicas, aserraderos y otras pequeñas industrias para ayudarnos por el momento, las cuales algunos de nosotros sabíamos que eventualmente no tendrían ningún uso práctico. Tendré mucho más que decir sobre esto más adelante.

Mientras tanto, solo estábamos esperando la orden de dejar Cardston. Yo esperaba también y servía en el templo o en cualquier lugar que el Señor me indicara. Era un tiempo maravilloso para mí, pues habiendo estado enfermo toda mi vida, ahora tenía el poder de Dios y experimentaba los cambios en mi cuerpo, dándome interminable energía y salud, ahora me sentía como un niño que estaba aprendiendo a caminar. Era un momento de gran descubrimiento para mí, y disfrutaba cada minuto.

Más que eso, amaba al Señor y me sentía profundamente encariñado con aquellos que yo servía.

Nos quedamos durante el invierno, o tal vez muchos inviernos, no estoy seguro. Una vez más, mi visión de ese período de tiempo comenzó a saltar en espacios mayores de tiempo de manera más frecuente. Lo entendía todo claramente cuando estaba en la visión, pero cuando regresé a mi identidad terrenal, eso era más de lo que mi mente terrenal podía contener, y algunas de esas complejidades se perdieron.

El invierno era muy tranquilo, estábamos en los cincuentas grados Fahrenheit, pero nunca helaba. La mayoría de la gente pasaban su tiempo construyendo y trabajando para el bienestar común. Todo el trabajo estaba organizado, y la gente se alternaba de un trabajo a otro cada pocos días, a menos que tuviera una especialidad, como medicina o alguna ciencia. Puesto que yo era obrero en el templo, servía ahí noche y día, trabajando para completar muchas de las miles de ordenanzas para las personas que habían llegado, se les había enseñado y ahora estaban listos.

Había mucha conversación y curiosidad acerca de cuándo y dónde ocurriría el regreso de las Diez Tribus "perdidas". Sabíamos de algunas compañías que habían sido enviadas a países extranjeros y especulábamos si se estaban reuniendo con esas tribus perdidas. Cuando nos reuníamos para las conferencias y otras reuniones, ansiábamos saber de esas otras compañías. Con toda esa expectación irresistible, no había duda que todo pasaría como fue profetizado. Nosotros solo queríamos saber el progreso de esas cosas.

Durante ese invierno llegaron muchos grupos pequeños. Había compañías de Europa y Asia, y una gran compañía que vino a través de un nuevo puente de tierra entre Rusia y Alaska, y luego a través de Alaska y Canadá, hasta Cardston. Ellos probablemente no sabían quiénes eran, pero sus bendiciones patriarcales les revelaron que eran de las llamadas tribus "perdidas" de Israel. De hecho, ellos no estaban perdidos solo no sabían quiénes realmente eran hasta que llegaron.

Las personas que les habían guiado hasta Cardston fueron literalmente ángeles. Para los refugiados, esos ángeles eran apenas personas que llegaron, los reunieron, les enseñaron, bautizaron y ordenaron, todo durante todos sus años de éxodo. Solamente unos pocos líderes dignos entendían realmente quién los estaba guiando. Para mí, ellos eran seres trasladados, algunos de ellos de hacía miles de años atrás, otros de la época en que estábamos.

Para cuando llegaron, ellos ya habían pasado a través del fuego purificador que todos habíamos experimentado en nuestros viajes. Comenzaron su viaje en camionetas y llegaron en harapos, pero cuando llegaron, literalmente brillaban en rectitud y fe.

Aun cuando estaba viendo eso en una visión, les digo que fueron tiempos que nunca olvidaré. Ya sea en mi cuerpo o fuera de él, yo estaba ahí, y fue magnifico.

Cerca del primero de abril, otra conferencia tuvo lugar. Recibimos nuestras responsabilidades y destinos a diferentes "ciudades de Sión". Recibimos un informe detallado de la Nueva Jerusalén. Estábamos asombrados de saber sobre todo el trabajo que ya se había echo y del progreso en Sión; y del tiempo que el liderazgo de la iglesia había estado planificando y preparando la construcción de lo que solíamos llamar Misuri.

Muchos estaban sorprendidos de sus asignaciones, pero había un espíritu creciente de voluntad justa entre nosotros. Un concepto difícil de entender era el de "caminar a Sión" en Misuri, que había sido parte de la cultura mormona por tanto tiempo, y ahora era difícil imaginar el ir a algún otro lugar. No escuché a nadie negarse o a alguien quejarse de las nuevas misiones. Simplemente hicieron las preparaciones para continuar.

Debido a que yo había estado en la gran conferencia de Salt Lake City y había tenido la visión de mi futura misión, como muchas personas ahí, yo sabía mucho más de nuestro viaje allá a Canadá, que aquellos que no experimentaron esa experiencia profética. Cuando el Espíritu me lo indicó, compartí mi conocimiento, pero sobre todo estaba obligado a guardar silencio.

Continuamente observaba y buscaba a alguien que hubiera estado en esa conferencia. Durante las muchas conversaciones que había tenido con esas personas bendecidas, supe que todos habían tenido una visión de su futuro. Nuestras visiones individuales eran personalizadas y diferentes a las de cualquier otro. Relatábamos nuestras historias, y al encajar nuestros diferentes puntos de vista pudimos tener una idea más amplia de lo que estaba por ocurrir, y era realmente impresionante. Aquellos de nosotros que habían experimentado el cambio físico de ser trasladados, nos sentíamos diferentes a los demás. Teníamos perspectivas más claras de las cosas y mejores habilidades espirituales.

A menos que estuviéramos hablando de otra alma trasladada; mantuvimos nuestro estatus de seres trasladados y esas grandes visiones de nosotros mismos, tal como el Espíritu lo requería.

Estábamos aprendiendo que la gente trasladada no se cansaba como la gente normal. Todo nos tomaba menos esfuerzo y nos desgastaba menos. Nos recuperábamos rápidamente y podíamos trabajar más larga y arduamente, y nos recuperábamos en unos pocos minutos. Aún comíamos y dormíamos, pero nos preguntábamos si comer y dormir en realidad eran necesarios. Después de un gran día de trabajo, me sentía hambriento y cansado pero mucho menos que en mi vida previa. Escogía comer, pero era diferente, necesitaba menos comida, dormía mejor pero menos tiempo, y me sentía maravillosamente bien. Podía despertar en un segundo, incluso después de solo unos minutos de sueño, y sentirme perfectamente despierto y listo para avanzar. Al final del día no me sentía más fatigado que cuando dormían una noche entera. Me di cuenta que las heridas como cortaduras y raspones sanaban tan pronto como quisiera. No había dolor, solo me daba cuenta de la herida. Si la ignoraba, sanaba en días en lugar de semanas. Si deseaba que sanara y oraba al Padre, sanaba en cuestión de minutos. Esperaba que con el tiempo fuera inmune a las heridas, pero no lo era en ese momento.

Me volvía más fuerte físicamente día a día, mi mente se hacía más lúcida y más rápida. Algunas cosas que me tomaría mucho tiempo en estudiarla, ahora las aprendía como relámpagos de entendimiento que venían a mi mente. Incrementó mi habilidad para entender situaciones complejas, y podía instantáneamente proveer respuestas complejas que eran completamente correctas e inspiradas. Mi audición estaba extremadamente en sintonía con la palabra del Señor. Las revelaciones se volvieron constantes e interminables. Ya no experimentaba tentaciones de ningún tipo, ni caminaba a través de la obscuridad. No me aferraba a la barra de hierro, porque se convirtió en una parte de mí, una parte de mi alma, de lo que yo era.

Mi capacidad de amar fue realzada considerablemente, lo que hacía las reuniones aún más dulces y las despedidas más difíciles. Si algo tenía el poder de causar tristeza o hacer sentir dolor a una alma trasladada, era la difusión de caridad, porque mi corazón quería que todos fueran bendecidos, elevados y suministrados en cualquier necesidad. Eso no era siempre posible, y las personas que amaba a veces elegían transgredir, y eso ocasionalmente me causaba gran tristeza. Cada nuevo don que poseía, se centraba en nuestra nueva misión. La constante compañía del Espíritu Santo era una realidad siempre presente, conocíamos la mente y la voluntad del Señor. No había más suposiciones ni miedo.

La ciencia y las matemáticas, e incluso mi formación profesional, parecían volverse menos importantes. Si se buscaba una solución que involucrara a cinco ingenieros con súper computadoras, pero la respuesta solo entraba en la mente como una revelación, no había ningún sentido en comprobarlo con las ciencias terrenales, ya se tenía la respuesta. Ese nuevo pensamiento no era una mejora de nuestro coeficiente mental, sino era el levantamiento del velo que revelaba lo que ya éramos. Algunos de nosotros ya habíamos participado en la creación de mundos antes de nacer, y esas ciencias divinas entendidas entonces, fueron lentamente penetrando el velo mortal, reemplazando a las ciencias terrenales.

Era fascinante ver a nuestra sociedad dar un salto hacia delante, aunque nos volvíamos más sencillos, menos industriales y comerciales, sin ninguna mentalidad consumista.

Llegaríamos a descubrir la verdad de todas esas preguntas con el paso del tiempo. Por ahora era como desenvolver lentamente los regalos en la mañana de Navidad, buscando disfrutar el proceso de descubrimiento tanto como los regalos dentro de la envoltura.

Ante mis ojos espirituales, la gente trasladada solo lucía diferente. Podía distinguirlos a distancia. Así que cuando tenía la oportunidad de hablar con una persona recién trasladada, nos tomábamos tiempo para hablar de lo que eso significaba, las experiencias y nuevos dones del sacerdocio que habíamos experimentado. Comparábamos nuestras experiencias con las de la gran conferencia y tratábamos de juntarlas para tener un entendimiento más amplio. Cuanto más aprendía, más me daba cuenta de que aún con esa gran visión de mi vida futura, solamente conocía una pequeña parte de su totalidad. Eso me dió una buena base y un entendimiento más humilde.

También sabíamos que aunque el don de ser trasladados nos había sido dado completamente, todavía estábamos en el proceso de convertirnos, de aprender nuestras responsabilidades y habilidades, y de cuándo era apropiado usarlas. Cuando conocía a una persona que ya había sido trasladada desde hacía tiempo, ella tenía un poder y una serenidad de dignidad que yo no poseía. Ver y experimentar su alto nivel de desarrollo me motivaba a someterme a cualquier proceso que necesitara yo para convertirme en un ser completamente evolucionado en mi nuevo estado. Sabía que estaba cambiando. También sabía que tomaría años para que ese proceso pudiera ser completamente implementado en mí.

Había una directa y constante influencia del Espíritu Santo en los campamentos que no podía negarse.

Era un nuevo fenómeno entre los santos que había empezado el día de la gran conferencia. Todos se estaban ajustando a su nuevo nivel de poder espiritual. Muchos discutían si ese era el "estado Milenario", o si era parte de un proceso de cambio, de una translación aún mayor.

Más o menos en esa época, los viajes transoceánicos se volvieron posibles a través de embarcaciones. Las diferentes ciudades de Sión alrededor del mundo se habían establecido y fortificado. Muchos grupos de Canadá fueron asignados a viajar a esas pequeñas ciudades para reunir a los escogidos a lo largo del camino durante la travesía. Otras compañías también dejaron Salt Lake City y otras ciudades de Sión para ir adelante y reunirse. Todo ese esfuerzo fue dirigido por los Apóstoles de Salt Lake City. La Iglesia tenía una red de telecomunicación funcionando antes de que las aflicciones comenzaran, pero estábamos aprendiendo a usar un sistema más perfecto. Comenzó a funcionar porque el poder de Dios se estaba manifestando en un mayor grado entre nosotros. Así como los dos

Apóstoles que habían llegado a Cardston por medios divinos, los sistemas de comunicación hechos por el hombre lentamente se volvieron obsoletos.

Dejando Cardston

Nos preparamos para partir durante ese invierno. Fue en marzo cuando dijimos adiós a nuestros nuevos hogares y amigos, nos dirigimos al lugar central de Sión en el antiguo Misuri, y partimos con una canción en nuestros corazones. Nuestra compañía era más pequeña, tal vez trescientas personas, incluyendo familias. Tomamos nuestro gran vehículo militar cargado con suministros, así como unas cuantas camionetas. El combustible no era abundante, pero en Canadá habían algunas refinerías aún funcionando y negociamos por el combustible. Partimos con un sentimiento de audacia, habíamos visto tantos milagros que no podíamos imaginarnos nada más, sino el cuidado y protección constantes del Señor. No temíamos a hombre ni ejército visibles o invisibles.

Me llamaron para sentarme junto a uno de los Apóstoles todavía en Cardston. Me saludó amablemente. Él mismo era un alma recién trasladada, y nos saludamos el uno al otro con un gran abrazo, como si hubiéramos sido hermanos desde la niñez. Él me apartó para mi nueva asignación en el templo de la Nueva Jerusalén. Esa era la razón por la que estaba en su compañía y no en otro grupo. Conocía todas las ordenanzas de mi llamamiento anterior en los templos, antes de las tribulaciones, y también de las que tuve cuando estaba yo en Canadá.

Fui asignado a llevar este conocimiento a Misuri, establecer las ordenanzas y capacitar a otros. Por supuesto que estaba emocionado. Era una parte de mi viaje que no había previsto. Había visto en la visión que llegaría a Sión, pero no lo que haría allí.

Así como habíamos hecho en la primera parte de nuestro viaje, comenzamos con una reunión de consejo, en la cual rápidamente se nos dio a conocer la voluntad del Señor y nuestro destino final desde el primer día de viaje. Presentamos esa información a nuestro campamento y fue apoyada. Nos arrodillamos en oración, desayunamos por última vez en Cardston e iniciamos nuestro viaje por la salida sur. Nos dirigimos de nuevo a Montana, los camiones fueron un poco más rápido y pronto estaban fuera de la vista. Caminamos y cantamos, haciendo conjeturas.

Esa etapa de nuestro viaje parecía más simplificada. No teníamos la asignación de reunir más personas, no íbamos cargando muchas provisiones y llevábamos menos pertenencias. Ya habíamos pasado por la fase de revelación de "estudiarlo en tu mente, luego preguntar si era lo correcto". Nos levantábamos cada mañana sabiendo la voluntad del Señor. Sabíamos qué hacer, cómo hacerlo y cuál sería el resultado. Dejamos de cometer errores, siempre estábamos en donde debíamos estar, en el momento exacto, con las palabras correctas y el poder para cumplir la voluntad del Señor.

Podíamos acercarnos a una persona totalmente extraña y saber exactamente cuáles eran sus circunstancias y necesidades. Podríamos decir, "tu esposo está en casa muriendo. Tu hijo menor acaba de morir anoche y tu esposo te pidió buscar ayuda. Estás hambrienta, exhausta y aterrorizada. Vamos ha ayudarte, pero tenemos que ir a tu hogar y darle una bendición a tu esposo, y levantar tu hijo de la muerte. ¿Nos llevarías ahí?". Ellos sentían el amor y fe en nuestras voces y los milagros ocurrían.

Después de experimentar este tipo de milagros día tras día, veíamos cada nuevo día con alegría. Solo pensábamos: "¡He aquí la majestuosidad del Señor!" Y avanzábamos sin temor.

Para mí había una doble identidad. Yo estaba en esa compañía, participando en esos días gloriosos, pero sabía en mi corazón que era una visión y, ¡no quería volver a mi cuerpo mortal!, quería estar en la compañía de Sión. Aunque me di cuenta de que estaba viendo un evento futuro, era tan real que lo estaba viviendo, estaba allí y era una realidad. Era tan auténtico que era difícil recordar mi verdadera realidad, mi yo verdadero estaba acostado en una cama en Utah y mi espíritu estaba viendo eventos futuros.

Aquellos de nosotros que fueron trasladados, luego nos emparejamos y aprovechamos la oportunidad para hablar de nuestras bendiciones.

La otra persona en nuestra compañía era una mujer como de cincuenta años. La llamaré Rachael. De hecho la había conocido desde su juventud. Mi relación con ella era como de padre a hija. Había estado involucrado en su juventud como un consejero y confidente. Ambos estuvimos en la primera gran conferencia, y ambos fuimos trasladados en ese momento. Ella era humilde acerca de su don, pero tenía cierta dificultad para aceptar que en realidad ya estaba lista, o que era la persona adecuada para esos dones. Ella quería que yo le confirmara e instruyera sobre cómo progresar, pero yo no podía hacerlo. Los dos estábamos en las mismas circunstancias, por así decirlo.

Ella se despertaba cada mañana casi esperando que sus dones fueran quitados; finalmente se dio cuenta que esos cambios eran permanentes, y dejó de preocuparse. Desde entonces, ella era más inspirada, más inteligente y organizada. Era la líder de las mujeres en nuestro grupo, era como una presidenta de la Sociedad de Socorro. Consultaba con las mujeres y les daba las asignaciones diarias. También era una líder espiritual. Recuerdo las charlas que daba a toda la compañía. Había ocasiones en las que sus palabras reunían al grupo y nos daban el valor para enfrentar los posibles obstáculos, confiando completamente en el Señor.

Ella estaba casada y su esposo estaba con nosotros. Era un gran hombre, uno de los de nuestro consejo, su responsabilidad era con la juventud de nuestra compañía. Era un hombre de fe, pero no había sido trasladado como su esposa. Eso le hizo tener dudas sobre su propia rectitud. No era flojo, desleal o titubeante en ninguna forma, solo cuestionaba su propia capacidad y se preguntaba por qué no podía hacer las cosas que él quería hacer. Él sentía que no era muy valioso, lo cual de hecho era falso. Su condición y su llamamiento eran perfectos para él y todo había sido planificado para bendecirlo y prepararlo para su investidura de poder. Él venía de un pasado de éxito y confianza, y esas experiencias le estaban enseñado humildad y dependencia del Señor. Su esposa provenía de un contexto de humildad y de inseguridad sobre su valor propio, y esas experiencias la ayudaban a verse a sí misma a través de los ojos de Dios, y a aceptar su propio valor.

A partir de ese punto en la visión, el viaje se me mostraba como una serie de escenas instantáneas. Ya no participaba en los acontecimientos, sino que los veía a distancia, como en una gran pantalla.

La visión todavía me mostraba lo que iba a suceder, pero ya no era un actor, sino un espectador. Cada una de las anécdotas ocurriría de la siguiente manera:

La primera anécdota

La primera anécdota de mi compañía ocurrió justo al norte de Wyoming. No sé cuánto tiempo había pasado, pero debieron ser al menos algunos meses. La estación era a finales del mismo año.

Vi que habían sido atacados un gran número de veces por las tropas extranjeras de cascos azul y verde. Estaban tratando de detener nuestro viaje a Misuri. No sé cuál era su motivo. Quizás ellos sabían que la ciudad estaba creciendo rápidamente y temían que se volviera una fuerte solidaridad política que desafiara su dominio. Nunca supe la razón, solo sabía que nos robaban comida y combustible, mataban a algunos de nosotros y trataban de intimidarnos para que regresáramos. Habían volado puentes para tratar de detenernos y nos amenazaban con matarnos a todos si no regresábamos.

Fue en ese momento que también fuimos atacados por una banda de matones armados que pretendían robarnos, pero no teníamos nada que se llevaran. En vez de eso secuestraron a algunos de nuestros hermosos jóvenes. Fue un momento terrible y horripilante, pero en lugar de intimidarnos, hicieron lo contrario.

Las tropas extranjeras estaban tratando de tomar el gobierno del país y los gobiernos locales. Los Santos de los Últimos Días eran el grupo de personas más numeroso que quedaba del viejo mundo, y por eso nos vieron como su mayor amenaza, aunque no les diéramos razón para temernos. Su asignación era deshacer todos los grupos, incluyendo todas las organizaciones religiosas. Nuestros objetivos no eran políticos y ellos lo sabían. Se nos había instruido para no participar de ningún proceso político o dar nuestra lealtad a ninguna entidad de gobierno, sin importar quién fuera.

Nuestra visión, o la visión que Dios había puesto en nuestras mentes, era la de preparar Sión para el regreso de Jesucristo, y que muy pronto Él reinaría como Rey de reyes y Señor de señores. No estábamos tratando de reconstruir la nación; estábamos tratando de construir el reino de Dios. Sabíamos que Él sojuzgaría a todos los enemigos bajo sus pies cuando regresara, y nosotros no necesitábamos participar en ese proceso.

Estábamos unidos en nuestro gran alivio pues éste era el caso. Estábamos hartos del mundo y de todo lo que dejamos atrás. Nuestro único deseo era que Cristo viniera y terminara con este mundo telestial de dolor y lágrimas.

Las tropas extranjeras sabían que teníamos un plan, el cual estaba siendo ejecutado. Ellos percibieron que estábamos organizados, bien gobernados y determinados a llevar a cabo nuestro plan, además sabían que nuestro plan tenía algo que ver con Misuri, así que tomaron posición para detenernos. Ellos ni siquiera sabían por qué nos dirigíamos hacia allá, pero creían que al detenernos nos podían destruir. No se dieron cuenta de que no era nuestro plan, sino el plan de Dios, y que eran incapaces de detenernos.

Era desconcertante para mí saltar al tiempo en que ví a nuestro grupo como una jubilosa y poderosa compañía de Sión y repentinamente estar reducida a un pequeño grupo de sobrevivientes harapientos. El cambio sucedió rápidamente. Me vi antes como parte del grupo y ahora estaba viendo esos acontecimientos como si fueran un diorama en tercera dimensión. Tenía perfecto sentido en la visión, pero es un tanto difícil de explicar, o inclusive entenderlo como un ser mortal.

La agresión de las tropas extranjeras confirmó nuestra sospecha de que eran realmente nuestros enemigos, y ellos, a su vez, nos veían del mismo modo. Habíamos tratado de cualquier manera evitarlos, encontrarlos o tener cualquier interacción con ellos. Por otro lado, ellos comenzaron a perseguirnos. Nos hostigaron y robaron, después pasaron a poner emboscadas con el propósito de destruirnos completamente.

Además de las tropas extranjeras, había bandas armadas de matones. Esas bandas eran generalmente desertores de las tropas extranjeras o bandidos del alrededor. Estaban muy bien abastecidos y fuertemente armados, nos habían robado muchas veces y habían raptado a algunos de nuestros jóvenes.

Solo luchábamos para continuar nuestro viaje. Mientras miraba a mi pequeña compañía a la distancia de una visión, observaba que esa oposición tenía el efecto contrario al que nuestros enemigos esperaban. Vi nuestra fuerza espiritual creciendo y nuestro coraje, así como nuestra dependencia en Dios y en el sacerdocio, que habían aumentado dramáticamente.

Vi que había grandes milagros en el campamento. Pocos suministros alimentaban a mucha gente y no menguaban con el uso. El agua se nos proveía de formas milagrosas, éramos guiados por el Señor hacia áreas donde encontrábamos exactamente lo que necesitábamos para el día. Crecimos en valentía hasta no tener miedo, y sobreponernos a los obstáculos y pérdidas que enfrentábamos.

Cuando dejamos de temer, una mañana, al levantarnos, encontramos un nuevo fenómeno. Había un pilar de luz frente a nuestro campamento y otro en la parte de atrás. La luz brillante era un pilar de diez metros de alto. También era visible para nuestros enemigos. Era literalmente una luz y era visible noche y día, iba delante y detrás de nosotros, y aterrorizaba a nuestros enemigos.

La luz no provenía del cielo o de la tierra, era autónoma, como si el poder de la luz fuera la luz misma.

Al principio no sabíamos cuál era su función. Algunos en nuestra compañía se preguntaban si eso nos volvería más visibles para nuestros enemigos, pero este miedo inmediatamente se esfumó. Podíamos caminar hacia la luz y tocarla. Era reconfortante y sanadora. Podíamos llevar a aquellos que estaban heridos, enfermos, hambrientos o exhaustos y dejarlos cerca o dentro de la luz y sanaban rápidamente. La luz también curaba la tristeza, el temor y la confusión. Antes de que la luz estuviera con nosotros, nos sentíamos desalentados o tristes por los que habían muerto. Ahora sentíamos mucho consuelo y en paz para continuar con nuesta anterior valentía.

Ya no nos reuníamos en consejo para decidir el viaje del día, porque nosotros sabíamos el camino que debíamos seguir, y la luz nos guiaba. No estábamos siguiendo la luz, estábamos siguiendo a Jesucristo. La luz era una manifestación viva de Su amor y protección. Cuando se detenía, nosotros nos deteníamos, si se movía, nosotros nos movíamos. La luz nos conducía a través del desierto de nuestras necesidades. Nosotros milagrosamente rescatábamos a quienes habían sido raptados; sanábamos sus cuerpos, su mente y alma del reciente abuso; y nos regocijábamos con ellos. Ellos se convirtieron en algunos de los más fuertes entre nosotros. Nunca hablaban de su cautividad de otra forma que no fuera en términos agradecidos por la experiencia y de su posterior total sanación.

Los pilares de luz eran lo suficientemente brillantes para alumbrar el campamento entero por la noche. Estaba llegando el invierno, pero las luces irradiaban el calor suficiente para que no necesitáramos fuego. Nos alimentábamos con pequeñas raciones de comida y dormíamos junto a la luz, y al despertar nos sentíamos renovados y llenos de energía.

Nunca olvidaré un evento que vi poco después de que los pilares de luz se nos unieron. Estábamos caminando junto a un valle entre dos colinas y vimos la banda armada de matones bloqueando el valle por el cual necesitábamos pasar. Era la misma pandilla que había secuestrado a algunos de nuestros jóvenes. Hubo un momento de pánico, particularmente en aquellos que habían sido secuestrados y abusados por ellos, y después milagrosamente rescatados, pero el miedo rápidamente se alejó.

Sabíamos lo suficiente sobre el poder de Dios para no estar asustados nunca más, y habíamos consagrado nuestras vidas a Cristo, lo cual significaba que no temíamos a lo que el mundo pudiera hacernos, o de cómo nuestras vidas podrían terminar. Como les digo, no teníamos miedo.

Nuestro enemigo podía ver los pilares de luz, pero pensaban que era algún truco producido por nosotros. Los pilares de fuego se detuvieron y nosotros nos arrodillamos en oración. Nuestros líderes se acercaron para hablar con ellos. Ellos les dijeron que solo querían nuestra comida y suministros. Tratamos de negociar con ellos, pero no logramos persuadirlos de sus demandas. Conocíamos la intención de sus corazones; su intención era matarnos y volver a secuestrar a los que antes se habían llevado, no importaba lo que les diéramos.

La luz nos llevó hacia delante, y ellos se quedaron en su lugar, listos para dispararnos, y a la luz también. Tan pronto como la luz se les acercó, quedaron dominados. No podían moverse ni actuar, quedaron inmóviles y con una mirada llena de asombro. Sus ojos nos seguían, pero no podían mover sus cuerpos o levantar los brazos para disparar sus armas. Nosotros solo caminamos alrededor y en medio de ellos, y continuamos nuestro viaje.

No sé lo que le pasó a esa gente perversa que nos amenazó tantas veces, pero nunca los volvimos a ver.

Esta experiencia una vez más solidificó nuestra fe. Sabíamos que los pilares de luz no eran solo para guiarnos, sino también para protegernos. También comenzamos a darnos cuenta del poder que la luz tenía para protegernos, algo completamente basado en nuestra fe y unidad. Era como la Liahona, que operaba de acuerdo a la fe y diligencia del pueblo de Lehi. A medida que nuestra fe y confianza en Dios crecían, la luz se volvía más brillante, más alta y más poderosa.

Pensaba que mi fe no podía ser más fuerte. Cuando empezamos a sanar gente cien por ciento de nuestro tiempo en Utah, pensé que mi fe era perfecta. Cuando fuimos guiados a obtener lo que necesitábamos diariamente en el camino, pensé que mi fe era perfecta, y que no podría ser más poderosa. Cuando contemplamos los milagros que nos salvaron a través del trayecto, creía que mi fe era perfecta y que no podía ser más poderosa. Cuando vimos los pilares de luz y recobramos a nuestra gente perdida, fue algo tan fuerte que no sabía cómo se podía volver más poderosa. Sin embargo, cada vez que un desafío o pérdida nos despojaba de algo que necesitábamos, nuestra fe se volvía más fuerte, haciendo que eso pareciera innecesario, y todavía consideraba que mi fe era perfecta y tan grande como podría llegar a ser. Pero estaba equivocado al hacer esa suposición.

Junto con la protección de los pilares de luz, caminábamos en la luz de la revelación. Nadie dudó nunca más. Incluso nuestros niños recibían revelaciones tan frecuentes como los adultos. Hablaban las palabras del Señor y profetizaban. Ellos cambiaron en ese momento, se volvieron una bendición en lugar de una carga para el campamento. Todavía los cuidábamos como niños, pero tenían un propósito al estar en el campamento, y cumplieron ese propósito. Frecuentemente cantaban en tiempos de aflicción y duelo, sus pequeñas voces sonaban como ángeles, y daban a los adultos una fe más poderosa y unidad, y eso atemorizaba a nuestros enemigos. Cuando escuchaban a los niños cantando como ángeles, sabían que nosotros no teníamos miedo y que ellos no podrían prevalecer.

La segunda anécdota

Mi siguiente descubrimiento fue que había pasado mucho tiempo. Vi que durante ese tiempo intermedio, nuestra compañía se había quedado casi sin combustible y habíamos abandonado nuestros vehículos, excepto el gran camión. Todos los otros vehículos habían sido destruidos por nuestros enemigos, habían sido dañados o abandonados a causa de la falta de combustible. Nuestro gran camión parecía andar con los indicadores de combustible siempre en la señal de "vacío", pero seguía avanzando.

Casi todos andaban a pie, con pequeñas mochilas en sus espaldas, incluso los niños llevaban pequeños bultos con su propia comida y ropa. Ahora nos movíamos lentamente.

Mi primera impresión fue que habíamos entrado en un pasaje entre montañas. No sé dónde era. A nuestra derecha había precipicios. La roca era obscura, con árboles y arbustos creciendo fuera de ellos. Nosotros estábamos parados sobre un pasto alto, con arbustos en la parte inferior del precipicio. En la ladera a nuestra izquierda, apareció una larga fila de vehículos militares. Nos habían estado esperando en emboscada. Las tropas tomaron su posición en la entrada y salida del cañón, atrapándonos en medio. Había camiones con ametralladoras, muchos y enormes tanques del ejército, y media docena de camiones con lanzacohetes. Nos ridiculizaban y amenazaban, diciéndonos que todos estaríamos muertos en unos pocos minutos. Ellos se burlaban de Dios, dijeron que esta vez, ni siquiera Dios podría salvarnos; que ellos eran más poderosos que Dios.

Esas tropas eran de casi todas las naciones que habían sobrevivido, de Asia, Rusia, Europa y África. El soldado que se burlaba estaba gritando én un inglés mal pronunciado, a través de un altoparlante. Comenzaron a dispararnos. La gente de nuestra compañía comenzó a caer. Rachael, la única mujer que fue trasladada, se levantó hacia la parte superior de nuestro gran camión, y clamó con una una voz tan potente que podía ser escuchada a través del estruendo de cohetes y fuego de ametralladora: "¡He aquí la majestad del Señor!".

Los pilares de luz aumentaran su brillo a medida que el enemigo accionaba cada arma que tenía. El pilar de luz delante de nosotros parecía arquearse hacia atrás para unirse con el pilar de atrás. Los cohetes y balas que nos dispararon comenzaron a rebotar contra el enemigo. Una gran explosión sacudió al enemigo en una bola de fuego, y luego hubo un gran silencio con una humareda gris del lado de la colina.

El pilar de luz regresó a su tamaño normal. Nos apresuramos hacia nuestros muertos y heridos que fueron inmediatamente sanados. Solo había dos personas que no pudimos curar inmediatamente. La primera, era una mujer de mediana edad que fue casi partida por la mitad. Estaba con vida cuando la encontramos. Dios no nos indicó que la sanáramos. Su viaje había terminado y murió alabando a Dios. La segunda era un hombre joven cuya cadera había sido arrancada por un arma de alto calibre. Era el hijo de Rachael.

Ella corrió hasta donde estaba su hijo, llorando por su dolor, pero teniendo una gran fe. Todo el consejo estaba ahí, igual yo. Sabía que podría curarlo, pero no tenía autorización del Señor para hacerlo. Rachael me miraba y me rogó que le pidiera al Señor curarlo, inmediatamente después me di cuenta por el mismo Espíritu que yo no era la persona indicada para pedir al Señor. Ella miró hacia el presidente del consejo, el cual sacudió su cabeza y volteó hacia el esposo de Rachael, el padre del chico.

Él lo llamó por su nombre: "hermano Zachary, es la voluntad del Señor que tú cures a tu hijo".

Zachary era un gran hombre y un miembro del consejo, pero dudaba de sus dones espirituales, porque, como expliqué antes, él no había sido trasladado y su esposa sí. Él también sabía que su esposa tenía un poder mayor de Dios que el que él tenía para curar a su hijo.

Sin embargo, se arrodilló y puso las manos sobre la cabeza de su hijo adolescente. Con solo pocas palabras, invocó el sacerdocio y le ordenó a su hijo que sanara en el nombre de Jesucristo. Lo hizo con una gran humildad y con profunda fe. El Espíritu brillaba sobre nosotros y todos sentimos el poder.

Inmediatamente la pierna del joven comenzó a moverse. Me parecía como si se estuviera inflando. Lo único en lo que podía pensar era "¡alabar a Dios!", creo que todos pensaron lo mismo. En menos de un minuto, su pierna estaba completamente normal. El color instantáneamente regresó a su rostro y abrió sus ojos.

Le dijo: "gracias, papá". Luego mirando al cielo, dijo, "¡Gracias, Padre!".

Lo ayudamos a ponerse de pie con su nueva cadera y pierna. Sus pantalones estaban casi totalmente desechos por la explosión, pero se levantó y vio hacia abajo, a su pierna, con una expresión graciosa en su cara.

"¿Qué pasa?", le preguntó Rachael con una sonrisa que venía de su gran alivio y regocijo.

"Mamá, puedo sentir mi pierna, pero no puedo encontrar una manera de decirle que camine". Se sonrió y trató de dar un paso. Su pierna se tambaleaba, pero fue sostenido por sus padres y por mí.

Después de muchos intentos y mucho asombro, todavía no podía caminar, así que lo cargamos hasta el camión. Le llevó muchas semanas el aprender a usar su nueva pierna. No había dolor ni falta de fuerza, solo parecía un bebé aprendiendo a gatear, a dar los primeros pasos, luego a caminar y eventualmente a correr. Su padre estaba constantemente a su lado, alentándolo y apoyándolo mientras aprendía a usar su nueva pierna.

Rachael y yo hablamos en privado acerca de ese extraño evento. Nunca habíamos visto ni escuchado que algo así hubiera pasado antes. Pronto resultó evidente para todos nosotros lo que estaba pasando, y por qué eso había ocurrido. El hermano Zachary estaba experimentando la sanación de su hijo en cámara lenta, dándole semanas para procesar lo que había pasado, viendo la nueva pierna una y otra vez, hasta que no pudiera dudar de que se trataba de un gran milagro, y que había ocurrido por su propia mano y a través de la gracia de Dios. Cuando su hijo ya era capaz de caminar y correr otra vez, Zachary había cambiado. Ya no dudaba de su relación espiritual con Dios. Su fe se había puesto a la par con su cuerpo en su viaje a Sión.

Algunos de nosotros subimos la colina en donde las tropas habían estado. Todo lo que encontramos fue una ciudad del tamaño de una cuadra en un terreno carbonizado. Todo lo que quedaba del enemigo fue metal derretido y un fino polvo gris que alguna vez había sido soldados con sus armas. Nos fuimos de aquel pequeño valle, y en cuanto partimos, el muro de roca a nuestra derecha colapsó sobre el ejército, sepultando cualquier evidencia de su existencia. Nos detuvimos del otro lado del valle, nos arrodillamos juntos y elevamos oraciones de gratitud y regocijo al cielo.

La tercera anécdota

La escena cambió y otra vez me encontraba mirando hacia una época distante. Nuestra compañía estaba a un día de distancia de entrar a Sión. Habíamos recorrido un largo camino. Dejamos Cardston en camionetas con buenos suministros y mucha confianza. Llegamos a Sión a pie y en harapos. Todos nuestros vehículos fueron abandonados, y nuestros suministros se habían terminado. Incluso nuestros bolsillos estaban vacíos. Habíamos sido despojados de todo de lo que dependíamos, todo lo que había producido nuestra confianza anterior, incluso la comida y la ropa. Ese fue un proceso de sacrificar todas nuestras pertenencias terrenales que secuencialmente nos enseñó a depender totalmente de Dios, para tener absoluta confianza en Él, en lugar de nuestras "cosas". Llegamos con un pilar de fuego ante nosotros y otro detrás de nosotros, y no carecimos de nada. Habíamos sido azotados, y en ese mismo proceso habíamos sido elevados a la altura de Sión.

Vi que estábamos cantando y regocijándonos, pero también estábamos cansados, física, emocional y espiritualmente. El regocijo era el único sentimiento que nos quedaba.

Al día siguiente, una compañía salió de Sión y nos trajo comida y ropa nueva. Nosotros los abrazamos; reímos y alabamos a Dios juntos. Pasamos algún tiempo lavándonos y vistiéndonos con las nuevas ropas. Después, esa misma tarde, entramos a Sión en un gran desfile con un pilar de fuego y ángeles encabezando el camino.

Habíamos encontrado la Nueva Jerusalén establecida en la meseta baja, sobre el recodo, por encima de la curva de un nuevo río que se había formado durante las tribulaciones. Por doquiera que uno miraba había miles de personas reunidas alegremente y comprometidas en la construcción de todo tipo de edificaciones. La ciudad entera estaba construida de acuerdo al modelo que José Smith había dibujado mientras estaba con vida en Nauvoo.

Había cerca de 3.000 personas en Sión. Pararon para darnos la bienvenida y expresarnos su gran amor. Ese no era un proyecto de construcción ordinario. Nosotros veíamos milagros por doquier. Las mujeres cargaban grandes maderas como si fueran palillos, y los hombres movían tierra con paletadas de tierra que caían en la pila como si fueran cargas de camiones. Estábamos seguros de que muchos de esos trabajadores y esas mujeres eran personas trasladadas y ángeles.

Nos llevaron al cimiento del nuevo templo, el cual estaba construido hasta el segundo piso. La construcción era de un caparazón de metal, como los rascacielos modernos. Parecía no tener sentido la forma del templo en ese momento. No era un típico edificio rectangular. Parecía circular en el diseño. Estaban usando herramientas eléctricas modernas, pero no había tractores o excavadoras. Vi una gran grúa moviendo las vigas de metal. Hasta ahora no había ningún trabajo de piedra en el templo.

Conocimos gente de casi todos los orígenes étnicos. Nos abrazaban y besaban, nos habían esperado con anhelo y anticipación. Sin saberlo nosotros, el Señor había incluido gente en nuestro grupo con habilidades especiales de artesanía, necesarias para completar las partes del templo, y también algunos de nosotros teníamos esa habilidad, y teníamos la autoridad para oficiar en el templo.

La cuarta anécdota: El templo

Esa fue la última escena que saltó hacia adelante en el tiempo, hasta que la estructura principal del templo se había completado. Nunca había visto un edificio como ese. Tenía una forma redonda. La torre central estaba adornada y decorada hermosamente. Extendiéndose desde el edificio del centro había doce pasillos techados, cada uno de ellos conducía a doce templos exteriores que se conectaban a un anillo externo de templos, dándole la forma de una rueda de vagón. Los doce templos exteriores estaban dedicados a cada una de las doce tribus de Israel, y habían sido construidos exclusivamente por esas personas. Cada templo exterior estaba ligeramente detallado un poco diferente para representar los antiguos orígenes de cada una de las tribus de Israel. El templo perteneciente a Efraín estaba exactamente hacia al este, con los demás en el orden de herencia espiritual, alrededor del borde exterior.

Los templos externos eran oficinas, capillas y salas de ordenanzas. Entre los ejes que conducían a la estructura central, había jardines exuberantes, cada uno con plantas nativas de su tierra de origen y hermosamente colocados. El edificio central contenía el Sanctasanctórum en su centro, donde Jesucristo moraría cuando viniera a Su templo. Había una serie de oficinas y salas de ordenanza abiertas hacia al Sanctasanctórum. Alrededor de esas oficinas había un pasillo circular, con oficinas con vista hacia afuera, a los patios. Todo era magnífico y hermoso.

La estatua del ángel Moroni estaba sobre la punta espiral, mirando hacia el este. Cuando lo vi por primera vez en esa visión, contemplé que dos de los doce templos exteriores estaban todavía en construcción. Era hermoso, de estructura divinamente inspirada, un templo único construido de una manera muy singular.

La piedra exterior había sido importada de algún lugar de Canadá. Había sido traída por el poder de Dios, de una veta de piedra blanca que había sido descubierta poco antes de que la tribulación comenzara. La piedra brillaba como un diamante y relucía como la madre perla. Era una piedra preciosa que solo se había encontrado anteriormente en piedras pequeñas, lo suficientemente grandes como para simular pequeñas joyas. Esa veta en Canadá era de cién metros de ancho y 45 kilómetros de largo. La piedra por sí sola era tan dura como el diamante, y era la substancia más hermosa en la tierra. Solo podría ser cortada de manera perfecta a través del poder de Dios.

Me hallé sentado en el templo ya terminado. Debido a mi llamamiento en el templo, había sido asignado a una de las oficinas que se unía al Sanctasanctórum. La oficina era bastante grande y con una ligera forma circular con el extremo angosto, de unos cuatro metros de ancho. La profundidad del cuarto era de cerca de 14 metros, con la pared trasera de cerca de diez metros. La arquitectura era detallada, con techos altos y abovedados. Todo, incluyendo los pilares que soportaban el techo, estaban hechos de la misma piedra blanca, pero la piedra en esta oficina tenía vetas de plata que se movían lentamente dentro de la piedra. No estoy seguro de que este material pudiera existir en el mundo terrenal.

Estaba parado frente a una ventana de cinco metros de alto y 1.5 metros de ancho. El marco blanco arqueado era delgado y hermosamente construido, igual que cualquier otra parte de este cuarto. A mi derecha había un escritorio de tamaño moderado hecho de una hermosa madera blanca.

La superficie del escritorio era de madera tan lisa como el vidrio. No había nada en el escritorio más que un conjunto abierto de Escrituras encuadernadas en blanco.

La ventana no estaba hecha de vidrio y no era transparente. Si hubiera sido transparente podría mirarse el Sanctasanctórum, como era la pared que separaba mi oficina de ese lugar sagrado. La ventana tenía la apariencia de un lente, causando cierta distorsión en el reflejo de mi oficina cuando miraba a través de ella. Comprendí que era un Urim y Tumim, un "portal" como lo llamábamos. Dejaba pasar luz al cuarto, además de ser indispensable en aquel momento para completar la mayoría de la obra que el Señor nos había asignado.

A mi izquierda, al lado del portal, había una puerta arqueada y ornamentada de color blanco que conducía al Sanctasanctórum. Nunca lo intenté, pero sabía que no podía abrir la puerta a mi lado.

Detrás de mí había una larga mesa de conferencias, hecha de una bella madera obscura. Lucía como si fuera hecha de un solo árbol al que Dios le había pedido asumir la forma de mesa. La superficie de la mesa era de madera, pero también era tan lisa como el vidrio. Había quince sillas confortables alrededor de la mesa, tres a mi espalda y seis a cada lado. Ese mismo tipo de sillas estaban colocadas en ambos lados de la habitación. En el otro extremo de la mesa había una puerta doble grande que se abría a un corredor circular por el cual yo iba y venia.

El portal me pertenecía y, hablando espiritualmente, era parte de mí. Después que aprendí a usar todos sus poderes, yo era capaz de ver cualquier cosa que deseara. Solo podía ser usado para propósitos inspirados, y para el cumplimiento de las asignaciones del Señor.

Mirando la superficie podía observar cualquier acontecimiento o lugar con tan solo desearlo. Al principio, solo podía ver las cosas como eran en el presente, pero con el tiempo aprendí a ver el pasado y el futuro, siempre que fueran parte de mis asignaciones. También podía contactarme con otras personas trasladadas y verlas a través del portal. Si era necesario, podía hablar con ellas y ellas conmigo. Si caminaba hacia el cristal, sería instantáneamente transportado a esa ubicación. Yo podía entregarles cosas y recibir cosas de ellos sin tener que ir yo mismo donde estaban.

Como los pilares de luz que nos habían protegido en la última etapa de nuestro viaje, ese portal también tenía propiedades curativas y rejuvenecedoras.

Estar cerca o especialmente pasar a través de él, curaba el cuerpo y alma de cualquier persona que viniera conmigo.

Ese portal estaba diseñado para mi uso y solo me respondería a mí, aunque podría mostrar a otras personas lo que estaba viendo, si yo las incluyera. También podía traer conmigo a otras personas y cosas a través del portal, si esa era la voluntad del Señor.

Tenía la impresión de que el portal estaba vivo, que era algo viviente; lleno de verdad, entendimiento y un inmenso poder. No era una persona, o un alma, pero estaba viviendo de la misma forma en que la tierra estaba viva. Contenía toda la historia de la obra de Dios, y podía mostrármela cuando mis peticiones fueran justas.

También sabía que era eterna en su naturaleza, y que había sido una parte de mi vida antes de que yo naciera, y que sería parte de mi vida eternamente a partir de ese momento. Operaba exactamente igual al que había visto en mi habitación pre mortal. Podía ver o estudiar cualquier cosa que deseara, simplemente preguntando al respecto. Si necesitaba manejar algo, se me presentaba una representación de forma física de aquello, de manera que la podía operar y manejar.

Entendía por completo que era para la obra del Señor y no para mi entretenimiento, que yo no podía ni siquiera considerar entretenerme o satisfacer mi curiosidad. La única limitación del portal era mi propia fe y entendimiento de cómo usarlo. No importaba cuántos dones y maravillas obtuvimos de Dios, necesitábamos experiencia e inspiración para usarlos a su máxima capacidad. No recuerdo haber recibido algo de Dios y dominarlo inmediatamente. Eso tomó diligencia personal y esfuerzo espiritual para desenvolver esos dones.

Los usé muchas veces para cumplir con alguna asignación del Señor. Antes de partir, me llevó tiempo estudiar todo y a todos a quienes iba a ministrar, incluyendo su historia. Esa información venía a mí con tan solo preguntarme. Lo estudiaba a través de mis ojos y mi alma como un torrente de información. Cuando estaba preparado, caminaba a la superficie del portal y era trasportado al lugar inmediatamente. Después de completar mi misión, simplemente expresaba el deseo de volver, daba un paso y me encontraba nuevamente dentro de mi oficina en el templo.

En un destello la visión me llevó más adelante, a un tiempo en el que estaba sentado con mi espalda hacia la mesa, encarando el portal con otros dos hermanos trasladados, uno a mi izquierda y otro a mi derecha. Los conocía, pero no recuerdo sus nombres. Estábamos esperando a Jesucristo para que viniera a darnos instrucción. Esperando a Jesucristo para venir a darnos una asignación.

Recuerdo vívidamente estar esperando con emoción, hablando en voz suave uno al otro y preguntando cual sería la asignación, porque generalmente nosotros recibíamos nuestras asignaciones sin la aparición personal de nuestro Salvador. Yo lo había visto en el templo muchas veces, y cada experiencia me cambió, dejándome un sentimiento de más gozo y una admiración más profunda por Su amor y gloria.

Momentos después, la puerta se abrió y Él caminó dentro de mi oficina. Nos pusimos de pie cuando Él entró. Nuestros corazones se arrodillaban ante él, pero nos pidió no caer de rodillas ante Él pues ahora éramos Sus amigos y también Sus siervos. Nos sentíamos cómodos y nos encantaba Su presencia. Estaba vestido con una hermosa túnica blanca, que cruzaba Su hombro derecho, y arremangada a Su lado izquierdo con un broche. Estaba en su estado glorificado. Tres hombres trasladados lo siguieron a través de la puerta, Cristo nos los presentó. Sabía exactamente quiénes eran en mi visión, pero como ha pasado en varias ocasiones, no se me permite recordarlo ahora.

Se detuvo frente al portal, sólo a pocos metros de nosotros. Se quedó un largo rato mientras sentíamos Su amor y gloria. Nos dijo que el tiempo había llegado de comenzar a bendecir a otras personas en Sión con el don de la traslación.

Inicialmente, Él sólo había dado ese don a unos cuantos, además de los apóstoles, en esa gran conferencia en Salt Lake City. Jesucristo, y los tres con Él, pusieron sus manos sobre nosotros, uno por uno, y nos ordenaron a ese nuevo privilegio del sacerdocio. En cada caso, Cristo pronunció la ordenanza. Ese era el día que tanto habíamos esperado y deseado, pero que no habíamos anticipado que llegaría tan pronto. Nosotros sabíamos que eso señalaba una gran aceleración en el proceso del recogimiento de Israel, y en la formación de los 144.000. Queríamos gritar de regocijo y alegría, pero no lo hicimos. Cristo sabía de nuestro gozo y nos sonrió abiertamente.

Cuando todos fuimos ordenados a ese nuevo poder, nos pidieron que nos sentáramos. Ellos estaban parados entre el portal y nosotros. Cada uno dio un paso adelante, y nos explicaron el por qué nosotros habíamos recibido esta bendición anticipadamente, en la gran primera conferencia hace cuatro años. Nos mostraron nuestras futuras misiones en una visión. Vimos a todos los que íbamos a ministrar. No era necesario anotarlos en una lista. Era imposible que lo olvidáramos.

En esa ocasión derramamos muchas lágrimas, con profunda humildad y regocijo. Fue un momento que nunca olvidaré. Estábamos en total asombro de estar ahí, en ese grandioso templo de los Últimos Días, en Sión, hablando con nuestro Salvador viviente, siendo ordenados a ese oficio.

Después de que los tres habían hablado, Cristo nos instruyó para ir con cada uno de esos hombres y mujeres que acabábamos de ver, para enseñarles lo que todavía les faltaba. Cuando estuvieran preparados, estábamos autorizados para bendecirlos con el don adicional de la translación. Ese fue un gran día, porque antes de este momento, cada persona trasladada a través de la historia había sido ordenada personalmente por Jesucristo. De ese día en adelante, el poder de la translación fue confiado a los mortales. Siguiendo la translación de cada nueva persona, ellos pasarían por algún tipo de proceso abreviado de aprendizaje, semejante al que nosotros tuvimos durante nuestro largo viaje a Sión para aprender la extensión y uso apropiado de esos poderes.

Jesucristo y sus tres compañeros permanecieron más tiempo con nosotros, y se regocijaron con nosotros. No tenían prisa de partir, querían estar ahí con nosotros hasta que nuestro regocijo y nuestra transformación estuvieran completos. En toda la historia de este mundo, una reunión como esa sólo ocurría en raras ocasiones, y ellos esperaron con nosotros. Nos rodearon visiones, ángeles aparecieron y nos enseñaron. Estábamos completamente envueltos en gloria.

Cuando llegó la hora de partir, Jesús y cada uno de sus compañeros nos abrazaron una vez más antes de regresar por la misma puerta. Nos sentamos a la mesa durante un buen rato, regocijándonos y hablando de lo que acababa de pasar. Con el tiempo, el Espíritu nos hizo saber que era el momento de terminar. Oramos juntos y partimos a empezar nuestro trabajo.

Rápidamente descubrimos que todos nuestros sentidos y sensibilidades fueron amplificados una vez más. A partir de entonces, cuando íbamos hacia todos aquellos que nos indicaron que bendijéramos, podíamos ver todo el proceso de sus vidas. Ya había disfrutado de este don unas pocas veces mientras estaba fuera de mi cuerpo, pero nunca como ser mortal. Ahora estaba con nosotros continuamente. Sabíamos cómo ministrar a esas personas justas, y como eso afectaría sus vidas. Era una hermosa visión, llena de alegría y paz para ellos, y nos regocijamos al saber que éramos parte de ello.

Este don amplificado de conocer gente tan íntimamente, actuaba con todos los que conocíamos, no sólo con los candidatos a ser trasladados. Ser capaz de entender completamente a la gente de esa forma, es un don que viene con el ser trasladado, y crece poderosamente con la experiencia, además de las bendiciones. Nos tomó muchos años el entender e implementar ese nuevo don.

Comenzamos a cumplir nuestra nueva comisión inmediatamente, buscando a aquellos que pudiéramos ministrar con ese nuevo don. Las primeras personas a las que bendijimos habían viajado con nosotros desde Utah a Cardston, y de ahí hasta Sión. Esas personas estaban totalmente preparadas, y solo necesitaban ser ordenadas a ese llamamiento. Zachary es un buen ejemplo de aquellos que fueron totalmente preparados y que comenzó inmediatamente su nuevo ministerio como un ser trasladado. Había muchos a los que hemos ministrado en otras compañías, y que ahora estaban construyendo remotas ciudades de Sión. Nosotros literalmente ordenamos a miles para ese llamamiento. Nosotros no requeríamos de una lista. Nuestros dones lo hacían imposible de olvidar . Después de ese llamado inicial, se nos mostró a muchos otros que estaban menos preparados, pero que aprendían rápido porque ellos nos tenían a nosotros para que les enseñáramos; habíamos aprendido por medio de experiencias prolongadas, y a veces severas. Nosotros y otros comisionados a la misma obra continuamos la labor a través del uso de los portales por años. No nos detuvimos hasta que nuestros números alcanzaron y excedieron los 144.000.

Todos tenían una asignación en la Nueva Jerusalén. Había responsables de la vestimenta, de la granja o ingeniería y construcción. Mientras los años pasaban, la mayoría de esas personas se volvieron seres trasladados. La obra que realizaban era acelerada, era inspiradora y hermosa. Había grandes avances tecnológicos y científicos que bendecían nuestras vidas. Esos avances eran todos espirituales en su naturaleza, y dependían de un aumento cada vez más mayor de manifestaciones de fe para operarlas. No había avances en electrónica o alguna cosa que el mundo hubiera inventado antes.

La electrónica y las ciencias terrenas parecían herramientas primitivas de piedra para nosotros. Estábamos intensamente interesados en los dones de Dios, y en los cambios en nuestros corazones y cuerpos, y en el poder del sacerdocio. Nuestra vieja actitud de "ser autosuficientes tercos", ahora parecía arcaica. "Auto" parecía barbárico. Queríamos ser uno con Cristo. Queríamos buscar en las profundidades de nuestras bendiciones, y regocijarnos en la abundancia de nuestro nuevo mundo espiritual. Las cosas que nos fueron reveladas nos dieron aún más grandes dones que cualquier cosa electrónica, mecánica o científica, como llegarán entender.

Mi trabajo en el templo era mantener la pureza y la consistencia de las ordenanzas del templo. Después de haber dado la capacitación inicial, eso no ocupaba mucho de mi tiempo, porque los corazones y mentes de nuestra gente eran perfectos, así que pasaba la mayoría del tiempo reuniendo gente en Sión.

Para reunir a las personas dependíamos totalmente de la inspiración. A través de la revelación se me daba un nombre de una persona, familia o compañía que necesitara mi ayuda. Los estudiaba a través del portal hasta que fuera inspirado en la manera perfecta de ayudarlos. Luego iría por medio del portal hasta ellos y los ayudaba. Comúnmente los sanaba, los levantaba de la muerte y satisfacía sus necesidades. A veces me veían como un maravilloso extraño que simplemente se topó con ellos, y otras veces adivinaban mi verdadera naturaleza. Solamente cuando estaban preparados les revelaba la razón de estar ahí y de dónde venía. A veces nunca supieron de dónde venía, o cuál era mi nombre.

En algunos casos les tomó años a esa gente evolucionar. Fuimos a ellos muchas veces, y les enseñamos muchas veces también. Una gran parte de esas personas, tal vez incluso la mayoría de ellos, no eran miembros de la Iglesia, especialmente aquellos que habían sido reunidos por las compañías iniciales de Salt Lake City, poco después de que las tribulaciones comenzaron.

Algunos de ellos, a quienes ahora yo ministraba, estaban en grupos, algunos eran familias o personas. Cuando estaban preparados, les mostrábamos cómo emprender el viaje a Sión, y les mostrábamos la dirección correcta. Con frequencia regresaba a ellos en momento crítico para defenderlos y liberarlos por medio del poder de Dios. Pero tenían que hacer el viaje a pie, como nosotros lo hicimos.

Capítulo Nueve
EL DÍA DEL MILENIO

La cueva

Al terminarse esa escena, me encontré parado en la orilla del océano Pacífico. Un barco venía hacia mí mientras el sol se levantaba en el horizonte, mostrándolo poco a poco. Parecía de un tamaño no muy grande, un barco pesquero, con redes y boyas que colgaban a los lados. Yo era el único que estaba en la orilla, el resto de mi compañía estaba en el barco. Nuestro grupo consistía de mí mismo y otras dieciocho personas, en su mayoría hermanos del sacerdocio, y algunas mujeres que habían sido preparadas para llevar nuestro siguiente grupo a Sión. Todos estábamos conscientes de que yo era la única persona trasladada de nuestra pequeña compañía.

Mis compañeros se habían encargado de todos los preparativos, incluyendo el obtener el barco. Yo había recibido la asignación de reunirme con ellos ahí, y había llegado a través del portal sólo unos días antes. La mayor parte de la tripulación no era de Sión, habían sido enviados desde varias ciudades de Sión para hacer los preparativos, para recogerme y acompañarme en esa misión. Me puse de pie en la proa del barco, como guía para ir adelante, porque había visto la ruta durante mis preparativos en el portal.

Viajamos hacia el norte por semanas, más allá de los Estados Unidos, más allá de Canadá, alrededor de Alaska, y hasta las regiones árticas al norte de Canadá. Pasamos muchas islas grandes y atravesamos canales estrechos. Estábamos lo suficientemente al norte, y deberíamos estar en un severo clima ártico, pero no había nieve en el suelo, y se podía notar crecimiento nuevo de pastos y arbustos en la tierra que pasábamos, y que no estaban allí antes de las calamidades. Como ya he mencionado, el clima en todo el mundo había cambiado. Los inviernos eran mucho más suaves, y la capa de hielo en el extremo norte se había derretido en su mayoría, dejando la tierra al descubierto que había estado congelada y enterrada bajo el hielo durante miles de años.

Yo llevaba puesto un traje gris con una camisa blanca y corbata. En mi estado actual, no sentía ni frío ni calor. Todo era cálido y agradable para mí. A pesar de que era invierno de acuerdo con el calendario, la temperatura estaba entre diez y quince grados centígrados. Mis compañeros provenían de lugares mucho más cálidos, y no eran personas trasladadas, como yo, por lo que llevaban abrigos y gorros para calentarse; me esperaban en la cabina.

Después de varias semanas, llegamos a un lugar donde el mar se estrellaba contra acantilados verticales. Había tres picos rocosos de piedra azul grisácea, que había visto a través del portal. Fue la indicación clara de que estábamos en el lugar correcto. Un camino hecho por el hombre había sido tallado en la cara del acantilado que surgía de la playa rocosa hasta el medio de los tres picos. Nos encontrábamos muy atrás de algunas de las grandes islas, y el océano se aquietaba ahí. El barco continuó más allá de los acantilados y se deslizó hacia una playa rocosa estrecha. Una vez en tierra, mis compañeros me llevaron tierra adentro hasta donde había un camino, el cual, desde hacía siglos había sido marcado en la arena por muchos pies y vehículos. Giramos a la izquierda y continuamos por el camino que habíamos visto tallado en la pared del acantilado. Era ancho y liso, aunque, obviamente, de origen antiguo.

Se sentía como si la primavera estuviera en el aire, pero era el invierno sub-ártico. También sabía que ese camino, los tres picos y a donde nos dirigíamos, habían estado bajo treinta metros de hielo durante varios milenios, y que sólo porque la temperatura de la Tierra había subido, y el hielo se había derretido, teníamos acceso a este lugar de nuevo.

Nos detuvimos casi en el centro del pico central, que se alzaba por encima de nosotros. El camino continuaba hacia arriba, pero se volvía más estrecho un poco más allá de donde nos habíamos detenido. Los hombres que me acompañaban habían traído palas y picos. Se quitaron los abrigos y comenzaron a picar la piedra. No estaban socavando la piedra natural, sino un tipo de concreto con un lado hábilmente coloreado para coincidir con el acantilado, que cubría la entrada a una gran cueva. Una vez que la entrada quedó al descubierto, dicha entrada a la cueva era del tamaño de una carretera de cuatro carriles.

Pise la entrada de la cueva y, aunque había visto esas cosas a través del portal, era todo mucho más grande en la vida real de lo que había imaginado. Había una fila de luces de color amarillo a la altura mi cabeza por ambos lados del túnel. El túnel se arqueaba por encima, tallado en piedra natural, pero el suelo era plano y liso, y parecía haber sido hecho del mismo material que habíamos removido de la entrada. La entrada a ese túnel no había sido abierta al mundo exterior durante muchas generaciones.

La cueva se delineaba suavemente hacia abajo, desapareciendo en una fila aparentemente interminable de luces. Mis acompañantes bajaron sus herramientas, se sacudieron la ropa y me siguieron hacia dentro de la montaña. Me detuve a para ver detenidamente una de las luces en el lado del túnel que parecía un pedazo áspero de vidrio fundido. Era aproximadamente del tamaño de una pelota de baloncesto, y despedía una luz constante sin calor. Levanté una y me sorprendió lo ligera que era, pude determinar que no estaban conectadas por cables o cualquier otra fuente de energía que yo pudiera ver a simple vista. Después supe que eran muy parecidas a las piedras que el Hermano de Jared había pedido al Señor para iluminarse. No eran eléctricas, sino iluminadas por el poder de Dios.

Caminamos alrededor de un kilómetro y medio, descendiendo continuamente. El túnel se hacía cada vez más brillante a medida que nos acercábamos a una gran caverna al fondo. Mi primera impresión de la caverna fue que su diámetro era de muchos kilómetros. El techo estaba salpicado con las mismas piedras que brillaban, pero iluminaban tanto dentro de esa gran caverna como el sol mismo. El aire se movía suavemente y tenía un agradable olor a flores y plantas, como una pradera soleada después de una tormenta.

Cuando por fin pude ver hacia adentro de la cueva, vi a miles de personas reunidas. Todas estaban de espaldas hacia mí, mirando a un hombre que estaba de pie sobre una repisa tallada en la pared de roca. Él les estaba predicando con una voz que se amplificaba naturalmente en la caverna. Hablaba un idioma que nunca antes había escuchado, pero a mis oídos era como inglés con un acento irlandés o escocés.

Había hombres, mujeres y niños reunidos frente a mí. Justo antes de entrar a la gran caverna, había grandes rocas que cayeron durante los terremotos. Di un paso hacia un lado de una de ellas para escuchar y orar, pidiendo que se me guiara.

El hombre frente a ellos tenía el pelo largo y blanco, y una barba larga y blanca que caía perfectamente sobre su pecho. Llevaba en un brazo un libro grande, hacia el cual se refería ocasionalmente.

Les estaba enseñando acerca de los cambios por los cuales la Tierra había pasado recientemente. Con los dedos buscaba páginas específicas y leía las profecías en sus Escrituras sobre estos días. Sus palabras eran poderosas, y el lenguaje era hermoso. Hablaba de las cosas que nosotros, mis compañeros y yo, acabábamos de ver. Habló poderosamente de la Nueva Jerusalén, de donde proveníamos. Todo lo que decía era cierto, y fui conmovido por el Espíritu.

Las Escrituras que él leía eran de un estilo formal, poético, así como en los Salmos, hablando del derretir del hielo y de los anchos caminos arrojados a lo profundo. Leyó acerca de los cambios en el mundo, del crecimiento de la hierba y las flores una vez más en el norte desolado. Sus palabras llegaban a nuestros oídos como la más bella poesía. Su voz parecía cantar más que hablar. Fue magnífico, y lloramos. Lloré porque era hermoso y porque era un tercer o cuarto testimonio del porqué estábamos allí. Había tenido visiones de eso desde hacía años. Recientemente había oído las palabras que Cristo, pues me había hablado en persona. Había estudiado a esas personas a través del portal. Finalmente estaba escuchando a un profeta que nunca había conocido, leyendo de Escrituras de las cuales nunca había oído hablar, hablando proféticamente de la obra que estaba yo haciendo, todo llegaba a mis oídos por el poder de Dios en el inglés más poéticamente puro.

Sus palabras se leían de Escrituras de miles de años de antigüedad, que ningún hombre, más que esos pocos, habían escuchado; estaba profetizando acerca del porqué estábamos allí, entre ellos, a pesar de que aún no se habían dado cuenta de nuestra presencia. Era abrumador para todos nosotros.

La gente estaba completamente absorta en Él. Sus rostros estaban limpios y brillaban. Inmediatamente reconocí el resplandor del Santo Espíritu rodeándolos a todos. Con el dedo buscó la parte posterior del libro y les leyó una larga profecía de la Escritura; que hablaba de estos tiempos, profetizando que alguien iba a llegar del mundo exterior y que les llevaría a la Nueva Jerusalén, a la cual, añadió con gran énfasis, que sería "¡Arriba!", refiriéndose a la faz de la Tierra. Las personas se sonrieron y lloraron, algunos oraban en voz alta, dando gracias a Dios, otros se limitaron a inclinar la cabeza y llorar. Toda su actitud era de alabanza a Dios, regocijándose y llorando de alegría.

El silencio se apoderó de ellos, y su profeta comenzó a enseñarles sobre las bendiciones que recibirían en Sión. Hizo hincapié en las bendiciones del templo y el sellamiento por siempre de las familias.

Les prometió que poco después de que llegara a Sion, Jesucristo volvería a la Tierra para acabar con la maldad, haciendo de nuevo posible que esas personas vivieran bajo el brillo del sol, donde cae la lluvia, y donde se pueden ver las estrellas en la noche.

Después de más alegría y aplausos, el profeta apuntó directamente hacia donde yo estaba, junto a la gran roca. Gritó, "¡Y aquí está el mensajero de Dios que las Escrituras testificaron vendría! ¡Hoy las Escrituras se cumplen!" Llorando con lágrimas que corrían por su rostro, apuntaba directamente hacia mí.

Miles de ojos se volvieron hacia mí. Se oyeron gritos de asombro, y yo me aparté de la roca dando un paso lento hacia adelante, todavía orando fervorosamente en voz baja. No tenía miedo en mi corazón, pero me sentía profundamente intimidado. No había visto a través del portal lo suficiente, y lo que estaba pasando me sorprendió.

La gente era hermosa, con pómulos altos y ojos verdes, o marrones con matices de color turquesa. Había visto ojos como esos sólo una vez anteriormente, hacía mucho tiempo, cuando el hermoso ángel había venido a decirme que no moriría. En ese instante me di cuenta de por qué ella había venido, porque se trataba de su gente, de sus descendientes.

Su cabello era oscuro, casi negro, con algunas personas de cabello café, pero ningún rubio ni pelirrojo. Su tez era morena, algo así como los judíos de hoy en día. Los hombres eran de espalda ancha y generalmente un poco más bajos de un metro ochenta de altura. La mayoría de ellos tenía el pelo largo, que se sostenían en una coleta o un nudo.

Las mujeres eran de la misma altura que los hombres, y eran hermosas. Llevaban el pelo largo de varias maneras, con muchos tipos de trenzas intrincadas y estilos de cabello. Su piel era impecable por haberse mantenido alejados de la luz del sol por generaciones. Sus ojos brillaban con admiración y libres de prejuicio alguno. Mi corazón estaba henchido por abrazarlos con amor.

Todos llevaban ropa del mismo color, que era color gris plomo. Parecía incómoda, pero después me di cuenta que era suave al tacto. Tenían otros colores de ropa, pero ese era el traje formal que llevaban en el día del Señor, y para las ocasiones especiales. Las mujeres llevaban vestidos o túnicas de ese material que les llegaba a las rodillas. Estaban bellamente bordadas con fluidos diseños que incluían montañas, pájaros y árboles, todo lo que nunca habían visto en su vida. Los hombres llevaban pantalones sueltos remangados hasta los tobillos.

Todo el mundo llevaba sandalias ligeras en los pies. Cuando volvieron sus rostros hacia mí, tuve la impresión de que había cerca de 20.000 personas que me miraban. Era como estar frente al púlpito en el Centro de Conferencias, aunque nunca había tenido esa experiencia, así de tantas era el número de caras que veía.

Yo tenía un conjunto de libros colgando de mi hombro, que me habían sido entregados por el mencionado apóstol en Sión. Contenía todas nuestras Escrituras de los Últimos Días, un libro que describía los templos y sus ordenanzas, un conjunto de documentos sueltos y otro libro antiguo del cual no se me ha permitido recordar el contenido. Los libros estaban atados a los cuatro lados por una correa de cuero, con extensión para el hombro para cargarlos. Era una manera inusual de amarrar libros. Pero cuando finalmente se me permitió ver sus Escrituras, vi que estaban amarradas de la misma forma. Era la señal ante sus ojos de que lo que yo les había traído, era en verdad Escritura.

Las personas me abrieron paso y caminé lentamente hacia el frente. Era una distancia considerable desde donde yo estaba hacia la plataforma en la que el profeta estaba hablando, tal vez como unos 250 metros. Las personas me miraban fijamente, con lágrimas corriendo por sus rostros. Pasé junto a huertos exuberantes con frutas y verduras, por pequeños parques con bancas, áreas comunes con sillas de madera bellamente talladas y zonas infantiles llenas de juguetes. Las personas estaban paradas en esos lugares, observándome avanzar. Pasé por delante de ellos y sonreí, pero yo sólo quería correr hacia la plataforma.

Aprendí que habían conservado una forma de doctrina del Antiguo Testamento. No tenían el Nuevo Testamento, y no sabían de los acontecimientos de la vida de Cristo. Hablaron de Jehová, que conocían como Jesucristo, sin embargo, no conocían muchas de Sus enseñanzas. Lo adoraban como su Creador y Salvador, pero no tenían la plenitud del Evangelio. No tenían las ordenanzas del templo ni la comprensión de muchas cosas sagradas.

Jesucristo les había visitado en su mundo, en la cueva, en los días después de Su resurrección, y les había prometido que volvería. Les había prometido que antes de venir de nuevo a limpiar el mundo exterior, enviaría mensajeros para enseñarles la plenitud del Evangelio, y para liberarlos de su exilio autoimpuesto.

Ellos se dieron cuenta plenamente de que el momento tan esperado había llegado. Habían sido bendecidos con una larga serie de profetas, quienes, desde hacía miles de años, habían conservado su historia sagrada y secular, y mantenido pura su doctrina. Ellos tenían el sacerdocio de Aarón y las ordenanzas del mismo, pero sólo sus profetas tenían el sacerdocio mayor. Conocían, más no practicaban las ordenanzas del templo. Llevaban muchas generaciones esperando este día y este momento. Para ellos era algo como el momento cuando Moisés fue a Egipto a liberarlos del Faraón.

Repito: me sentía intimidado por el enorme desafío que se me presentaba. Cada una de estas personas tenía que ser enseñada en el Evangelio, y bautizada en la Iglesia de los Últimos Días, ordenada en el sacerdocio y preparada para el templo, todo durante la larga travesía hacia la Nueva Jerusalén para recibir sus bendiciones en el templo. Además de eso, se les tenían que enseñar los principios de Sión, e integrarlos a la obra de los últimos días.

Mientras caminaba hacia el frente, yo oraba fervorosamente para que dijera e hiciera lo correcto. Entonces recordé quién era yo, quién me había enviado y todo lo que había visto. El temor me dejó inmediatamente, y me dirigí rápidamente hacia el frente subiendo una estrecha escalera de piedra para unirme a su profeta. Me acerqué a él, y antes de hablar, le entregué el paquete que me habían dado. Lo tomó y lo sostuvo sobre su cabeza, y gritó:"¡Aquí sostengo la plenitud del Evangelio!". Luego se volvió hacia mí y me abrazó.

Después de que la alegría dio paso al silencio, pidió que me dirigiera a su pueblo, dio un paso atrás haciendo un movimiento de su mano. No había atril o púlpito que me separase de esas personas. Mi corazón se llenó de amor por ellos al dar un paso al frente, todavía inseguro de lo que debía decir.

En cuanto abrí mi boca, supe que ellos entenderían cada palabra. El Santo Espíritu descendió sobre mí y las palabras comenzaron a fluir en la acústica perfecta de la gran cueva, adentrándose en la inocencia perfecta de sus almas.

Empecé a enseñarles lo que acababa de suceder en la Tierra. Les platiqué del colapso de la sociedad, de los terremotos y las inundaciones. Compartí un poderoso testimonio de la veracidad de lo que su profeta acababa de decirles, porque había visto con mis propios ojos todo lo que él les había dicho.

Hablé acerca de Jesucristo, de su vida y la Expiación. Ellos lloraron y se regocijaron. Su forma de adoración era bastante ruidosa en comparación con mi entendimiento, y tuve que detenerme con frecuencia para dejarles aclamar con alegría.

Me encontré disfrutando sus expresiones espontáneas, pues eran transmitidas por la voz del Espíritu.

Hablé de la Apostasía y luego de la restauración de la Iglesia de los Últimos Días por José Smith. Les hablé de la Biblia y la mostré en alto. Hablé mucho tiempo sobre el Libro de Mormón, y también lo mostré en alto. Hablé del estado actual de la Iglesia y de los cientos de templos y del gran recogimiento de los últimos días que estaba llevándose a cabo.

Finalmente, hablé de la edificación de Sión, que no se había visto interrumpida por las destrucciones recientes, sino más bien fue acelerada a causa de ellas. Les dije de la gran conferencia en Salt Lake City y de cómo había visto y oído a Jesucristo en esa reunión.

Les dije que yo había sido enviado por Jesucristo personalmente, y por la Iglesia de los Últimos Días en Sión, a fin de prepararlos para volver. Entonces abrí las Escrituras que había traído, leyendo muchas de ellas, predicándoles con el poder de Dios. No sé cuánto tiempo hablé, pero fueron por lo menos varias horas.

Ellos se emocionaron hasta las lágrimas, llorando y alabando a Dios. Algunos cayeron de rodillas, su fuerza consumida por su alegría. Sabían que las promesas hechas a ellos estaban a punto de cumplirse.

Abrí un pequeño libro en la parte superior del envoltorio que les había traído. Contenía los mapas y las instrucciones sobre lo que iba a suceder, y cómo encontrar el camino a Sión. También describía sus deberes y su misión después que llegaran allá para terminar de preparar al mundo para la Segunda Venida de Cristo. Hablé de la parte del templo que sólo ellos podían construir, y les mostré el proyecto en un plano.

Esperé a que el silencio cayera sobre esa gran asamblea. Entonces llamé a los otros dieciocho que me había acompañado. Los presenté a cada uno por su nombre y les hablé de la misión que cada uno iba a tener, y de cómo les ayudarían a regresar a Sión. Cada uno de los dieciocho dio un breve testimonio ante el grupo.

Su profeta se acercó y me entregó una copia de sus Escrituras y su genealogía con gran solemnidad, casi ceremonialmente. Él dijo: "Les encomiendo estos documentos sagrados. Cuídenlos y llévenlos de vuelta al profeta en Sión. Estas son nuestras únicas copias, escritas por las manos de nuestros profetas. Díganles a nuestros nuevos profetas que somos los hijos de Dios, y que hemos estado esperando ansiosamente el día en el que recibamos nuestras bendiciones en Sión y en el templo. Estos son los registros de nuestras generaciones y la historia de nuestro pueblo. Deseamos que nosotros y nuestros antepasados podamos hacer nuestra obra del templo tan pronto como estemos preparados. Díganles que "vamos en camino".

Mi siguiente visualización fue al caminar con ellos en el ancho túnel. Me marchaba con ellos de su casa, que era la cueva. Caminaron con determinación hacia la luz del día que no habían visto durante generaciones, pero también hubo miradas entrañables hacia atrás, su hogar, por todos los vívidos recuerdos, y muchas lágrimas resultantes de diferentes sentimientos. Al frente caminaba su anciano profeta, su cara brillaba, llena del Espíritu, y por el l sol que estaba contemplando por primera vez en su vida. Las últimas personas tomaron los cristales brillantes de las paredes de la caverna, y después de envolverlos en paño, los colocaron cuidadosamente en un carro tirado a mano, dejando la gran cueva en la obscuridad. Algunos obreros se quedaron atrás temporalmente para sellar la cueva detrás de ellos.

Los demás de mi grupo trabajaron con la gente para dividirlos en compañías. Habían construido carretillas y pequeños vagones, pero no tenían animales para tirar de ellos. Para entonces ya conocía a algunos de sus nombres, y había llegado a amarlos mucho. Eran verdaderamente un pueblo maravilloso, inocente y no contaminado por el mundo. Eran como niños en su fe y en su conocimiento del mundo exterior, diferente a su hogar en la cueva. Lloré mientras pensaba en dejarlos, pero sabía que tenían que someterse a su propia travesía hacia Sión, para que estuvieran preparados al llegar.

No fui con ellos. Abracé a muchos de ellos, acepté sus besos sobre mis lágrimas, luego caminé una corta distancia, hasta que estuvieron fuera de mi vista y regresé a Sión a través del portal. Cuando llegué, entregué a la Primera Presidencia de la Iglesia los libros con la genealogía de esa gente y sus Escrituras, la Primera Presidencia para entonces se había trasladado a lo que anteriormente se conocía como Misuri, pero hasta ahí. Ahora, el mundo lo llamaba Sión, la Nueva Jerusalén.

La llegada de ellos a Sión

Mi siguiente visión me llevó al día que mis amigos de la caverna llegaron a Sión. Fue muchos años después. Yo había regresado a ellos varias veces para motivarlos y ministrarles, pero el trabajo más arduo había sido llevado a cabo por los dieciocho que habían caminado con ellos hasta Sión. Sabíamos que venían y subí a pararme sobre una colina pequeña, en el límite de la ciudad. Habíamos preparado un banquete para darles la bienvenida y refrescarlos. Dejaron caer sus bultos y sus carros de mano en cuanto nos vieron y corrieron a nuestros brazos. Lloré mientras abrazaba a aquellos a quienes había llegado a amar.

Estaban cansados y harapientos, habían vencido muchos obstáculos. Sus números se habían reducido. Habían pagado el precio por su travesía de dignidad. Su profeta anciano había sobrevivido al viaje y venía al frente cuando llegaron.

José Smith se unió a nosotros en su bienvenida. Les enseñó sobre su papel en la restauración del Evangelio. Les dijo a cuál de las tribus de Israel pertenecían y les leyó de sus propias Escrituras para instruirles. Estaban conmovidos al contemplar al resucitado José Smith, pero no parecían sorprendidos. Nuestro actual profeta se dirigió a ellos, así como también los profetas que les habían ministrado en dispensaciones pasadas. Eran profetas que no había oído mencionar anteriormente, pero eran bien conocidos por aquellos que llegaban, y hubo exclamaciones de asombro mientras nombraban a cada uno de sus queridos profetas.

Cuando la gente había comido y estaba preparada espiritualmente, los llevamos al interior de la ciudad. Había otra mesa larga, puesta cerca del templo, con miles de pequeños vasos de agua. Se reunieron y el profeta les explicó que beberían del Agua de vida.

"El Agua de vida"

Durante la construcción del templo en la Nueva Jerusalén, habíamos descubierto una fuente natural de agua. Cuando consultamos los planos, descubrimos que estaba marcada en ellos, junto con un diseño de cómo aprovechar el agua que fluía. Al terminar el templo, el agua fluía por debajo del templo y creaba una hermosa fuente que llamamos la "Fuente de Agua viva", justo afuera del templo. Cerca de la fuente, se erguía un enorme y magnifico árbol, el cual llamamos el "Árbol de la vida", el cual no había crecido allí, sino que había sido trasplantado ya crecido desde la esfera terrestre. Un árbol como ése nunca había crecido en la Tierra. Solo lo observamos allí un día y, como con los demás seres vivos en Sión, comprendimos su historia completa y todo lo relativo a ello. Hasta el momento de haber sido trasplantado a Sion, había sido una característica de la ciudad de Enoc.

El árbol daba doce tipos de fruta, representando las doce tribus de Israel. Cada tipo de fruta tenía propiedades sanadoras y santificadoras únicas, que usábamos en formas que ya no recuerdo. Lo que sí recuerdo es pasarme horas observándolo, pensando y maravillándome de cómo un ser viviente tan perfecto podía estar ahora sobre la Tierra.

Aun las hojas tenían poderes sanadores, si una hoja o una fruta se cortaban del árbol, estos crecían de nuevo casi inmediatamente. El tomar una sola hoja y ponerla sobre algún otro lugar causaba que la tierra sanara, que creciera vegetación exuberante y que el área comenzara a transformarse al estado Milenario. Uno de los propósitos maravillosos de las hojas del árbol era limpiar el agua de los residuos de contaminación causada por la guerra y la radiación. Justo antes y después de la venida del Señor; tomamos muchas hojas para llevarlas a las ciudades lejanas de Sión para que comenzaran su transformación al estado milenario y, con el tiempo, las llevamos a todo el mundo.

El comer la fruta del árbol instantáneamente nos transformaba al estado terrestre o forma milenaria. No custodiábamos el árbol porque ninguna persona indigna podía entrar en Sión o de cualquier modo abordar el templo o el árbol de la vida. Aquellos cuyos ojos se encontraban abiertos a las cosas de Dios y sus ángeles, podían ver poderosos ángeles custodiando el Árbol de la vida, de la misma manera que el Padre lo había mandado en el Jardín de Edén.

El árbol resplandecía con la gloria de Jesucristo de día y de noche, y era asombrosamente hermoso, mucho más perfecto que cualquier otro árbol que previamente hubiera existido sobre la tierra.

El agua de la fuente fluía alrededor del árbol y, al hacerlo, obtenía las propiedades de vida del árbol. De esa manera el agua estaba "curada" de su condición telestial, convirtiéndose en naturaleza terrestre. Construimos un acueducto abierto para acarrear el agua hacia el centro de cada calle en

Sión, para que toda persona pudiera tomarla libremente. El canal estaba ligeramente alzado, y estaba construido de piedra hermosamente tallada e incrustada con oro. Construimos arroyos más pequeños para llevar el agua hacia los jardines y las huertas en el lado opuesto de la ciudad. Cuando los arroyos de agua llegaban a la orilla de Sión, se iban bajo tierra para nutrir la tierra.

Canalizamos otro arroyo desde la fuente hacia un nuevo río que fluía alrededor de Sión. Las orillas del río comenzaron a volver a la vida, con vegetación exuberante, árboles y plantas llenas de flores que crecían espontáneamente en las orillas del río, moviéndose lentamente tierra adentro, hacia el paisaje desolado. Les recuerdo que habían pasado poco menos de dos años desde que la ola gigante del Golfo había pasado por ahí y había destruido casi todo, incluso salando la tierra, por lo que era difícil mantener cualquier vegetación.

El agua era diferente al agua normal. Era más transparente y deliciosa; y tenía una propiedad reflejante que causaba que centellara a la luz del sol. Por la noche relucía, chispeaba y brillaba. Nuestros profetas nos leyeron las profecías acerca de ese manantial, de los cuales podemos encontrar un fragmento en el último capítulo de la Biblia. Eventualmente se encontró un arroyo similar en la antigua Jerusalén. Dios había proveído esas aguas por medio de Su poder para el perfeccionamiento de Sión durante el Milenio.

Descubrimos pronto que untar un poco de agua en una herida la curaba en tan solo unos minutos. Beberla una vez curaba cualquier dolencia que se pudiera tener, tomarla varias veces curaba cualquier enfermedad y comenzaba a cambiarte. Tomarla durante aproximadamente una semana te cambiaba permanentemente a un estado "Milenario condicional", el cual era un cambio similar a ser trasladado, pero sin los dones espirituales. A partir de ese momento, el cuerpo nunca envejecería. Se volvía inmune a las enfermedades y malestares. Las heridas sanaban rápidamente. Con el tiempo, las personas se volvieron inmunes a las lesiones y al dolor. Las personas de más edad gradualmente rejuvenecían, y los jóvenes dejaban de envejecer alrededor de los treinta años. Todo era extremadamente emocionante, y nos volvió humildes al descubrirlo. Tomábamos libremente de esa agua, y nos regocijamos y alabamos a Jesucristo.

Lo comenzamos a llamar el "Agua de vida" porque nos daba vida. También nombramos la fuente de dónde provenía, y lo hicimos porque comprendimos plenamente que provenía de Jesucristo, que es la Fuente de Agua viva. El título "Agua de Vida" era un constante recordatorio que provenía de nuestro Salvador. Una vez que nos transformamos totalmente al beber el agua, nosotros literalmente nunca más volvíamos a tener sed. Dejamos de beber agua normal. Bebíamos del arroyo diariamente, pero ya no era necesario después de que el cambio había surtido efecto por completo.

Después de beber, el hambre ya no nos afectaba. Comíamos cuando queríamos, los que no habían sido trasladado aún tenían que comer, pero en cantidades mucho más pequeñas y con mucha menos frecuencia.

Igualmente asombroso era el hecho de que en todas partes que el agua cayera, la hierba, los árboles y las flores empezaban a crecer y florecer con abundancia espontánea. La tierra se enriqueció y hasta las rocas y piedras fueron transformadas. Limpiar con agua el concreto o piedra, los transformaba de modo que quedaban en un estado perfecto, sin raspones, grietas o desgaste. Simplemente se volvían impecable, hermosos, e impenetrables a todo lo telestial. Comenzamos a regar los jardines, y el fruto creció enormemente. Una vez vi a dos hombres que llevaban un racimo de uvas que colgaban de un palo entre ellos. Cada uva era del tamaño de una sandía. Los hombres mismos habían sido transformados, por lo que la enorme fruta no era difícil de cargar para ellos. La llevaban para deleitarse y llevarla por las calles glorificando a Dios y regocijándose en voz alta, invitando a todos a venir y degustar del néctar divino de la gracia de Dios.

Pronto aprendimos a recoger la fruta cuando era pequeña y más fácil de comer, en lugar de permitirle llegar a esos tamaños. Descubrimos que después de recoger una fruta o verdura, pronto volvía a crecer, por lo que los árboles estaban siempre cargados de fruta y las plantas producían verduras continuamente. Realmente casi nunca plantamos nuevos jardines, se reproducían como si explotaran de alegría.

Uno podía comer un pequeño trozo de fruta, y eso bastaba para satisfacer el hambre y la sed durante días. Esa comida era totalmente absorbida por nuestro cuerpo y no producía residuo alguno. Proveía todo lo que nuestros cuerpos necesitaban para vivir sin enfermedad ni muerte.

Descubrimos que la fruta estaba viva, y si dejábamos una fruta en un armario o una mesa, se mantenía fresca y deliciosa indefinidamente. La comida también tenía propiedades curativas. Comer un pedazo de fruta curaba cualquier enfermedad común, comerla repetidamente nos transformaba aún más. Pero sólo beber el agua nos convertía al estado Milenario.

Incluso la hierba, los árboles y los animales se convirtieron en "Milenarios". El agua estaba transformando todo lo que nos rodeaba.

Convirtiéndose en seres eternos

La gente de Sión no envejecía, a menos que fueran niños. Los niños maduraban hasta tener aproximadamente treinta años y luego dejaban de envejecer. No existía, indisposición, dolencia, o enfermedad de ningún tipo, ni lesiones de alto riesgo, prácticamente no había dolor.

Pero se había una diferencia entre el joven y el viejo que pudimos observar: debido a que nuestros ojos estaban abiertos a las cosas espirituales, y debido a la presencia constante del Santo Espíritu, las personas mayores poseían un aspecto de sabiduría, de conocimiento y de experiencia. Hablaban de manera diferente y poseían el conocimiento de cómo usar el sacerdocio que las personas más jóvenes no tenían. Tenían más experiencia, fe y sabiduría. Todos nos veíamos de la misma edad con el paso del tiempo, pero había una diferencia que venía con la edad, que era reverenciada, honrada y anhelada.

Las personas mayores también recordaban lo que era ser un mortal, viejo o enfermo. Las personas más jóvenes no habían experimentado esas cosas. No era raro que se le pidiera a estos ciudadanos mayores de Sión que les enseñaran a los jóvenes cómo había sido en la vida terrenal para que valoraran sus bendiciones Milenarias. Aprendimos a comunicarnos tanto por el Espíritu como por nuestra voz, por lo que las generaciones mayores eran capaces de enseñar esas cosas con gran claridad; transfiriendo el conocimiento de esos principios de la mortalidad poderosa y claramente a sus alumnos.

La bendición de ser sencillo

Después de que las aguas vivas habían sanado la tierra y a las personas, vinieron tiempos a los cuales me referí anteriormente, cuando ya no hubo necesidad de negocios, tiendas, servicios, manufactura, comercio, industria, dinero, bancos, préstamos, pagos o ninguna otra convencionalidad de la vida terrenal. El estado Milenario nos liberó de todas estas trampas de Babilonia. Todo lo que necesitábamos era proveído por el poder de Dios, y estaba inicialmente sólo en Sion y, posteriormente, en todas las ciudades de Sion. Éramos libres para trabajar exclusivamente para Dios, y eso fue exactamente lo que hicimos, y fue la mejor de todas las formas de vida.

No había sistema monetario; el oro, la plata, y las piedras preciosas solo tenían valor como adornos en los templos, iglesias, obras de arte y como pavimento para las calles.

Todos teníamos cosas en común, porque teníamos todas las cosas que necesitábamos. Todos éramos mucho más ricos que cualquier rey mortal que hubiera existido, y nada material nos importaba. Un camión de volteo lleno de diamantes habría esparcido su carga sobre el concreto mojado como un adorno de Sión, antes que aparecer en el dedo o cuello de alguna persona. El concepto de propiedad o adquisición de "bienes", como parte de nuestra identidad, desapareció de nuestro paradigma social.

Pilares de fuego

Todo eso fue antes de la Segunda Venida. El Señor nos había ordenado comenzar el día Milenario dentro de Sion y sus ciudades, mientras que la guerra y el caos reinaban en todas partes. Estábamos rodeados por la guerra en nuestra propia tierra. Las tropas extranjeras estaban avanzando en sus planes y nosotros los ignoramos. No tenían ningún poder sobre nosotros, aun cuando intentaron en repetidas ocasiones entrar a Sión y ejercer su autoridad sobre nosotros, siempre frustrábamos sus propósitos. No tuvimos que hacer que bajara fuego sobre ellos, ni resguardar nuestras entradas con armas anti-tanques. Vivíamos dentro de la seguridad del poder de Dios. Los mismos pilares de fuego que nos habían acompañado a través de los páramos de Estados Unidos hacia Sión, ahora ardían sobre el templo y en las doce puertas de la entrada de Sión. Algunos pilares de fuego se podían ver con frecuencia sobre los hogares u otros lugares donde la gente se encontraba adorando a Dios, enseñando bajo el poder de Dios o aprendiendo en humilde obediencia.

De igual manera, como las Aguas Vivas habían cambiado todo dentro de los muros de Sión, la ciudad comenzó a brillar con una gloria interna. Los edificios brillaban, las calles brillaban, las aceras, los jardines y las flores también brillaban. La vista más hermosa de todas era el poderoso templo ahí. La luz de toda la ciudad parecía ser atraída hacia el templo, que parecía ser lanzada hacia arriba, por encima del templo mismo, donde perforaba el cielo como un poderoso pilar de fuego, el cual se extendía más allá de la visión del hombre, hacia el infinito. Para aquellos que no conocían la ión de esos acontecimientos, y para aquellos que militaban en su contra, Sión parecía tan terrible como "ejércitos con sus estandartes", como lo predijo Isaías; aun así, Sión era tan pacífica como una paloma.

La expansión de Sión

Toda nuestra sociedad estaba dedicada a la expansión de Sión, lo que significaba que las tierras alrededor de nosotros tenían que ser preparadas para convertirse en Sión. A medida que avanzaba el tiempo, se corrió la voz en todo el continente americano, y luego en todo el mundo, que en Sión había paz, seguridad y comida, y si las persona no deseaban estar en la guerra, tenían que pagar cualquier precio para ir a Sión y a sus ciudades. Ya no llamábamos a ese lugar Misuri, sino que se estaba conociendo en todo el mundo como Sión, la Nueva Jerusalén, la ciudad del Dios Viviente.

Como resultado, la gente llegaba a las puertas de Sión todos los días. No las podíamos admitir hasta que fueran preparadas. De hecho, no podían entrar debido a los pilares de fuego que la custodiaban. Nuestro Salvador nos visitó en el templo de Sión; seres resucitados y trasladados caminaban en las calles. Se veían a diario personas destacadas de generaciones anteriores, y sólo los puros podrían estar allí sin ser consumidos por los pilares de fuego.

En ese tiempo, a Jesucristo no se le veía fuera del templo. En realidad, después de la Segunda Venida, nuestro Salvador vivió en la Nueva Jerusalén, y no era fuera de lo común verlo en la ciudad. Él visitaba los hogares y las familias, los bendecía con su presencia, su amor y su gloria. Mientras más se acercaba ese día, los requisitos de dignidad para habitar allí se tornaban mucho más celestiales. Todos lo sabíamos, y aceptábamos la norma de rectitud establecida como un requisito mínimo. También aceptamos los cambios que se presentaban en nuestra santidad colectiva, la cual, al final, haría posible que Cristo caminara por nuestras calles, las cuales se habían pavimentado amorosamente con oro para que pudieran ser apropiadas para Sus pies santos.

Cuando la gente llegaba a Sión, teníamos un grupo grande de personas asignadas para darles la bienvenida, darles comida y mostrarles dónde podían acampar fuera de la ciudad. A nadie se le negaba la entrada, ni a aquellos que sabíamos tenían malas intenciones con sólo mirarlos. No había necesidad de negarles nada. No nos podían hacer daño ni podían entrar a Sión. Nuestra misión era amarlos y enseñarles, para que tuvieran la oportunidad de escuchar el Evangelio de una manera que pudieran comprenderlo.

La única comida que teníamos era aquella que cultivábamos, conforme describí anteriormente.

Incluso una poca comida de esos alimentos curaba cualquier enfermedad. Una dieta constante restauraba la salud en pocos días. Pero nos enteramos de que fuera de Sión no se produjeron esos nuevos cambios que habrían hecho a esas personas de naturaleza "Milenaria". También escuchamos historias de personas que tomaban la fruta de Sión para llevarla a lugares lejanos para venderla, o utilizarla para curar a sus seres queridos. Cuanto más lejos se la llevaban, menos poderosa era, hasta que se deterioraba al igual que cualquier otra fruta y se volvía sin utilidad para ellos. El poder de la fruta no estaba en el fruto, sino más bien en Sión.

Sin embargo, cuando vieron que sus heridas se curaban rápidamente y su cuerpo se rejuvenecía, inmediatamente se preguntaban que poderosa tecnología o medicina milagrosa poseíamos. Entonces una de dos cosas sucedía: o hacían planes para robar cualquier tecnología que imaginaban teníamos, o de inmediato sentían el Espíritu de Dios y hacían planes para unirse a nosotros. A aquellos que deseaban unirse a nosotros se les enseñaba y bautizaba, y comenzaban su largo viaje a Sión mientras todavía acampaban fuera de la ciudad.

Más allá de estos campamentos de personas que buscaban ayuda y sanación al estar en las proximidades de Sión, había otros grandes campamentos de personas que temían a Sión, que en algún momento habían luchado en nuestra contra o nos habían atacado durante nuestro viaje hasta aquí. Muchos de los habitantes de esos campamentos habían llegado a Estados Unidos como tropas de ocupación, pero se había desilusionado con los invasores y habían desertado. Todavía estaban temerosos de nosotros, debido a que sus armas eran inútiles si decidíamos atacarlos. Nunca lo hubiéramos hecho, pero vivían en la sospecha y con miedo. También estaban atemorizados por sus antiguos compañeros, y vivían en un constante temor por todas partes. Sin embargo, se quedaban y comían del fruto de Sión, y no sabían que hacer, ya sea salir o entrar a la ciudad.

El mundo se llenó de rumores acerca de Sión, de nuestra longevidad y fuerza física, y no se atrevían a acercarse. Sin embargo, hicieron sus campamentos y establecieron como ciudades de carpas cerca de nosotros,

porque había paz aquí. Aún tenían la esperanza de descubrir o robar lo
que nos hacía poderosos y prósperos. Algunos no podían creer que tuviera
algo que ver con el poder de Dios. Con el tiempo, enviaron embajadores
formales a Sión pidiendo que les enseñáramos cómo vivir en paz, con
salud y prosperidad, pero sin tener que ver con nuestra religión. Eso forjó
algunos momentos de enseñanza muy interesantes.

Así que aquí es donde se tamizó el trigo de la cizaña. En el mundo,
teníamos continuas guerras y abominaciones, que podían ser compara-
dos con el infierno o la perdición, donde el diablo reinaba con sangre y
horror. Teníamos un círculo exterior de campamentos que nos rodeaba
de personas que nos veían como poderosos y temibles, que aún vivían
con la espada desenvainada, pero que buscaban la tranquilidad de estar
cerca de Sión. Rechazaban cualquier cosa espiritual de nosotros, pero val-
oraban los beneficios de su proximidad a nosotros. Esto puede ser comparado con el mundo telestial.

También había un círculo interior de campamentos de personas que
trataban de entrar en Sión a través del aprendizaje y el arrepentimiento,
que era similar al reino terrestre, donde las personas se beneficiaban de la
sanación y el poder espiritual de Sión.

Luego estaba el centro celestial llamado Sión, donde los ángeles
comúnmente caminaban por las calles, los seres resucitados daban clases y
la gloria de Dios iluminaba las calles pavimentadas con oro.

La gente progresaba al desertar de los campos externos y buscar refugio en campamentos más cercanos a Sión, era un proceso interesante.
Las personas eran cautelosas al acercarse a una de las puertas de la ciudad.
Enviábamos misioneros a los campos más cercanos a diario que enseñaban con poder a todos los que deseaban participar. Organizamos y realizamos reuniones sacramentales en los campamentos más cercanos cuando
la necesidad surgía. Fue la mejor obra misional que el mundo jamás había
experimentado. Todos los que fueron llamados a ser misioneros amaban
sus asignaciones, e hicieron una gran obra reuniendo las personas que
estaban preparadas.

A aquellos que estábamos en el interior de Sión, nos había tomado
toda la vida para calificar para estar allí; y las leyes que regían la rectitud
y dignidad aún estaban en vigor. Nadie podía ser admitido en Sión hasta
que sus corazones fueran puros y fueran dignos de ver y participar en
las cosas que sucedían cada hora en la ciudad. Su gran ventaja era que

estaban siendo enseñados con gran poder, y veían los pilares de fuego y experimentaban la sanación de sus cuerpos. Aquellos cuyo amor a la verdad y a Cristo seguía brillando tenuemente en algún rincón de su alma, notaron que su progreso, que podría haber llevado mucho tiempo, había sido reducido de décadas a años, o hasta meses, y su conversión fue profunda y permanente. Algunas personas llegaron totalmente arrepentidas y llenas de fe, y su transición a Sión fue muy rápida.

Cuando esas personas se unieron a nosotros, el terreno sobre el cual habían acampado se utilizó para ampliar las fronteras de Sión, pero esta vez, con ellos dentro.

Aquellos que no pudieron cambiar, se les obligó a mudarse más allá de nuestras fronteras.

Para nuestro completo asombro, un gran número de personas optaron por oponérsenos, en lugar de unírsenos. Fue difícil de ver, sabiendo que pronto vendrían los tiempos de limpieza por fuego, que esa gente se había definido a sí misma como los que no podrían sobrevivir a Su venida gloriosa.

El regreso de las Diez Tribus

Llegué a comprender con el tiempo que las Diez Tribus regresaron de cuatro maneras distintas.

En primer lugar, desde hace años, las tribus de Efraín y Manasés ya se habían estado juntando, por medio del Evangelio de la Iglesia, a través de su propio proceso de conversión. Gente de todo el mundo se ha reunido, primero por medio del cristianismo, y por último con la Iglesia de Jesucristo de los Santos de los Últimos Días. Esos fueron los tiempos de adopción espiritual donde todos los que se alinearon con Dios fueron adoptados dentro de las bendiciones de Israel, a través de La Iglesia de los Últimos Días.

En segundo lugar, el trabajo de recogimiento se aceleró dramáticamente con el uso de los portales después de los primeros días de Sión. Yo fui parte de ese recogimiento y trabajé durante muchos años junto con ángeles invisibles, con personas trasladadas e incluso con algunas personas resucitadas que habían sido asignadas a facilitar el regreso de una tribu específica. Fueron reunidas como Jeremías lo había previsto: de una ciudad en Sión: dos; de una familia: uno. Durante esta etapa de regreso, les enseñamos y reunimos a todos los que tenían fe en Cristo, tanto de dentro como de fuera de la Iglesia de los Últimos Días. Los guiamos a una de las muchas ciudades de Sión, donde se desenvolverían a través de las tribulaciones restantes, hasta que Cristo viniera para libertar a todos.

Ese proceso sólo se completaría poco antes de la Segunda Venida.

En tercer lugar, algunos grupos de personas fueron guiados por Dios, es decir, por medio de Sus ángeles, en específico por nosotros, los de Sión, desde su dispersión entre las naciones, de vuelta a la Nueva Jerusalén y a las otras ciudades de Sión en todo el mundo. Esas personas a veces tenían sus propios profetas, sus propias escrituras y sus propias tradiciones. Les enseñamos durante sus viajes, y fueron bautizados y ordenados en el sacerdocio al hacerse dignos. Me he referido al enorme esfuerzo en Sión para enseñar y realizar ordenanzas para esas multitudes de personas que iban llegando.

La mayoría de ellos eran de lugares lejanos: del norte de Europa, de África, Asia, India, el Oriente Medio y las regiones eslavas hacia donde habían huido para escapar hace miles de años. Incluso después de su llegada, a veces tenían dificultades para identificarse con Sión. A pesar de haber hecho el viaje físico a Misuri, les era difícil hacer el viaje espiritual a Sión.

También fue un tremendo esfuerzo enseñarles y despojarlos de sus equivocadas tradiciones: ropa, joyas y perforaciones corporales, y así sucesivamente. Eran como recién nacidos espiritualmente que tenían que ser enseñados en todas las cosas. Los Santos trabajaron mucho para enseñarles, pero fue una transición difícil y no quedaba mucho tiempo.

Por ejemplo, querían adornarse para celebrar su conversión, y estábamos constantemente tratando de corregirlos. Se creó una situación un poco cómica cuando se presentaron con esas costumbres tradicionales, recicladas, para representar a Sión, y se les tuvo que enseñar de otra manera. Los santos confeccionaban toda nuestra ropa, y eso demostraba una humilde sencillez. La ropa era hermosa, pero no tenía marca, sólo una belleza modesta, un lujo modesto. Cuando esas personas, de otras zonas, veían eso, a menudo trataban de adornar su nuevo vestuario con sus joyas y marcas tradicionales.

En cuarto lugar, había grandes grupos de personas que deambulaban hacia Sión simplemente para sobrevivir. El reino de Satanás era tan horrible, tan grosero y horriblemente perturbado, que incluso aquellos que en un principio se habían unido a las guerras e intrigas políticas, que habían recibido de buen agrado la marca de la bestia, que por casualidad y astucia habían sobrevivido las tribulaciones, comenzaban a arrepentirse. Podían ver que los poderes de las tinieblas estaban siendo desafiados y que se estaban destruyendo. Como ratas huyendo del barco que se hunde, algunos corrieron a Sión. Se les enseñaba, pero les fue difícil y no había mucho tiempo. La mayoría de ellos no podían hacer los cambios en su vida, aceptar el Evangelio, arrepentirse y volverse puros en el tiempo que quedaba. Cuando los tiempos difíciles llegaban o una prueba les sobrevenía, a menudo no sobrevivían a las tribulaciones y se apartaban. Era difícil para ellos, pues la mortalidad espiritual era muy grande entre ese grupo. Todos esos grupos se reunieron antes de la Segunda Venida, pero todas esas personas constituían únicamente una fracción de la población restante del mundo.

Había millones a los que todavía no se les había ministrado, que todavía eran dignos de escaparse del fuego y de la limpieza en la Segunda Venida, pero sin la protección de Sión, lucharon trágicamente hasta que Él llegara.

Después de la venida de Cristo, nuestra atención se volvió hacia esas multitudes de hijos perdidos de Dios. Los sanamos, y les dimos el mensaje del evangelio de Cristo y la esperanza. Aún les tomaría mil años antes de que la mayoría recibiera sus privilegios Milenarios y participara de toda la bondad de Dios. Incluso cuando el Milenio casi había llegado a su fin, después de que casi toda la tierra había recibido su gloria Milenaria, había pequeños grupos de gente buena, cuya libertad de escoger les llevó a elegir a no unirse a Sión.

Portales entre nosotros

Estábamos ocupados expandiendo Sión, reuniendo a los elegidos de todo el mundo a través de los portales. Para esa época, cada persona trasladada tenía su propio portal, pero había una curva de aprendizaje para poder usarlo. Una persona sin experiencia solo podía viajar a una distancia corta, y después tenía que caminar u obtener otros medios de transporte para ir más allá. Algunas personas recientemente trasladadas salían a sus misiones para luego sentirse abrumadas por lo que veían, y no podían regresar a través de los portales si sentían miedo o tristeza en sus corazones de así contaminar Sión. Tenían que comenzar su viaje de regreso a Sión a pie, esperando el momento en que pudieran reanimar su fe y superar su miedo para que sus portales pudieran llevarlos de vuelta a casa.

Todos nosotros comenzamos a servir al Señor de esa manera, con poco conocimiento de lo que estábamos haciendo. Todos salimos, enseñamos y bendijimos a aquellos a quienes nos asignaron, para luego llevarlos de vuelta a casa en barco, a pie o por cualquier medio que estuviera disponible. A medida que aprendíamos lo poderosos que eran nuestros dones, y al ejercer una fe mayor y adquirir mayor experiencia en obediencia, obteníamos completo uso de nuestro estado de seres trasladados. Entonces comenzamos a ser capaces de llevar a los puros de corazón a través de los portales directamente hasta Sión. Aquellos a los que reuníamos de esta manera, habían sido perfectamente puros de corazón antes de nuestra venida. Cualquier interés personal o deseo impuro simplemente impedía el funcionamiento del portal, y teníamos que abandonarlos para que encontraran su propio camino a Sión.

Incluso para nosotros, los primeros ciudadanos de Sion, nuestro viaje fue el despojo sistemático de todo lo que poseíamos y todo lo que pensábamos que necesitábamos para sobrevivir. Fue ese proceso el que nos había purificado y enseñado cuán magnífica la vida es cuando ponemos una confianza total en nuestro Dios amoroso. Era la única manera de aprender esa forma exaltada de pureza. Aquellos a quienes encontramos listos a unírsenos, eran los muy "elegidos" de Dios, se habían sometido a ese proceso de purificación durante el curso de su vida, y los trajimos a Sión cantando canciones de gozo sempiterno.

Esos, de corazones puros, eran los que Isaías proclamó que traeríamos de vuelta en hombros a Sión entonando canciones de gozo sempiterno. No dormían, aletargaban o venían con prisa sin atarse los zapatos. Los trajimos con gozo a través de los portales a Sión, pero eran realmente la gran excepción.

También comprendimos que la libertad de escoger estaba siempre en vigor, y el ser trasladado no eliminaba la posibilidad de usar incorrectamente esa libertad. No tengo conocimiento de alguna persona trasladada que se haya tornado maléfica, o que hubiera perdido su estado y su salvación, pero escuché de algunos pocos que aprendieron por medio de duras experiencias que tenían que mantener con diligencia su nivel de digitad o los dones y el portal dejarían de funcionar.

Si nuestra misión nos requería asumir una nueva identidad, el paso a través del portal cambiaba nuestra apariencia. Casi nunca llegábamos a nuestro destino con nuestra identidad de Sión. No me veía ni hablaba como Spencer. Mi ropa y mi apariencia fueron cambiadas. Tenía pleno conocimiento de mi nueva persona y forma de ser, incluyendo la historia, recuerdos y el idioma. Podía ser cualquier cosa que el Señor necesitara que yo fuera para cumplir con mi trabajo.

Podría parecer extraño que nos transformáramos, pero la historia está llena de relatos de ángeles que aparecieron de muchas formas, a veces como ancianos, mujeres jóvenes o incluso un amiguito de juegos. Sin embargo, sabemos que los ángeles no tienen edad, ni viejos ni jóvenes, por lo que, obviamente, vienen a nosotros en la forma que más nos bendice. La única diferencia es que ahora nosotros éramos esos ángeles. Los ángeles masculinos siempre aparecían como varones, y las femeninas siempre como mujeres, en cualquier forma que fuéramos inspirados a tomar.

Mediante el estudio previo de cada misión, estaba plenamente consciente de mi siguiente identidad, y estaba preparado para ministrar de esa manera. Cuando regresaba a mi oficina del templo, volvía a mi propia identidad. Nunca tuve que ir a cambiarme, bañarme o descansar.

A veces me enviaban a través del portal a un tiempo anterior al presente en Sión. Volvía para responder a las oraciones, para cumplir promesas o guarder convenios. A veces pasaba largos períodos de tiempo en una misión, incluso meses y años, pero cuando volvía a Sión, volvía sólo unos minutos más tarde de cuando yo había partido. A lo que estoy haciendo alusión, es que cuando aprendimos a aprovechar plenamente el portal, su poder era ilimitado. Nos otorgaba habilidades divinas, porque estábamos actuando en Su nombre, y el Señor nos había revestido con Su poder para poder cumplir Su voluntad expresa y Su mandamiento. Tal como se había prometido en muchas Escrituras, estábamos empezando a recibir todas las cosas que tiene el Padre, y una de éstas cosas era ese gran poder de los portales.

Otro resultado inesperado de ese uso del tiempo como una herramienta, fue que cuando mi visión de esas cosas terminó, mi mente terrenal no pudo albergar la complejidad de lo que había visto, y me olvidé de muchos de los detalles. Sin embargo, mientras estaba dentro de la visión, era fácil comprender y hacer. La compañía constante del Espíritu Santo hacía imposible olvidar algún detalle, o cometer algún error u omisión por olvidarse de hacer algo.

Debido a que el portal nos daba un "nuevo" nombre e identidad durante nuestro ministerio, cuando esas personas finalmente llegaban a Sión, no me reconocían. Muchas veces me encariñaba con aquellos a los que servía, incluso los rescataba y resucitaba de entre los muertos, sin embargo, no me conocían cuando llegaban. No se me permitió ir hacia ellos ni abrazarlos ni darles la bienvenida a Sión.

En unos cuantos casos, la gente pensó que yo había sido Elías, Moisés o algún otro profeta, y esa era su historia al llegar a Sión. No me preocupaba por ser reconocido por el servicio, pero era difícil verlos de nuevo y actuar como si no los conociera. No nos era permitido decirles acerca de nuestro servicio, a menos que el Señor les revelara personalmente eso, lo cual Él hizo ocasionalmente, sólo para aumentar nuestro gozo. Con el tiempo, mucho tiempo después de la reunión, esas cosas ya no estaban vetadas, y sabíamos todo acerca de todos, y tuvimos mil años para regocijarnos con los que nos habíamos reunido.

Había tres maneras en que yo podría recibir una asignación para utilizar el portal. La manera más común era que viniera de Jesucristo directamente. Mi oficina estaba en el templo y sólo una puerta nos separaba. Si Él me necesitaba, venía a mí a través de esa puerta. Siempre sabía cuándo iba a venir. Nunca fui de mi oficina al Sanctasanctórum. La segunda manera era a través de un llamamiento de un profeta o de uno de los apóstoles. Esos llamamientos eran para un servicio más local, para tratar con alguna necesidad dentro de su mayordomía. Podrían haber ido ellos mismos, y muchas veces lo hacían a través de sus propios portales, pero el delegar es un principio verdadero, así que a menudo otros eran enviados.

La tercera manera que podría utilizar el portal, era por inspiración del Espíritu Santo. Esto generalmente sucedía cuando era enviado inicialmente por Jesucristo para comenzar una asignación. Entonces después de regresar a Sión, el Espíritu Santo me inspiraba cuando necesitaba volver a ellos para rescatarlos o ayudarlos en la continuación de su viaje a Sión.

A medida que mi madurez espiritual crecía, me di cuenta de que cada vez menos necesitaba "ver" o "visionar" mi misión a través del portal. Mi fe y mi capacidad de recibir revelación y ser guiado en el momento, se volvieron más fuertes que la vista o el conocimiento previo. Comencé a realmente apreciar esa forma más reciente y superior de servicio. Caminaba por fe, viendo los milagros desplegarse mientras ministraba a esas personas. Nunca me sentí solo, perdido o sin el poder para hacer lo que el Señor me había mandado. Eso en realidad era tener la mente de Dios, el ser uno con Él, actuar de la misma forma, como si Él estuviera presente. Eso me emocionaba y era mucho más poderoso que ver con anticipación las cosas y saber qué hacer.

Dos profetas

Fue en esa ocasión que se llamó a dos profetas en Sión para ir y alterar el curso del pueblo judío. Yo sabía quiénes eran esos dos profetas en ese momento, pero no lo he retenido en mi memoria. Creo que eran miembros del Quórum de los Doce que entonces servían en Sión. Sabía que estudiaron su misión a través del portal en el templo, y que ellos estaban preparados para su misión y su sacrificio. Salieron con gran valentía, sabiendo que su tarea era esencial y que les costaría la vida. Fueron ordenados por el mismo Jesucristo a ese gran llamamiento ante una gran asamblea en el templo, y luego se alejaron de nuestra vista a través del portal.

Lidiando con la guerra

En ese momento no había ninguna guerra cerca de Sión o en los campamentos a su alrededor. Había un poco de violencia en los campos exteriores, pero no los patrullábamos de ninguna forma. La única vez que realmente experimenté una guerra total, fue cuando pasaba a través del portal en alguna misión. A menudo nos encontramos siendo atacados o amenazados por personas no redimidas. Habíamos aprendido a lo largo de los años cómo hacer frente a la guerra.

Al principio, el poder de Dios no se mostraba por completo, hicimos milagros para mantenernos fuera del alcance de los conflictos. A medida que pasó el tiempo, se nos permitió tratar con la gente, siempre que el Espíritu nos lo indicara, muchas veces con milagros que todos podían ver. Con sólo un pensamiento, podía alejar a la gente de mí. De pronto se encontraban en un lugar completamente diferente y perdidos, sin poderse explicar cómo.

Podríamos llegar a ser invisible si era necesario. No era una forma de invisibilidad donde la luz pasaba a través de nuestros cuerpos, sino aquella en donde la gente que nos buscaba simplemente no podía saber que estábamos allí. Una foto digital probablemente nos habría capturado, pero sus mentes estaban cegadas a nuestra presencia. Muchas veces pasábamos de largo a la gente que nos buscaba. Incluso podrían tropezar con uno de nosotros y no lo sabían. A veces, los soldados pasaron junto a mí como si yo fuera una farola, pisando a mí alrededor, pero sin verme. Estaba completamente protegido, al igual que las personas que estaban conmigo.

A veces nuestros enemigos se acercaban a nuestro grupo. Yo les hablaba pero parecía que no podían verme, ya que no me respondían, ni siquiera me miraban. A veces veían al grupo que estaba guiando, pero nunca me veían. Les decía algo como: "No hay nadie aquí", o cualquier cosa que el Señor me inspirara a decir, y se iban. Nunca estuvimos en peligro, pero los que estaban conmigo temblaban de miedo porque estaban todavía en su "viaje a Sión", que implicaba aprender, a través de una larga experiencia, a confiar completa y absolutamente en el Señor.

Si fuera necesario, también podría crear una ilusión. Si nos encontrábamos frente a los soldados, podría hacer que nos "vieran" darnos vuelta repentinamente y tratar de huir en dirección opuesta.

Disparaban sus armas y quedaban satisfechos de que habíamos sido eliminados. Después de tal ilusión, ya no nos veían, entonces nos alejábamos. Ni siquiera podían escuchar nuestras voces o el ruido de nuestra partida, no importa cuál fuera. Esas cosas me sorprendían constantemente y siempre glorificaba a Dios en mi corazón, y les decía francamente a las personas lo que había sucedido para que pudieran incrementar su fe en la protección y el amor de Cristo.

Había una ley por la cual nos regíamos, la cual no era una regla sino más bien una ley. Cuando un individuo o un grupo nos amenazaban, conocíamos sus intenciones. Si existía alguna esperanza, por más pequeña que fuera de poderlos salvar, incluso en la forma más telestial, no les hacíamos daño, pero cuando éramos confrontados por gente totalmente inicua, que nunca se arrepentirían, entonces éramos libres de sacarlos de su mortalidad. Su muerte entonces sería una bendición para ellos, porque no podrían agregar más iniquidad a su jornal divino.

Al principio de nuestro trabajo de recogimiento, lo más común era escondernos detrás del poder de Dios, hacia el final, lo más común era que se nos diera permiso de mostrar el poder de Dios. En lugar de escondernos de ellos, los encaminábamos en su travesía inmortal. Cuando hacíamos eso, no se convertía en un baño de sangre, y muy raramente se consumían por fuego. Simplemente caían al suelo y pasaban a la eternidad. Cuando eso sucedía, sentíamos felicidad por ellos por ser liberados del tormento de sus propios engaños. Con Dios eventualmente verían todo claramente de nuevo, y ya no escogerían acumular más condenación para sus almas.

Enseñando con poder

Al principio del proceso de reunirlos, éramos enviados a personas que ya estaban preparadas, muchas de las cuales eran Santos de los Últimos Días, pero también había muchos de corazón sincero, de muchas denominaciones cristianas. A cada persona que guiamos a Sión, sin importar cual fuera su origen o pasado, tenía que ser enseñada y preparada para entrar en las partes sagradas de Sión. Tenían que cambiar. Su "viaje a Sión" no terminaba cuando llegaban, todavía tenían que hacer un gran viaje espiritual.

Con ese fin, creamos escuelas en Sión, en las cuales cualquiera podía entrar. Eran hermosos edificios con aulas especiales, salas de reuniones que asemejaban a capillas y otras habitaciones, incluyendo pilas bautismales. Más de la mitad de esos ciudadanos de Sión trabajaban en esas escuelas enseñando a aquellos que llegaban. Yo no era un maestro, era uno de los que reunía a las personas y también oficiaba en el templo.

Al igual que en las universidades de hoy en día, había diferentes niveles de estudiantes. Los recién llegados estaban allí porque habían sido traídas a Sión por medio de milagros, y habían sido preservados por ángeles, quienes profesaban abiertamente que Cristo los había enviado. Esas personas querían saber quiénes éramos y como habíamos hecho y logrado todo. Podían contemplar la gloria de Sión y el perfecto estado de salud y belleza de nuestra gente, querían saber cómo sucedía y cómo ser parte de ella.

Nuestros maestros enseñaban con poder, abriendo las Escrituras y hablando el idioma de Sión, el cual cada persona escuchaba en su propio idioma. Tuvieron pocos obstáculos al aceptar lo que se les predicaba. El Espíritu de Dios estaba en todos nosotros y había pilares de fuego, y la gloria de Dios estaba en todas partes de Sión. Era la asignación de ensueño de todo misionero.

Había millares de bautismos y ordenanzas a diario. Limitamos el tamaño de las reuniones a cientos en lugar de millares, y las personas algunas veces tenían que esperar para ser enseñados y volver a esperar para ser bautizados. En cuanto las personas progresaban, sus experiencias crecían más y más. Con el tiempo, los ángeles asistían a las reuniones, y las personas trasladadas daban clases. Seres resucitados les mostraban visiones de la verdad de la historia de la Tierra y de sus propias vidas.

Ninguna ordenación era realizada sin antes preparar a las personas. Las bendiciones se otorgaban de inmediato. Cuando una persona era bautizada y se le confería el don del Espíritu Santo, inmediatamente recibía una remisión completa de sus pecados y al Espíritu Santo como su compañero constante, causando un cambio inmediato por medio de la Expiación de Cristo. Las aclamaciones de alegría, las declaraciones proféticas, las visiones y los milagros inmediatamente se convertían en parte de su vida. Cuando alguien alcanzaba este punto, el Agua Viva comenzaba a transformarlos al estado milenario.

Todo este proceso de enseñanza era increíblemente bien organizado. Era verdaderamente la escuela de los profetas, porque las personas emergían de esas clases completamente dignos, con grandes visiones del futuro. Una vez que las personas eran enseñadas y transformadas, nuestras preocupaciones acerca de ellos cesaban. Eran dignos por el resto de la eternidad. Podíamos confiarles las misiones más sagradas, y las podían lograr con inspiración y exactitud.

Es importante remarcar aquí que había un periodo de espera para esas cosas, y que esos cambios iniciales marcaban el comienzo de su viaje. Había un periodo de espera requerido para su crecimiento espiritual, no solo por norma, sino para darles tiempo para que crecieran sus dones. Después del bautismo, había un periodo antes de ser ordenados al sacerdocio. Había un periodo de espera antes de poder entrar al templo. Había un periodo de espera más largo antes de poder entrar a los lugares más sagrados del templo y estar completamente investidos. Había otro periodo de espera adicional de crecimiento y de preparación para estar en la presencia de Dios.

Esos dones de Dios, que son mayores y espiritualmente más elevados, se obtuvieron con un gran costo antes de la edificación de Sión, y el hecho de estar allí experimentando esos milagros no cambiaba la necesidad de pagar el precio de admisión a la presencia de Dios.

La experiencia en el templo era muy similar a la de hoy en día, pero con algunas modificaciones para hacerla al estilo de Sion. No había película, porque toda persona veía la creación y las enseñanzas del Jardín de Edén en visiones. Cuando progresábamos de nivel a nivel, el cuarto cambiaba de telestial a terrestre, y a celestial, el velo del templo no era de tela, sino el velo real, del cielo.

La Ciudad de Enoc

No estoy seguro de cuánto tiempo había pasado esta vez. Todavía era el tiempo antes de la Segunda Venida. En mis visiones de esos tiempos no se me había mostrado el regreso de la ciudad de Enoc. Solo supe que ellos estaban entre nosotros y que trabajaban en las mismas labores que nosotros.

La ciudad de Enoc ahora ocupaba parte, o la mayoría de la nueva masa de tierra en el golfo. Los detalles de su regreso y las particularidades de su misión no me fueron revelados. Había personas de su ciudad entre nosotros, y Enoc era un visitante frecuente en Sión, estaba completamente involucrado en la labor de preparar al mundo para la Segunda Venida. La gente proveniente de la Sión de Enoc a menudo encabezaba grupos grandes hacia Sión. Considerábamos la ciudad de Enoc como una de las más importantes "ciudades de Sion" de los últimos días.

Debido a la mayor espiritualidad que disfrutábamos, al conocer a la gente, sabíamos de inmediato de dónde eran y si eran trasladadas, resucitadas, o mortales. No necesitábamos preguntar o hablar de ello. Cuando conocimos a la gente de la ciudad de Enoc, entendimos su experiencia de vida y toda su travesía en el tiempo hasta ese momento. Sabíamos todo sobre ellos y nos presentábamos con reverencia.

De igual manera, ellos sabían todo acerca de nosotros, nos honraban por nuestra obediencia. Fue una relación encantadora y un patrón social apreciado, porque todos nos entendíamos, nos amábamos y nos honrábamos. Todos teníamos historias interesantes y habíamos pagado un precio extraordinario por nuestras bendiciones, y nuestro sacrificio era conocido y honrado por todos los que conocíamos.

Cuando hablábamos con los mortales sobre nuestras vidas y experiencias, a menudo veían en visiones los eventos que estábamos describiendo mientras eran descritos. Al hablar con una persona espiritualmente madura, también teníamos la capacidad de intercambiar información sin necesidad de utilizar palabras, hablando de espíritu a espíritu, lo cual era más eficiente, y una experiencia mucho más rica que la palabra hablada. Con el tiempo, empezamos a hablar sólo con nuestros labios cuando nos encontrábamos a alguien que sabíamos aún no había progresado más allá de esa limitante.

Tecnología espiritual

Cuando llegaron mis amigos que habían estado escondidos por miles de años en la cueva al norte, trajeron consigo a muchos artesanos. Debido a su largo confinamiento sin tecnología, tal como la entendemos, habían desarrollado una tecnología más espiritual. Es difícil de explicar sin el uso de visiones y revelación. Pero cuando la tecnología terrenal empieza a cambiar algo, lo hace cortando, tallando, quemando, derritiendo y golpeando las cosas para darles una nueva forma. Esas personas habían desarrollado una tecnología que ejercía un digno dominio sobre el objeto que deseaban cambiar. Todavía lo manipulaban con sus manos, pero no por la fuerza, sino por el amor y por la mayordomía concedida divinamente sobre ese objeto. Sabían que habían obtenido dominio sobre la tierra, y lo que sus profetas les habían enseñado incluía varios objetos para darles una nueva forma o nueva propiedad. Así que su tecnología era de naturaleza espiritual.

Si necesitaban que un árbol tomara la forma de una silla, ellos, gentilmente y en oración, lo moldeaban a la forma que deseaban. No había daños ni aserrín. No martillaban ni pegaban, creaban cosas increíbles, hermosas y complejas; cosas gloriosas e inspiradoras pidiéndoselo a la madera, a la piedra y a cualquier otro material sobre el que manifestaran su mayordomía. Así como los ángeles siempre me preguntaban antes de llevarme a una visión o darme alguna bendición, ellos habían aprendido a pedir y recibir la cooperación de todas las cosas de la tierra.

Así fue como hicieron que las piedras se iluminaran. Cuando llegaron a Sión, trajeron toda esa tecnología espiritual con ellos. Comenzaron a enseñarnos, pero no era un principio fácil de aprender. Esos artesanos habían sido designados desde su nacimiento, sabiendo que trabajarían en esas artes espirituales, y vieron ejemplos de ese arte a su alrededor, observando la manera en que su Maestro artesano trabajaba, y entonces aprendieron a hacer lo mismo. Incluso como un ser trasladado, era difícil para mí entender la manera de pedirle a un árbol convertirse en una silla o mesa, o a una roca que brillara. Nunca llegué a ser experto en esas cosas. Además de ser un poder espiritual difícil de dominar, también requería habilidades artísticas que no poseía. No cualquiera podía moldear una pieza de arcilla en una hermosa escultura, ni cualquiera podía formar de un árbol una elaborada silla.

Ellos trajeron sus pocas herramientas y su fe, junto con su historia artesanal, y comenzaron a terminar el templo dedicado a su tribu, así como añadir belleza al interior de todas las partes del templo. Si tenían que tallar una hermosa escena en una pared o arco del templo, estudiaban el diseño pasando sus dedos sobre el papel espiritualmente, instilando la inspiración del artista. Luego, se paraban frente a la pared y colocaban sus manos sobre ella, moviéndolas lentamente a través de la superficie, calentándola y comunicándose con ella, orando y pidiéndole ceder a su mayordomía.

Durante mis primeras experiencias con la muerte, experimenté una comunicación con la madera y la piedra, así que comprendía lo que estaban haciendo. Lo que también estaban haciendo era en comunión con Dios, pidiendo Su permiso y la colaboración de la piedra para moldear la pared ante ellos. Era un uso terrenal de los poderes creativos de Dios, el mismo poder que Él usó para formar la tierra y los cielos. Pedían en fe para que Dios les permitiera participar en ese papel creativo, y cambiar algo de lo que ya existía. Veía con gran admiración a esos maestros espirituales trabajar y siempre sentía el Espíritu de Dios, observando un brillo de poderosa rectitud en donde sus manos tocaban su obra.

Cuando todo estaba bien, usaban sus manos desnudas para esculpir la superficie. Si una línea o imagen era demasiado pequeña o delicada para ser esculpida por sus dedos, usaban herramientas de madera con puntas, curvas y terminaciones cuadradas. Esas herramientas eran antiguas, obscurecidas por su uso, pero hermosas. Un rápido trazo de unos centímetros producía una línea más larga que la que era trazada, como lanzar pintura a través de un lienzo. Una vez que estaban preparados y comenzaban a trabajar, trabajaban muy rápido, terminando una escena, detallándola o embelleciéndola en cuestión de minutos.

Ellos también producían las rocas que brillaban, literalmente miles de ellas. Eran colocadas en cada cuarto del templo y en las oficinas. Descansaban en hermosos candelabros, sobre candeleros o como accesorios en el techo. Esas piedras respondían a los deseos de los que estaban en la habitación, haciéndose más brillantes u opacas de acuerdo a nuestros deseos.

Se les podía pedir que brillaran con suficiente calor para cocinar o calentar y enfriar un edificio, todo eso sin cegar a la persona o calentar la superficie en la cual estaban colocadas. De hecho, cada hogar de Sión usaba muchas de esas rocas, de esa forma no se necesitaba electricidad ni fuego.

Hace poco mencioné en este libro que mi habitación premortal era como un enorme Urim y Tumim. Mencioné que era mía y estaba unida, y era parte de mí. Cuando una persona trasladada obtenía una de esas rocas, también comenzaba a funcionar como un Urim y Tumim. Eso tenía el mismo poder que el portal, mostrando todo y llevándonos ahí.

De hecho, el poder de esas cosas no estaba en el objeto en sí, sino en Cristo y en nuestra fe. Aun así, esos objetos incrementaban nuestra fe y servían para darnos poder. Aún sabiendo la verdad de esas cosas, todos, incluyéndome a mí, pensábamos inicialmente que trabajábamos con más poder cuando usábamos esas herramientas espirituales.

Aprendimos que esas rocas podían funcionar para contactarse con cualquiera que también tuviera una, así que no necesitábamos ninguna forma de dispositivos electrónicos o sistemas de comunicación electrónica. Mientras hablábamos con ellos por medio de esas rocas, teníamos el mismo sentimiento sobre las personas con quien nos estábamos comunicando. Podíamos darles cosas y estar ahí en un instante si eso estaba en armonía con en plan de Dios. Cuanto mayor era nuestra dignidad cuanto más nuestra alineación de "uno" con el cielo, y más amplitud tendríamos al usar esos dones. El propósito al principio era llevarnos hacia una obediencia perfecta, a una perfecta confianza y pureza espiritual. Una vez cumplido el propósito de todo lo que recibíamos, se nos permitía que sirviéramos a Dios y enriquecer nuestras vidas de una manera hermosa. Nunca existió una época más feliz para la humanidad, y aún no habíamos realmente entrado al milenio, pues apenas habíamos experimentado una pequeña porción de nuestros dones. Una vez más me encontraba pensando que mi fe ahora era perfecta, y que la vida no podía ser mejor, todavía estaba equivocado en ese pensamiento.

El usar las piedras nos permitía ver cualquier acontecimiento llevándose a cabo en el mundo, no sólo verlo, sino comprender las verdades profundas de lo que presenciábamos. Algunas personas entre nosotros estaban muy interesadas en lo que estaba pasando en el mundo. Ellos habían estudiado esos eventos intensamente, y ahora los estábamos viendo desplegarse. A algunos se les asignó escribir lo que veían, llevando un registro exacto de lo que sucedía en ese tiempo. Yo estaba muy ocupado con las tareas que me fueron asignadas por el Señor, así que había poco tiempo para curiosear, y estaba feliz de que fuera así.

Los seres trasladados enseñaban clases avanzadas sobre el uso de esas piedras, pero su servicio más efectivo dependía de la fe de la persona y su aprendizaje a través de su esfuerzo personal. Había algunas cosas que las piedras eran capaces de realizar y que podían ser enseñadas, pero había otras que solo podían ser aprendidas mediante revelaciones y a través de experiencias de rectitud. También había ciertos dones espirituales que la gente a veces tenía y a veces no. Algunas personas eran adeptas en su uso para ver el futuro, mientras otras eran buenas yendo de un lugar a otro por el poder de Dios. Algunos estaban contentos de usarlas para iluminar sus hogares y cocinar su comida.

Estas grandiosas herramientas espirituales eran conocidas entre nosotros como "piedras videntes". Dichas piedras después se adaptaban y personalizaban de acuerdo al dueño, y no podían ser usadas por otra persona. Tanto los hombres como las mujeres recibían esas bendiciones por igual. El alcanzar ese punto de progreso individual, en donde todos poseíamos nuestras propias piedras videntes, era visto como un gran logro. Era el cumplimiento de las bendiciones prometidas que habíamos recibido en la vida premortal. Cuando alguien avanzaba hasta ese punto, a menudo había una celebración familiar.

Era visto como un llamamiento sagrado, porque le daba a la persona poderes más allá del mundo mortal. Significaba la evolución completa de esa persona a la plena estatura de Sión.

Una piedra vidente era mucho más poderosa que alguna de las otras que usábamos para iluminar, calentar o enfriar nuestros hogares y el templo. Las piedras videntes funcionaban exactamente como un portal. Cuando se usaban con rectitud, podíamos ver el pasado, el presente y el futuro. Podían usarse como un recurso de ayuda para aprender a ver y participar en eventos de importancia histórica. Comunicaba el pensamiento y la voluntad de Dios, y eventualmente nos daba el poder a aquellos que éramos llamados a ir otros mundos, si las asignaciones así lo requerían.

Para aquellos que no sabían sobre dichas cosas, a los que ministrábamos, esas cosas que hicimos les parecían milagrosas a ellos. Éramos vistos muchas veces como ángeles y, en un sentido real, lo éramos.

Trasladado vs milenario

He hecho una distinción entre aquellos que eran trasladados y los que se volvían "milenarios" al beber del Agua de vida, había una diferencia inicialmente. Pero al pasar los años y con la evolución del mundo entero, la distinción entre ellos se volvió menos clara. Especialmente después de la venida de Cristo, y durante los días del milenio, la diferencia casi desapareció. Todos se volvieron perfectos de alma, y en la manera de cómo aplicaban los dones y poderes de Dios. La única diferencia que quedaba era que las almas "milenarias" eran asignadas a esta Tierra. Tenían trabajo que hacer aquí. Ellos daban a luz y criaban niños aquí, y trabajaban para transformar al mundo entero en Sión. Esas eran las personas de la promesa, los que habían "heredado la tierra," aquellos cuyos niños "crecieron sin pecado alguno hasta la salvación".

Cuando la gente alcanzaba a la edad de un árbol, la cual observábamos que era diferente en cada persona, siendo en el rango de cientos de años para la mayoría, eran simplemente cambiados "en un abrir y cerrar de ojos". Eran resucitados en donde estaban y sus labores en la tierra llegaban a su fin.

El ser resucitado de esa manera no era un evento inesperado. Ellos sabían que sería así, y frecuentemente reunían a sus seres queridos para compartir esa experiencia.

No había separación ni pérdida, no había luto, porque la gente podía regresar al mundo Milenario cundo lo deseara, solo que ahora sus labores ya no estaban atadas al mundo, sino extendidas a la vasta creación de Dios. La Tierra dejaba de ser su hogar en ese punto, y un lugar estaba preparado para ellos en la presencia de Dios. Era algo glorioso de contemplar.

 La gente trasladada no tenía niños, y no estaban limitados la tierra. Sus labores tenían un propósito específico, la construcción de Sión y el establecimiento del reino de Dios. A veces su trabajo incluía otros lugares, incluso otros planetas y otra gente.

Cuando su ministerio era completado y su tiempo había terminado, ellos oraban a Dios y terminaban su ministerio trasladado. Eran instantáneamente resucitados y se unían con todos los demás seres en el servicio de Dios. La diferencia eterna era que ser trasladado era un don mayor que cualquier otro en la mortalidad. Su gozo era mayor, y debido a su largo servicio a Dios, sus recompensas eran mayores de los que un mortal podría disfrutar.

El día Milenario

Esos días eran la culminación de todas las promesas que nos habían sido dadas desde el inicio de los tiempos. Era increíble, asombrosamente inspirador y glorioso el contemplar cómo el Señor podía traer nuevamente todas las cosas y todas las dispensaciones y sus líderes proféticos, así como las Escrituras. Era fascinante, por decir, el ver esas cosas desarrollándose durante la restauración de Sión en el antiguo Misuri, y las promesas del Señor con respecto a ese lugar, pero aún más glorioso era ver la plenitud de los tiempos desplegándose ante mis ojos. Cada don del Señor se manifestaba ante nosotros y era usado cada día. Debo decir que eso nunca llegó a ser común y corriente, no llagábamos a acostumbrarnos a tales cosas y verlas cómo algo menos que maravilloso, sino que las veíamos como una maravilla.

El ver Sión elevarse en su esplendor, esa ciudad divina y hermosa, irguiéndose sobre el páramo, era algo que los profetas habían visto en visiones y anhelaban alcanzarlo. ¡y yo estaba ahí viéndolo en persona! Ese era el día de días de esta tierra, y podía prácticamente sentir el gozo de la tierra bajo mis pies.

Los cambios en la tierra eran algo sorprendente de ver. Estaba volviendo a ser algo como el Jardín de Edén. La tierra no podía contener más su abundancia.

Se plantaba y todo crecía rápidamente y en perfecto esplendor. Producía la fruta más hermosa y cultivos que el hombre jamás había cosechado. Desde el primer día que habíamos canalizado el Agua de vida a los cultivos, cada planta y árbol estaba exuberante y lleno de fruta. Nosotros perdimos completamente el interés de matar para comer carne. No recuerdo que nos mandaran dejar de comer carne; simplemente ya no lo deseábamos. En realidad era repugnante comer carne. Los animales se estaban volviendo "Milenarios" también, y vivían en armonía en Sión. No teníamos leones en Sión, pero seguramente se habrían recostado con las ovejas y comido pasto como el buey.

La fruta de un tomate tenía más nutrición y poder curativo que cualquier cuerpo humano hubiera podido obtener a lo largo de su vida, en comparación con nuestra experiencia presente, esa comida era abundante por doquier en Sión. Teníamos personas que amaban ser granjeros y la jardinería, pero ahora el hecho de plantar estaba en armonía con la tierra y no se luchaba en contra de los elementos. No había necesidad de irrigar y no había hierba, pestes o enfermedades. La fruta que era recogida crecía de nuevo rápidamente. Una vez madura, sólo crecía de tamaño y nunca se quedaba demasiado madura o se pudría. Aprendimos con tiempo a trabajar con los árboles y plantas, como los cortadores de piedras trabajaban con ella en el templo.

Les pedíamos que produjeran de cierta manera, en cierto color y forma, y ellas respondían a nuestra mayordomía sobre ellos.

Pero de todos los cambios en Sión, el más profundo y hermoso ocurría en la humanidad. Lo que contemplé en esa visión me llevó a maravillarme de que tenemos más capacidad de la que cualquier mente humana podría imaginar. Mientras cambiábamos a la forma Milenaria, nos volvíamos más parecidos a los atributos de Dios. Nuestros cuerpos cambiaban y aprendíamos como ejercitar nuestra mayordomía sobre ellos. Todos eran hermosos, naturales y gloriosos. Parecíamos dioses y diosas. Incluso los niños y adolescentes tenían cuerpos con atributos perfectos. Todos los atributos no refinados e impíos del hombre natural, habían desaparecido por completo, y sólo permanecieron la pureza, el poder, la belleza y una tremenda sabiduría.

Todo cambió. Las leyes de la "naturaleza" cambiaron para que otra vez tuviéramos responsabilidad sobre la tierra, y ésta respondiera a nuestra voluntad. Nosotros embellecimos su faz y creamos edificios gloriosos a Dios. La naturaleza ya no agotaba las cosas. Los edificios permanecían para siempre. Las cosas que se caían no se rompían. Los materiales de los edificios cambiaron de madera y roca, a gemas preciosas y oro. La montaña o roca podía ser movida de lugar con tan solo pedírselo en rectitud. Había pocas calles porque no las necesitábamos. Viajábamos de un lugar a otro por el poder de Dios y los portales. Si elegíamos correr o caminar, llegábamos llenos de energía y vigorizados. La "ley de oposición" fue acortada. Las llamadas leyes de la física ya no resistían a cualquier cosa que hacíamos. La física ya no demandaba una reacción igual u opuesta, las cosas solo reaccionaban a nuestra voluntad, que era movida por nuestra rectitud. Todo lo que hacíamos era inspirado, y por lo tanto siempre teníamos éxito.

Todos los poderes de Babilonia habían sido silenciados. Las noticias, televisión, pornografía, películas, gobierno, intriga política, política internacional, la corrupción local e internacional, compras, ventas, estatus social, poder, pobreza enfermedad y muerte, todo desapareció. Nada de ello había permanecido en Sión, aunque todavía se infiltraba en lo que quedaba del mundo. La gente de Sión escuchaba solo la voz del Señor. En ese lugar, en Sión, entre los pocos de nosotros que habían sido bendecidos y reunidos, Él era realmente el Señor de Señores y Rey de Reyes, mucho antes de que el Milenio comenzara, y antes de que El volviera.

En ese tiempo, pensaba una y otra vez: ¡qué maravillosa es la humanidad! ¡Cuán hermosa en rostro y forma! ¡La imagen de Dios en atributos! Nosotros nunca escuchábamos alguna palabra de disensión o de molestia. No había egoísmo o pereza, avaricia o enaltecimiento; no había arrogancia, falso orgullo o superioridad. Todos habíamos sido rehechos a la imagen de Dios, iguales en valía, belleza y refinamientos. Conforme a la medida humana antes de ese tiempo, éramos más ricos que cualquier rey, ya que teníamos todo lo que deseábamos, tanto en el cielo como en la tierra, y todas esas cosas estaban sujetas a nuestro mandato. Nuestra vida estaba llena de gozo. Todas aquellas cosas que contaminaron por mucho tiempo nuestro mundo mortal, habían desaparecido, se habían extinguido.

Mientras los años avanzaban, salimos de la existencia telestial del hombre y de la tierra y entramos a la fase terrestre. Tan gozosa y gloriosa como esa vida era, sabíamos que después del largo día Milenario la tierra sería cambiada en una morada celestial, y nosotros la heredaríamos. Era un tiempo que habíamos visto en visiones y esperábamos por ello.

Los 144.000

Los 144.000 consistían de todos aquellos que habían sido llamados para reunir a los escogidos de Dios por medio de los portales y piedras videntes. Mientras más gente era trasladada y ganaba su piedra vidente, se volvían miembros de los 144,000. No era un llamamiento de la Iglesia, porque no implicaba ninguna presidencia ni mayordomía. Ese era el resultado de toda una vida de evolución espiritual. Al principio, Cristo personalmente atendía la traslación de la gente. Hice un registro de mi propia ordenación de pasar ese don terrestre a otros y mi asignación de hacerlo. Con el tiempo, miles de personas fueron autorizadas para otorgar ese don a las almas dignas, y así lo hicieron hasta que el mundo había cambiado.

Enoc y su gente fueron una parte muy importante de esa obra y recogimiento. Ellos contribuyeron con 12,000 obreros de recogimiento a nuestros números, y trabajaron con gran poder en el mundo. Los veíamos con gran admiración, y seguíamos su ejemplo y aprendíamos de cómo usaban sus dones. Ellos lograron mucho en su estado trasladado, y les rendíamos honor.

Había hombres y mujeres entre los 144.000. Nuestros poderes eran iguales. No había diferencias. Las mujeres eran sumo sacerdotisas, y los hombres eran sumos sacerdotes, trabajábamos lado a lado. Siempre había un poseedor del sacerdocio que presidia sobre todo lo que hacíamos, pero en realidad, Cristo era nuestra cabeza y nosotros lo seguíamos.

Éramos enviados a donde se necesitara, a veces solo uno de nosotros, otras veces dos y en algunas ocasiones docenas de nosotros fueron enviados. Todos teníamos las piedras videntes y entendíamos la orden exactamente sobre los eventos necesarios y el resultado de la misión. No todos llegábamos al mismo tiempo o éramos del mismo lugar, sino que llegábamos cuando era necesario. Todos nos conocíamos, los unos entre nosotros, incluso cuando estábamos en nuestras nuevas características personales.

Las mujeres en nuestro grupo a veces eran la mayoría en el trabajo de hablar y convencer, especialmente cuando nuestra misión era con familias o con mujeres y niños que pasaban por dificultades.

A veces los hermanos eran llamados para realizar ordenanzas cuando la misión había alcanzado esa etapa. A veces sólo nos quedábamos como compañeros peregrinos, como un esposo y esposa, u otros roles. Nunca era lo mismo.

A veces éramos enviados a reunir niños, en cuyo caso las hermanas jugaban un papel importante y tranquilizador. Estaban tan llenas de amor y misericordia que hacían que los niños instantáneamente confiaran en ellas, y fácilmente completábamos nuestro trabajo. Era tan común para las hermanas realizar milagros como con los hermanos.

En ese sentido no había diferencia entre nosotros, la única diferencia era que los hermanos tenían las llaves para realizar las ordenanzas o presidir cuando el Señor lo indicara.

Nuestro estado trasladado aumentaba grandemente nuestros sentidos. Podíamos ver, visual y espiritualmente, con gran claridad y a largas distancias. Podíamos ver a todos los espíritus alrededor de nosotros, tanto a los buenos como a los malos. No solo escuchábamos lo que decían, sino que sabíamos sus intenciones, sus corazones y sus planes. Sabíamos lo que la gente iba a decir o preguntar antes de que lo dijeran, y muy seguido respondíamos a sus preguntas silenciosas para luego bendecirlos e inspirarlos. Sabíamos cómo cada palabra sería interpretada, cómo cada acción afectaría el futuro inmediato. Simplemente sabíamos por el poder de Dios todo lo que necesitaríamos hacer.

Nuestra inteligencia se incrementó dramáticamente. Como un genio del ajedrez, podíamos discernir soluciones complejas a cualquier obstáculo que encontráramos, viendo el resultado final en la cadena de eventos antes de que ocurrieran. De hecho, me daba gusto haber luchado tanto por mi educación, me di cuenta que me gustaba mucho sentir mi desarrollado intelecto absorbiendo vastas verdades y resolviendo misterios impenetrables. A pesar de ello, también nos encantaba recibir revelación y confirmación de nuestro Dios, de que nuestras conclusiones eran verdaderas y con propósito eterno. De hecho ese súper intelecto humano era una revelación para nosotros, era como levantar un poco el velo y así saber quiénes éramos realmente.

Cualquier gran milagro que leemos en las Escrituras, el cual correctamente llamamos milagro, se duplicaba en un grado mayor y con gran regularidad por los ciudadanos y ministros de Sión. Los milagros aumentaban rutinariamente, y eran mucho más grandes que el dividir el Mar Rojo. Siempre nos maravillábamos, pero ya no nos sorprendían tales cosas. Estábamos experimentando otra razón que se llamaba "La Plenitud de Los Tiempos", ya que no sólo teníamos todos esos dones y poderes de Dios manifestándose constantemente entre nosotros, sino que se manifestaban con gran poder y en un grado mayor que en toda la historia del mundo.

Algunos miembros de nuestros 144.000 eran enviados a asignaciones que les llevaban años, mientras ellos, en realidad, caminaban cada paso con sus responsabilidades de regreso a Sión. Eso era particularmente evidente en las reuniones de algunas tribus "perdidas". Algunos de mis más queridos amigos servían de esa manera, y su trabajo era glorioso. Mis misiones parecían ser más de corto plazo, Iba y trabajaba con la gente, luego regresaba a Sión por un rato, y cuando el Espíritu Santo me inspiraba, yo regresaba a guiarlos y animarlos.

El tiempo era obsoleto para nosotros. No existían plazos. Podíamos ir a cualquier grupo, incluso a su pasado, para prepararlos, luego avanzar en el tiempo y visitarlos de nuevo, o hacer cualquier cosa que el Señor nos mandara hacer para cumplir nuestra obra. Pero incluso entre los 144.000, no todos nosotros podíamos aprender a usar el tiempo del mismo modo que acabo de describir. Todo dependía de la libertad de escoger y nuestra diligencia en aprender cómo usar esos dones, justo como siempre había sido y lo seguirá siendo. No todas las personas trasladadas tenían los mismos dones, o incluso los mismos intereses. Progresábamos a medida que nos dejábamos guiar por nuestro libre albedrío e inspiración, hasta que verdaderamente llegábamos a tener "una medida a la altura de la plenitud de Cristo".

Era verdad que todo el resto del mundo avanzaba en el tiempo, como en la actualidad, y así continuaba durante todo el milenio. Pero para mí y los otros 144.000, podíamos irnos por meses o años y regresar al tiempo presente apenas unos minutos después de que nos habíamos ido. Ya que éramos incansables y no teníamos la necesidad de dormir o comer, podíamos continuar ese patrón de servicio sin fin, y regocijarnos de ello. No nos sentíamos fatigados ni en mente, ni en alma y ni en cuerpo. Cada día era el Día el Señor para nosotros, comulgábamos con Dios y renovábamos nuestros convenios cada vez que respirábamos. Nos reuníamos frecuentemente, comulgábamos con los ángeles y con nuestro Salvador, pero no recuerdo haber asistido formalmente a una reunión sacramental.

Era debido a esa habilidad de maniobrar el tiempo, en lugar de estar sujeto a él, que nosotros completamos el recogimiento antes de la llegada gloriosa del Maestro.

Cerca del final de nuestra misión de reunir a los "elegidos," había una gran cantidad de gente que poseía una piedra vidente y que trabajaba con nosotros. Pero no creo que hayan sido exactamente 144.000 de nosotros. Ese número evolucionaba a diario, y de hecho hacia el final ese número se excedió. Nuestros números eran grandiosos.

La Segunda Venida

Como lo había mencionado antes, mi percepción del tiempo no era linear como lo es ahora. Un día entero en Sión podía ascender a años de servicio del otro lado del portal. No recuerdo haber estado confundido acerca del tiempo que transcurría del otro lado del portal, pero hay que recordar que yo no estaba en realidad en Sión, sino en una visión en mi casa, sobre mi cama. Después de que esa visión terminó, y yo había regresado a mi cuerpo mortal, me fue difícil descifrar las secuencias y los tiempos.

Por esta razón, el tiempo exacto de la Segunda Venida me era indistinto. Fue después de que llegamos a Sión, quizás no más de tres años y medio. Para cuando Cristo vino en Su gloria, la tarea del recogimiento se había completado. Habíamos trabajado día y noche durante todos esos años para terminar la obra. Reunimos en Sión a cada alma que Cristo nos había enviado juntar en todo el mundo. No habíamos olvidado a nadie, ni una sola. Cuando Él vino, estábamos esperando impacientes por ese día.

Como lo mencioné antes, habían millones de personas terrestres, las buenas y honorables en la tierra, por quien no fuimos enviados. Ellos se habían atenido al día de su llegada, pero no fueron participantes de la protección y gloria de Sión antes de Su venida. Nosotros no trabajamos entre los combatientes de guerras y del mal. Solo estábamos reuniendo a los electos, aquellos a quien el Padre había puesto bajo en el poder de Cristo, "aquellos que pertenecen a Cristo en Su venida."

Una mañana bien temprano, contemplábamos nubes ondulantes cruzando el cielo de este a oeste. No dormíamos, así que a menudo nos reuníamos para ver la salida del sol. Esa ocasión era diferente, esas nubes eran puramente blancas y onduladas, rodando hacia nosotros desde arriba hacia abajo, como un pergamino desenrollándose. No había viento o relámpagos, y las nubes no se veían obscuras en la parte de abajo.

 Nosotros habíamos estado impacientes esperando el día de Su llegada. Incluso minutos antes de que viéramos las nubes onduladas, no sabíamos el día ni la hora de que Él regresara, pero en el instante en que lo vimos, nuestros corazones saltaron en nuestro pecho, hacia nuestra garganta, y clamamos en alta voz llenos de gozo y satisfacción: "¡Ya viene! ¡Ya viene!". Clamamos con cada gota de energía de nuestras almas. Cada persona en Sión, y en todas sus ciudades, sintieron nuestro gozo y corrieron hacia fuera para ver ese tan esperado momento. Todos los habitantes de Sión y sus ciudades estaban mirando Su llegada.

Todos escuchamos una voz que nos hablaba individualmente. Yo escuché mi nombre tiernamente pronunciado. Como antes, todo lo que yo soy estaba contenido dentro de ese sonido, incluyendo todo lo que Cristo amaba de mí. Me emocionó con un gozo indescriptible. Todos escucharon su propio nombre al mismo tiempo. Inmediatamente la reconocí como la voz de Jesucristo, así como todos mis compañeros y habitantes de Sión.

Los buenos y honorables de la Tierra, los que no habíamos reunido, sintieron la magnificencia del momento y miraron hacia arriba. En un instante comenzaron a regocijarse también, saltando hacia el cielo con sus brazos sobre sus cabezas, como intentando por lo menos volar de la tierra hacia Sus brazos.

Los ignorantes del mundo percibieron eso como un gran rugido y sonido penetrante, algo que parecía un enorme viento gritando como un terremoto devastador, retumbando hacia ellos. Instantáneamente hubo un terror aplastante en sus corazones. Ellos no sabían que era Jesucristo regresando, y no le creerían a nadie que lo dijera. Pensaban que era otra devastación en camino, otros pensaron que era un misil o una nueva arma. Algunos enemigos de Sión pensaron que finalmente habíamos lanzado un arma poderosa hacia ellos. Mientras la nube se acercaba, se volvía más claro que había un hombre parado sobre ella. Incluso a miles de kilómetros de distancia, cada ojo lo vio acercándose en las nubes del cielo. Los hombres malvados cayeron de rodillas y lloraron. Algunos se quitaron la vida. Aquellos que se habían endurecido levantaron sus armas y abrieron fuego hacia Cristo. Ese sería su último acto de desafío.

Nosotros, en Sión, reconocimos Su voz, era dulce y consoladora. Su voz nos dijo que regresáramos al templo rápidamente. En ese entonces había templos alrededor del mundo. Algunos eran templos de los Últimos Días que habían sido actualizados a una forma milenaria. La mayoría eran nuevos, construidos durante el preludio hacia el milenio. Cada grupo se reunió en su templo, algunos en edificios dedicados de la Iglesia, incluso en hogares que los habitantes habían santificado y en el Centro de Conferencias en Salt Lake City. Había lugar suficiente para todos aquellos que oyeron Su voz.

Dejamos todo y corrimos. No necesitábamos regresar para reunir niños o familias, todos habían escuchado Su llamado y acudían en ese instante. Incluso los niños oyeron Su llamada y fueron traídos por manos amorosas.

Entramos al templo a través del edificio externo que estaba dedicado a nuestra tribu de Israel. Para mí, para mi familia y para la mayoría de mis amigos, era el templo exterior de Efraín, al lado este del templo.

No tuvimos tiempo de cambiarnos de ropa, pero cada uno de nosotros comenzó a brillar con una pureza que excedía la blancura del templo. Estábamos alabando y cantando, orando y regocijándonos. El día finalmente había llegado, ¡finalmente había llegado, finalmente había llegado!

Nos reunimos en un gran salón de asambleas, en donde nuestros profetas comenzaron a hablarnos, leyendo las Escrituras y regocijándonos en voz alta con todo lo que estaba pasando. Estábamos todos preparados y cantamos himnos nuevos, que nunca antes habíamos oído, con gran fervor. Para mis oídos, ¡era el sonido más hermoso que los humanos habían producido!

Brillo y gloria nos rodeaban, nos penetraban y nos limpiaba aún más, estábamos todavía en el templo, pero el techo y parte de las paredes se volvieron transparentes para que pudiéramos ver el cielo.

Podíamos escuchar a los ángeles cantando con nosotros y tocar sus trompetas, que sacudieron la tierra. Finalmente, vimos a Jesucristo llegando desde el este, rodeado por nubes ondulantes y numerosos ángeles, todos cantando y alabando al Padre.

Aunque todavía estaba a cientos de kilómetros de distancia, podíamos ver claramente su rostro. Estaba vestido de un blanco impecable, con una faja roja alrededor de su cintura. Su rostro no mostraba enojo, pero tampoco estaba sonriente. Él venía a limpiar la Tierra.

Se aproximó rápidamente y pronto estaba sobre nuestras cabezas. El templo dejó de ser visible. Estábamos siendo tomados hacia arriba, podíamos sentir la fuerza de gravedad liberándonos. Vi las nubes cada vez más cerca, incluso mi alma se expandió como el universo, y entonces la visión se cerró.

Esto es todo lo que vi. Podría decir que desearía ver más, pero, en verdad, eso era todo lo que yo podía entender. Estaba completamente extasiado, lleno de regocijo y gozo exquisito. Cualquier cosa más allá de eso hubiera sido abrumadora e incomprensible en mi estado mortal, y no hubiera sido capaz de retenerlo en mi memoria.

El planeta rojo

Desde ese momento en adelante, mis experiencias en esa visión se convirtieron en pequeños vistazos del futuro. Pude ver que Sión se había expandido y llenado toda la tierra, y que los mil años casi ya habían pasado. Vi que había pequeñas "naciones", por así decirlo, quienes no habían adoptado el Evangelio, pero quienes habían abrazado las bendiciones del Milenio. Eran los que se nos pidió enseñar a cómo vivir en paz, pero no querían tener nada que ver con nuestra religión o nuestro Dios. Ellos simplemente no creían en Jesucristo. No creían que fuera el verdadero Jesucristo quien había regresado, aunque ellos lo hubieran visto. Estas eran las personas que no habían sido consumidas durante Su venida, pero que no podían podría abandonar sus creencias y tradiciones. No creían que los habitantes de Sión vivieran tanto como se rumoraba, o que nosotros no experimentábamos la enfermedad y la muerte. Creían que ese estado milenario era el resultado de los cambios en la Tierra, la vasta tecnología y el cumplimiento de las profecías que pertenecían a su religión tradicional.

Debido a su libre albedrío, o derecho a elegir, ellos eran libres de creer cualquier cosa que desearan. Eran gente honorable. También habían sido engañados. Cuando pidieron ayuda o conocimiento, nosotros les dábamos tanto como ellos pudieran retener, porque la mayoría de nuestra tecnología era espiritual, no de carácter técnica. Su experiencia milenaria era obstaculizada por su falta de fe.

Nunca fueron nuestros enemigos ni lo son, pero vivían separados de nosotros, en una sociedad que dependía de manufactura primitiva, y en un orden social basado en la economía. Si su sociedad hubiera sido establecida antes del milenio, todo el mundo la hubiera visto como una utopía. Para nosotros en Sión, parecía rudimentaria y primitiva. Enviamos misioneros entre ellos, pero sus corazones estaban inconmovibles. En ese punto de la visión, ellos aún estaban apartados de Sión.

Yo debería haber estado todavía trabajando en Sión, o tal vez ya había regresado para ser testigo de este acontecimiento, no estoy seguro.

Ahora me encontraba de pie con un considerable número de gente en una colina, justo afuera de la Ciudad Santa. Estábamos observando un planeta pasar cerca de la tierra. El cielo se obscureció a medida que el planeta se aproximaba.

Fuimos capaces de ver cómo algunas personas fuera de Sión reaccionaban por medio de las piedras videntes que poseíamos. No necesitábamos sacarlas de nuestros bolsillos y ver a través de ellas, el conocimiento era transferido a nuestra consciencia simplemente preguntándonos o sólo por el deseo de saber. Había un gran terror entre ellos y una mentalidad de que podría ser el juicio final. Corrían con abandono imprudente y resignación, preparándose para una extinción masiva. Lo que quedaba de la sociedad pre-milenaria se desmoronó, y nunca más fue restablecida.

Vi a mucha gente morir de miedo, pero también vi a muchos de ellos caer de rodillas y clamar a Cristo. Por supuesto que Él los reconfortó. Los ciudadanos de Sión reunieron a esos pocos y los llevaron a un lugar seguro, finalmente.

Nosotros, que estábamos en la colina, sentíamos paz. No había miedo, solo un interés profundo. El planeta estaba cerca, de color rojizo-naranja, con cráteres de impactos en su superficie. Mientras pasaba, estaba lo suficientemente cerca para poder ver las montañas, valles, ríos y finos detalles sobre su superficie. Este planeta estaba en paz y no había vida en él.

Llenaba un tercio del cielo. Comentamos entre nosotros lo diferente que era el nuevo cielo. Las constelaciones eran completamente diferentes, y la vieja luna había desaparecido. El cielo era claro como el cristal, y debido a nuestro estado trasladado, lo veíamos perfectamente. Nosotros comprendimos lo que era ese planeta, en dónde había estado, cómo había servido a Dios, en dónde descansaba ahora y porque lo estábamos viendo pasar, pero ese conocimiento no se quedó conmigo.

No hizo ningún dañó a la Tierra y no tuvo ningún efecto sobre nosotros. Nosotros entendimos, por supuesto, que la tierra era la que se movía, no ese grande, viejo y fiel planeta en nuestro cielo. Se alejó de nosotros lentamente, hasta que ya no fue visible.

Un nuevo cielo y una nueva tierra

La siguiente pequeña visión que tuve, me llevó a una época después del Mileno. Estaba viendo la tierra desde afuera, desde el espacio exterior, como lo llamamos ahora. La Tierra había sido trasladada a una nueva ubicación lejana, más allá de la galaxia que llamamos Vía Láctea. Eso fue completado por el mismo proceso de " doblez", que había colocado a la tierra en su rotación mortal alrededor de nuestro sol.

Había un nuevo cielo ahí. Todas las estrellas eran diferentes. Eran más brillantes y glorificadas. Había un sol inmenso en el cielo, el cual comprendí era la más magnífica de todas las creaciones de Dios, y donde el Padre y el Salvador moraban. Estaba viendo a la nueva tierra debajo de mí. Estaba brillando casi tanto como el sol. La tierra había sido celestializada, y en ese momento no había gente sobre ella y nada quedaba de la larga permanencia del hombre allí. Todo lo que el hombre había construido se desvaneció, así como los árboles, césped y flores. La tierra estaba perfectamente suave y clara como el cristal. Era en sí misma un enorme Urim y Tumim. La tierra había muerto al final del milenio y ahora había sido "resucitada" por medio de Dios. Por fin estaba preparada para acoger a aquellos que habían vivido alguna vez como seres mortales sobre su superficie y que fueron finalmente aprobados para vivir en su gloria exaltada.

El día del juicio ya había ocurrido, y cada antiguo habitante de la tierra ahora moraba en sus nuevos reinos, excepto el Reino celestial. La tierra ahora estaba lista para convertirse en esa morada celestial pero faltaba un detalle final.

Yo estaba con un grupo grande de gente que estaban regresando a la tierra como una gran ciudad. No estábamos dentro o sobre la ciudad, sino a lado de ella, llevándola con nosotros. Nos movíamos a través del espacio con rapidez, trayendo la primera de muchas ciudades a la tierra. Éramos una gran compañía de los que habían hecho una gran carrera, quienes habían peleado la gran batalla y terminado el curso. Cualquiera de nosotros habría podido traer esa ciudad por cuenta propia, pero estábamos allí para participar en ese evento histórico eterno, porque ese era "nuestro" hogar celestial ahora y por el resto de la eternidad.

La ciudad a mi lado, era la estructura más hermosa jamás creada. Dios en persona la había diseñado, y estábamos siendo enviados a construirla.

No solo era incomparablemente hermosa, sino además gloriosa, más allá que cualquier habilidad mortal pudiera describir. Pensé entonces, y ahora que estoy intentando describirla, que tal hermosura solo podía venir de la mente de Dios. Era un edificio único y glorioso, pero del tamaño de una ciudad, blanco y brillante, con destellos y acentos de color. Nosotros lo trajimos desde la presencia del Padre, para ser la primera y grandiosa estructura sobre la Tierra. Era de más de dos kilómetro cuadrados por un kilómetro de alto, y con muchos espirales, arcos y maravillas arquitectónicas, tenía una forma parecida a la de una pirámide. Ese sería el lugar de residencia de nuestro Salvador, quien ahora moraría con nosotros para siempre.

Mientras colocábamos la ciudad lentamente en el lugar exacto del Polo Norte, de nuestra nueva Tierra, yo sabía que podíamos modificar la forma de la Tierra a cualquier cosa que quisiéramos. Podíamos ordenar jardines frontales, ríos o montañas en gran variedad y maravilla, pero la era del césped verde había pasado, porque esas cosas pertenecían al orden telestial y terrenal, y la tierra ahora era celestial. Aquellas cosas que antes habían sido maravillosas y hermosas para nosotros, ahora ni siquiera nos venían a la mente, porque el prodigio y gloria que teníamos ante nosotros excedía cualquier orden posible de los vivos.

Recuerdo sentir un regocijo total y absoluto. No era sólo un gozo para nosotros mismos, sino también para la Tierra, la cual había esperado fielmente por tanto tiempo, para que el mal fuera borrado de su faz. Ella estaba ahora glorificada y perfecta, y finalmente en paz; y nosotros, nosotros estábamos finalmente en casa. El viaje al fin había terminado. Un millón de años de preparación, vida mortal, juicios y sufrimiento, mil años de trabajo en el Milenio y el juicio final habían pasado, nuestras vidas estaban a punto de comenzar.

De repente me encontré de vuelta en mi cuerpo espiritual, parado al pie de mi cama, viendo mi cuerpo sin vida. Mi guía estaba a mi lado, viéndome. Di un vistazo al reloj digital que estaba en la cómoda, al lado de mi cama, y vi que había pasado la tercera hora.

Este es el final de la visión, pero mientras sentía que regresaba a mi cuerpo frío y enfermo, también me di cuenta con gran solemnidad de que sólo era el inicio de mi viaje.

EPÍLOGO

Habiendo escrito aproximadamente 100.000 palabras de la voz de Spencer, de sus vastas experiencias, siento que vale la pena decir algunas palabras de mi parte.

Ha sido una experiencia completamente increíble el escribir "Visiones de gloria". Lo veo como una biografía autorizada del viaje visionario de Spencer a Sión.

Si me preguntaran si creo que esas visiones son "verdaderas," respondería que he sentido al Espíritu Santo inspirándome mientras transcribía de sus palabras a las mías. Cada experiencia que usted acaba de leer, y todos los detalles importantes, vinieron de los labios de Spencer.

También confesaré que he estado intrigado por el hecho de que nada de lo que Spencer me dijo entró en conflicto con mi propia visión del final de los días. Lo que él me describió fue congruente con mi entendimiento espiritual e intelectual de esos tiempos. Para mí, era como leer un libro y quedarse encantado de él, luego ir y ver la película. Sus experiencias añadieron profundidad visual de la que mi "lectura" anterior carecía.

Yo realmente creo que Spencer vio lo que vio. Pero no creo que siempre deba ser interpretado literalmente, o profético, para quien sea, excepto para el mismo Spencer. Cualquiera que lo lea debe interpretarlo como si se aplicara a él mismo. Pienso que debería ser estudiado en espíritu de oración y comparado con las Escrituras, con su propio entendimiento y fe; luego permitir que Jesucristo mismo le revele su propio viaje a Sión.

Alguien que ha estudiado los últimos días, la Segunda Venida o la edificación de Sión en las Escrituras, rápidamente admitirá que es difícil interpretarlas, pues la mayoría se describen como una metáfora o algún tipo de cosas por venir, en lugar de eventos específicos y reales para observar. No esperaría que las visiones de Spencer fueran diferentes.

Mi respuesta también sería que yo no sé lo que debería significar para usted o para cualquier otra persona que lo lea. Spencer de pronto admitirá que no sabe lo que cada parte significa, incluso para él mismo. Algunas cosas que él durante años ha interpretado como literales, se han revelado recientemente como metafóricas y viceversa. Todo lo que él sabe es que por alguna razón, el vio lo que vio y que el Señor le ha dado permiso después de todos estos años para compartirlo con nosotros.

Si pudiéramos observar la totalidad de sus experiencias, podremos ver elementos del viaje a Sión de cada persona, ya sea para la Sión que edificaremos en Misuri o la Sión espiritual que cada quien debe construir en su corazón. En fin, ambos puntos de vista pueden ser exactos en el sentido de que cuando alguien hace el viaje espiritual, el viaje físico también podría develarse ante nosotros.

—John M. Pontius

APÉNDICE

Los siguientes sueños apócrifos y visiones están incluidas como un ejemplo de lo que otros han visto y documentado de los últimos días, como lo hizo Spencer. También es interesante observar que algunos de estos no fueron hechos por miembros de la Iglesia y aun así tuvieron visiones paralelas de estos tiempos. En adición a estos pocos ejemplos, estoy seguro de que existen otros en algunos corazones que son demasiado tímidos para revelarlo. Ese era el caso de Spencer hasta hace poco.

Después de que Spencer narrara este libro, recordé unos pocos de éstos y se los conté a Spencer. El estaba sorprendido de que existieran y los leyó con gran interés. También debería resaltar que algunas de estas descripciones son gráficas y deben de leerse con discreción a niños y personas sensibles.

El sueño de John Taylor (1877)

Me fui a la cama como siempre cerca de las 7:30 PM. Había estado leyendo una revelación en el idioma francés. Mi mente estaba tranquila, más de lo usual si era posible, así que me preparé para dormir pero no podía. Tenía un extraño sentimiento y aparentemente se volvió parcialmente inconsciente. Aun así todavía no estaba dormido, tampoco despierto, con un sentimiento depresivo. La primera cosa que reconocí fue que estaba en el tabernáculo de Ogden, Utah. Estaba sentado en la parte de atrás del edificio por miedo a que me llamaran a predicarles, lo que aun así hicieron, Después del segundo himno me llamaron al estrado.

Me paré para hablar y les dije que no tenía nada especial que decir, excepto compartirles mi testimonio de la obra de los últimos días, cuando de repente me pareció como si algo me hubiera levantado, y les dije: "sí, yo tengo algo que decir y es esto: algunos de mis hermanos me han estado preguntando: "¿en qué nos estamos convirtiendo?" "¿Para dónde estamos siendo llevados?" Les responderé aquí mismo lo que vendrá muy pronto.

Inmediatamente estaba entonces en un sueño, en la ciudad de Salt Lake, deambulando por las calles y en toda la ciudad, en las puertas de las casas encontré insignias de luto; no pude encontrar una casa que no estuviera de luto. Pasé por mi propia casa y encontré la misma señal, y pregunté: "¿soy yo el que está muerto?", alguien me dio la respuesta: "no, tú conseguirás pasar por todo eso".

Me parecía extraño que no hubiera gente en las calles mientras andaba errante por todo el país. Parecían estar en sus casas con algún enfermo, pero no veía ningún cortejo fúnebre o alguna cosa de ese tipo, pero la ciudad lucía silenciosa, como si las personas estuvieran orando. Parecía que ellos habían controlado la enfermedad, pero no supe cuál era la enfermedad; no me fue revelado. Entonces miré hacia el país, norte, sur, este y oeste, y el mismo duelo estaba en toda la tierra, en cualquier lugar.

La siguiente cosa que supe, fue que estaba justo en este lado de Omaha. Parecía como si estuviera viendo por encima de la tierra y viendo hacia abajo. Mientras iba en camino al este vi una carretera llena de gente, en su mayoría mujeres, con solo lo que pudieran cargar sobre sus espaldas, viajando hacia las montañas a pie. Me preguntaba cómo atravesarían con un equipaje tan pequeño sobre sus espaldas. Eso era increíble para nosotros, que hubiera tan pocos hombres entre ellas. No me parecía que los autos estaban funcionando, los rieles lucían oxidados y los caminos abandonados; y no tenía ninguna idea de cómo viajaba yo mientras miraba hacia abajo sobre esa gente. Continúe al este del lado de Omaha y Council Bluff, los cuales estaban llenos de enfermedades. Había mujeres por doquier. El estado de Illinois y Misuri estaban en un tumulto, los hombres matándose los unos a los otros, mujeres uniéndose a los combates, familia contra familia de la manera más repulsiva.

Luego imaginé que estaba en Washington, y encontré desolación ahí. La casa blanca estaba vacía, así como también las salas del congreso, y todo estaba en ruinas. Parecía que esa gente había dejado la ciudad para protegerse a sí misma. Estaba en Baltimore. En la cuadra en la que estaba el monumento de 1812, frente al hotel Charles. Vi muertos apilados que podrían llenar la Plaza de la cuadra. He visto a madres cortando las gargantas de sus propios hijos por su sangre. Las vi beberla de sus gargantas para apagar su sed y luego recostarse a morir. El agua de la bahía Chesapeake estaba estancada, y el hedor que exhalaba de los cuerpos que eran arrojados a ella era terrible, esa fetidez acarreaba la muerte consigo.

No veía hombres, excepto los que estaban muertos o muriendo en las calles, y muy pocas mujeres. Aquellas que veía estaban locas y en muy malas condiciones. Dondequiera que iba veía las mismas imágenes por toda la ciudad; era terrible, más allá de toda descripción.

Pensé que éste debería ser el final; pero no, un instante después estaba en la ciudad de Filadelfia. Allí todo estaba tranquilo. No había ninguna alma que viniera a recibirme. Parecía que toda la ciudad estaba vacía, sin ningún habitante. A la sur de la calle Chestnut, y de hecho, a donde quiera que fuera, la putrefacción de los muertos causaba un hedor tal que era imposible para cualquier ser vivo respirar, tampoco vi algún ser viviente en la ciudad.

Después me encontraba en Broadway, en la ciudad de Nueva York, y allí parecía que la gente había hecho lo mejor que pudieron para superar la enfermedad, pero al caminar por Broadway vi los cuerpos de mujeres hermosas tendidas en el suelo, algunas muertas, otras en una condición grave, y otras en estado moribundo en las aceras. Vi hombres salir de bodegas y violar a las personas que aún seguían con vida, para después matarlas y robar de sus cuerpos cualquier cosa valiosa que tuvieran consigo. Entonces, antes de que pudieran volver a las bodegas, se contorsionaban una o dos veces hasta morir en agonía. En algunas de las callejuelas los vi matar a algunos de sus propios hijos y comer su carne cruda, y después de unos minutos, morían. A donde quiera que fuera veía la misma escena de horror, destrucción, muerte y rapiña.

No había carruajes, pequeños vehículos o autos funcionando; Pero la muerte y destrucción estaban por todas partes. Luego vi un fuego comenzado, justo en ese momento un poderoso viento del Este surgió y llevó las llamas por toda la ciudad, quemándola hasta que no quedó ningún edificio en pie, incluso los de la orilla del agua. Los muelles y los transportes de navegación parecían estar en llamas, siguiendo el mismo destino común de destrucción en donde "la gran ciudad" se encontraba poco tiempo atrás. El hedor de los cuerpos que se estaban quemando era tan grande que cruzaba una gran distancia, hasta la bahía de Hudson, y llevaba muerte y destrucción a donde quiera que fuera. No puedo ilustrar en palabras el horror que parecía extenderse más allá de la descripción que un hombre puede hacer.

Yo suponía que este era el final, pero no lo era. Me estaban dando a entender que el mismo horror estaba siendo representado por todo el país, este, oeste, norte y sur. Unos pocos quedaban con vida, en algún lugar.

Inmediatamente después parecía estar de pie en la orilla del río Misuri, del lado opuesto a la ciudad de Independence, pero no había ciudad. Vi todo el estado de Misuri, también Illinois y todo Iowa, eran un completo desierto, sin un ser viviente allí. A una distancia corta del río, sin embargo, vi doce hombres vestidos en túnicas del templo, parados en una Plaza o algo así (y yo entendí que representaban las doce puertas de la Nueva Jerusalén). Sus manos se alzaron para consagrar el suelo y la colocación de la piedra angular del templo. Vi huestes de ángeles venir a ellos, y también un pilar inmenso de nubes sobre ellos, y escuché a los ángeles cantar la música más celestial. Las palabras eran: "Ahora está establecido el reino de Dios y su Cristo, el cual nunca más será derrumbado".

Vi gente venir del rio y de lugares desérticos, desde muy lejos, para ayudar a construir el templo; y parecía que las huestes de ángeles también ayudaban a conseguir el material para la construcción; vi que algunos de los que usaban ropas del templo vinieron y construyeron el templo y la ciudad, todo el tiempo vi el pilar de nubes sobre el lugar.

Instantáneamente, sin embargo, me encontraba nuevamente en el tabernáculo de Ogden. Aún podía ver el edificio progresar, y me animé a llamar a la gente en el tabernáculo para escuchar la hermosa música, porque los ángeles estaban cantando la misma canción que había oído antes: "Ahora está establecido el reino de Dios y su Cristo, el cual nunca más será derribado".

Ante esto yo parecía tambalearme en el púlpito, y el hermano Francis D. Richards y algunos otros tomaron mi brazo y me ayudaron a no caerme Luego terminé abruptamente, aun cuando no me había desmayado, pero estaba completamente exhausto. Entonces me di vuelta en la cama y desperté justo cuando el reloj marcaba las doce.

(Diarios de Wilford Woodruff, Junio 15 de 1878, Oficina del Historiador de la Iglesia; también, una copia del manuscrito por Joseph F. Smith; Revelaciones sin publicar 78, págs. 119–123; véase también: Visiones de los Últimos Días, pág. 103–106.)

La profecía de Cardston (1923), por Sols Caurdisto

Con respecto al autor de esta visión, la profecía de Cardston, la cual yo he reproduzco aquí, puede ser encontrada en el "Archivo Familiar de Edward J. Wood", fue incluida en el libro: "La vida de Edward J. Wood", por Melvin Tagg, páginas 148-153. La siguiente es una carta de Edward J. Wood, entonces presidente de la Estaca Alberta, de Cardston.

Cardston, Alberta, Canadá
14 de diciembre de 1933.
Robert W. Smith, Esq. Salt Lake City, Utah.

Querido hermano Smith:

Me complace responder a su carta del 1° de Diciembre en cuanto a otra carta de un no-miembro que escribió sobre "impresiones" recibidas cuando se encontraba pasando por el templo, antes de que fuera dedicado; me pide verificar dicha carta, por lo cual estoy complacido de hacerlo. Fue una señora que pertenecía a la fe Quákera (Tembladores), una escritora de una revista en el este de Canadá; ella tenía algunos parientes en Lethbridge, como a unos 90 kilómetros de Cardston; y estando tan impresionada en su primera visita, ella les pidió traerla una segunda vez, esta vez yo serví como su guía. Ella se sentó en cada una de las salas, y nunca decía palabra alguna a nadie que la compañara, pero parecía estar siempre en un estado profundo de meditación todo el tiempo.

Cuando ella llegó a su hogar semanas después, ella escribió esta carta que ha resultado en muchos comentarios por toda la Iglesia. Nunca fuimos capaces de entender cómo parecía saber tanto sobre nuestra fe y nuestra creencia en nuestra vida futura, y en las obras después de la muerte. Nunca supe su verdadero nombre. Ella nos visitó en1921. Nunca escuchamos de ella desde entonces, pero la carta es auténtica, y de sus propias "¡impresiones!", recibidas mientras estaba en el templo durante sus dos visitas que ella había mencionado.

Atentamente su hermano, O/S Señor J. Wood, presidente de la Estaca Alberta

Ésta es su carta y las visiones que tuvo, en sus propias palabras:

Hemos estado en el templo erigido por su iglesia en donde se llevan a cabo los rituales sagrados en conformidad con su fe. La primera vez estaba fuertemente impulsada a describirle mis impresiones, y lo hice, pero antes de finalizar la carta, recibí algunas noticias que me afectaron tanto que, al calor del momento, destruí completamente el documento.

245

Un sentimiento constante de insatisfacción por haber dejado algo sin terminar persistía dentro de mi, y aunado al deseo de parte de mis familiares, quienes no habían visitado el templo, me llevó a nuestra segunda visita a Cardston, en la cual usted tan amablemente consintió en acompañarnos, a pesar del inclemente clima e inconveniencias personales de su parte, implicadas en el viaje. A causa de esto y otras muchas evidencias de su amistad, me ha dado el privilegio de molestarlo con lo que después de todo podrían ser mis tontas fantasías de una mentalidad muy impresionable. Para mí eso es lo que parece, porque nunca antes en mi vida había tenido tales impresiones poderosas en mi conciencia, como durante mi visita en el templo. Especialmente durante nuestra segunda visita. Las impresiones de nuestra primera visita fueron repetidas con tal intensidad abrumadora y variedad de detalle, que yo debía realmente informarle sobre mi experiencia.

Me parece que era un mi deber sagrado el hacer esto, y sabiendo que sus amigos ligeramente ridiculizarían lo que para mí es una cuestión personal, voy a darle mi experiencia en detalle, con la esperanza de que, si está bien, tal vez esto sea algo más que mi imaginación, que usted y los otros de su fe podrían analizarlo sabiamente y usarlo correctamente, lo que sea que fuera extraído de esta carta.

Una fortaleza en tiempos de tempestad, fue el primer pensamiento que se formó por sí solo en mi mente cuando tuve la visión por primera vez de este antiguo pero aún moderno templo; suavizado con el uso espiritual de la civilización antigua y costumbres, aún alerta, viril y vigilante.

Una gran casa, solemne, fuerte, hermosa y útil, de progreso espiritual, la cual parecía ser la personificación de la expresión arquitectónica de civilizaciones antiguas, y de glorias repentinamente reencarnadas para una civilización futura y más elevada que la nuestra. Fuerza y hermosura exudaban las más pobres casas y edificios de la ciudad, y daban un obvio y doloroso ejemplo de cómo el alma dentro se expresa a través del cuerpo físico, ya sea como persona, nación, o raza, incluso en el hombre o arquitectura. Prueba como no podría salir del sentimiento de que la ciudad misma era un edificio inferior al edificio reciente, tan nuevo y, sin embargo, tan viejo. Incluso las luces eléctricas fallaban en cambiar este pensamiento de que el templo y la ciudad representaban dos épocas diferentes del desarrollo espiritual humano expresado en su arquitectura. La ciudad personificaba la época actual, la ciencia, el arte, las invenciones aprovechadas puramente para negocios y comercio, independientemente del desarrollo pasado o futuro. El templo personifica el conocimiento acumulado del mundo antiguo, combinado con las invenciones modernas de la ciencia y la inspiración; como el camino hacia un mejor desarrollo futuro tan cerca y a la mano. Permítame ponerlo de otra forma.

Hay un lugar llamarlo Cardston. Un templo que une el pasado con el presente ha sido construido en Cardston, y la ciudad se ha convertido en una colección de débiles cabañas acomodadas al pie del templo, el cual continuará funcionando para los propósitos espirituales para los que fue construido.

Así como las impresiones exteriores, en comparación con las épocas actuales y pasadas, sus interiores reflejaban este contraste. De los efectos hermosos y artísticos no necesito insistir; las hábiles plumas pueden describir el interior desde su punto de vista. Es suficiente para mí decir que la forma del templo es una cruz, que cada apartamento es simbólico en efectos artísticos y estructurales, de alguna de las etapas de progreso de la humanidad a través de las épocas. De hecho, todo lo físico es una piedra de tropiezo para el progreso espiritual, y como tal es tipificado en estas ceremonias. Todo esto nos fue gentil e inteligentemente explicado por el Sr. Duce en una ocasión, y por el Sr. Wood en la segunda vista; pero me temo que fui muy indiferente y desatenta en ambas ocasiones, por lo cual les extendí mis más sinceras disculpas. No tuve intenciones de ser ruda o descortés, pero desde el momento de haber entrado al templo, hasta mi partida, estuve en una postura de tener, por así decir, que escuchar y comprender una narrativa dual todo el tiempo, de manera que me hizo sentir tan absorta que a veces temo haber estado muy ausente mentalmente, que parecía distraída, si no es que tonta.

He afirmado que mi impresión del exterior del edificio era la de un lugar en espera de una civilización más avanzada que la presente. Esto podría sugerir una condición de vacío, pero no es a lo que me refiero. Un edificio recién erigido y común no tiene ambiente en absoluto, hasta que ha sido habitado en algún momento; después de lo cual tiene, por así decirlo, una atmósfera de vida. El tipo de atmosfera que está determinada en gran medida por el desarrollo espiritual y el pensamiento de las personas que lo utilizan, y que habitan en el edificio. Esto se aplica especialmente a lugares de adoración o consagración, y se vuelve muy notorio para una persona sensible. A veces dicho ambiente es agradable, exaltante y así sucesivamente; a veces es a la inversa, dependiendo de la armonía espiritual o de las personas bajo esta regla ambiental; Pero no fue así con respecto a la atmósfera fuera del templo.

No podía entender la escena abrumadora de un ambiente antiguo que en realidad el edificio poseía con sus bloques de granito, a pesar del hecho de que se habían colocado apenas unos meses antes; aun así el sentimiento de la edad predominaba. Descarté el sentimiento lo mejor que podía, pensando que el lugar de la estructura era responsable de la sugerencia de edad, pero cuando entré al templo, pronto me di cuenta de que no había nada que me sugiriera la presente atmósfera, de acuerdo a lo que he mencionado, pero, ¿estaba vacío? ¡Por supuesto que no! Nuevamente, mientras escuchaba al orador explicándome alguna fase del edificio o su significado, yo estaba viendo más allá de él, alguna ilustración de naturaleza caleidoscópica, representando lo que estaba describiendo, solo que más completa y vívidamente. Los personajes eran tan claros para mí que yo requería todo mi auto control para mantenerme en silencio de una habitación a otra. Esto continuaba y solo cesaba cuando estábamos una vez más afuera, en el frío y la nieve.

No había un plan establecido para presentarme estas imágenes. Pareciera como si cuando pensaba en algo, la imagen instantáneamente se presentara por sí sola, explicando algunas de las palabras del guía, las cuales tendrían el mismo efecto. No estaba asustada, solo me sentía asombrada por la maravilla de todo esto, y por el sentimiento impresionante y de temor que percibí, el cual parecía mostrarme detalladamente cada escena en mi cerebro, de tal manera que estaría grabado y registrado para siempre; tan vívidos como todos estos incidentes relacionados en el presente documento, de los cuales recibí instrucciones.

Las escenas de un personaje histórico, las cuales observaba, parecían principalmente verificar y amplificar el contexto que el orador explicaba de la historia pasada, y así no sentí la impresión de documentarlo, excepto para establecer los mismos personajes patriarcales, a quienes observaba dirigiendo e influenciando los primeros movimientos de la Iglesia, en donde esos personajes bajaban a través de cada período y época; mientras las escenas avanzaban a tiempos más modernos, vi entre estos personajes espirituales y consejeros a personas cuyas características había observado previamente en el cuerpo material en otras ocasiones históricas. Parecía que el templo estaba lleno de esos cuerpos espirituales de esos líderes anteriores de su Iglesia, los cuales parecían tener el trabajo que se había asignado a cada uno, mientras estaban en la carne. En ese templo vi personas que eran líderes de su Iglesia, durante su marcha a través del desierto estadounidense, ahora comprometidos en ayudar a esos altos patriarcas, quienes, bajo sus órdenes, parecían estar trabajando. Eran esos últimos líderes espirituales, si puedo usar ese término, quienes parecían haber sido estar instruidos para mostrarme las escenas registradas aquí.

No puedo indicar el tiempo en el que estaba pasando, excepto que las impresiones que recibía fueron del presente actual o de un futuro inmediato. Primero vi un rápido pero comprensivo bosquejo del estado actual del mundo, o como lo llamaría usted, el Reino de los gentiles. Cada país se me iba mostrando en turno, su anarquía, hambre, ambiciones, desconfianza y actividades relacionadas con la guerra, y así progresivamente, en mi mente se habían formado, de alguna fuente, las palabras: "tal como es hoy en día con los Gentiles".

Vi una guerra internacional desatarse desde su centro en el Océanos Pacífico, barriendo y extendiéndose por todo el planeta. Vi que las fuerzas opositoras fueron divididas por el llamado cristianismo por un lado, y los llamados seguidores de Mohammed y Buda en el otro. Vi que el gran poder de control de las llamadas naciones Cristianas era la Gran Apostasía de Roma, y todos sus aspectos políticos, sociales y religiosos, así como la dislocación del mundo entero y la devastación de producción; la matanza de gente ocurrían más rápidamente y en escalas más grandes que las de antes. Vi un antagonismo comenzando a expresarse desde esas supuestas naciones Cristianas contra su gente. Vi a aquellos con una fe familiar a la suya en el lejano oriente comenzando a mirar hacia Palestina, en busca de seguridad.

Vi la guerra mundial estallar automáticamente, y revoluciones nacionales en cada país, las que completaban el caos y la desolación. Vi ocurrir disturbios geológicos, los cuales ayudaron en este hecho como si fuera intencionalmente planeado. Vi el templo de Cardston preservado de toda esa sacudida geológica. Vi la línea fronteriza internacional desaparecer a medida que esos dos gobiernos se rompieron y se disolvieron en el caos. Vi disturbios de razas en el continente americano en amplia escala.

Vi hambre e inanición en este mundo; vi la enfermedad producida por el hambre; el conflicto y el caos completaban el final de ese orden actual o época. ¿Cuánto tiempo les tomó su consumación?, no lo sé, pero mi impresión fue que desde el estallido de la guerra internacional, esas cosas se desarrollaron progresivamente y casi todo al mismo tiempo, como en la enfermedad, y los diferentes síntomas eran evidencia en ese tiempo y momento, pero en diferentes etapas de progreso. Mi pensamiento intensificado era: "¿qué es de la Iglesia?, y si ésta habría de convertirse en los reinos de la Tierra. [Mi pregunta] fue inmediatamente contestada por una declaración subconsciente. "Tal como es hoy, en la iglesia"; vi a estos grandes seres espirituales a través de la inmensidad y longitud del aire, poniendo en orden sus fuerzas espirituales y concentrándolas en los altos oficiales de su Iglesia en la Tierra.

Vi las fuerzas espirituales trabajar en esos oficiales impresionándolos y moviéndolos, influenciándolos y advirtiéndoles. Vi las fuerzas espirituales comenzando a desplegarse en las mentes de sus élderes y otros altos oficiales, especialmente durante sus devociones espirituales y deberes oficiales, y estas actividades que exaltan la mente de las personas o grupos. Vi a los hombres más receptivos y espirituales siendo inspirados, hasta que todo era claramente revelado del modo en que el patriarca espiritual lo deseaba.

Otra vez parecía escuchar las palabras, "Como va a ser". Vi a los altos oficiales en consejo y bajo la orientación inspirada dando instrucciones a su gente de rededicar sus vidas y energía a su fe, para disciplinarse voluntariamente, absteniéndose al de todas esas formas de indulgencia que debilitan el cuerpo, agotando la mente y envenenado el espíritu, o desperdiciando todo lo recibido.

Vi más adelante, las instrucciones dadas de manera eficiente por líderes inspirados sobre lugares que se habían preparado discretamente como refugios.

Vi que Cardston y las colinas subyacentes, especialmente al norte y el oeste, por kilómetros, habían sido preparados de manera silenciosa y rápida como refugio para la gente.

Vi a los élderes bajo la guía divina, apoyando y alentando la plantación de cada acre de tierra disponible en ese distrito, así grandes suministros estarían cerca del refugio. Vi la propiedad de la Iglesia bajo cultivo intenso, no para vender o beneficiarse lucrativamente de ello, sino para el propio uso de la gente. Vi pozos artesianos y otros pozos cavados en todo el territorio, para que cuando las aguas abiertas fueran envenenadas y contaminadas, la gente de la Iglesia y su ganado se abastecieran.

Vi los recursos de combustible que el distrito desarrolló en muchos lugares y muchas pilas de carbón y madera almacenadas para su uso futuro y para construcción. Vi que el territorio era cuidadosamente estudiado y mapeado para el campamento de una gran cantidad de gente de la Iglesia. También vi provisiones hechas para un gran flujo de gente que en un principio no pertenecía a la Iglesia, pero que se reunirían durante la tribulación.

Vi bastas cantidades de aparatos quirúrgicos, medicinas, desinfectantes y más, almacenados en el sótano del templo. Vi que los élderes recibían inspiración según la cantidad, calidad y el tipo de las cosas que serían almacenadas, de acuerdo al criterio general, cosas que no sería posible obtener en este territorio en tiempo de caos.

También vi preparativos de defensa cuando se organizaron los campos en los mapas. Vi que los pasillos de minería eran usados como lugares de almacenamiento bajo tierra: vi que se estudiaban las colinas y se construían corrales en lugares aislados para el ganado, ovejas y así sucesivamente de manera silenciosa y rápida. Vi los planes para la organización de los hombres y sus deberes, los scouts, guardias, enfermeras, cocineros, mensajeros, niños, pastores, obreros del templo y más. Vi todas estas cosas pasando prácticamente inadvertidas para el mundo de los gentiles, excepto la Gran Apostasía, cuyo conocimiento y odio era extendido, en ese día de su poder temporal. Esto pasaba parte por parte mientras los élderes eran instruidos en la obra por hacer.

Vi a los otros oficiales obedeciendo las instrucciones inspiradas, llevando su mensaje y exhortando a la gente a llevarlas a cabo, poco a poco, conforme a las revelaciones que les eran dadas, mientras en el resto del mundo el caos se desarrollaba en sus varias etapas, facción contra facción, nación contra nación, pero todos en abierta o en secreta hostilidad a su gente y a su fe. Vi a la gente de ustedes acercándose más y más, hasta unirse mientras esto se volvía más tenso a medida que las fuerzas espirituales les advertían a través de la boca de los élderes y de otros oficiales. Vi las fuerzas espirituales influenciando a aquellos miembros que se habían alejado, para que volvieran a entrar al redil. Vi un gran diezmo aportado que nunca había visto antes. Vi un diezmo mayor que nunca antes. Vi a los miembros cuyos ojos espirituales habían sido abiertos supliendo grandes cantidades de suministros necesarios. Vi una liquidación de propiedades y efectos que fueron dispuestos silenciosa y rápidamente por miembros de la Iglesia, mientras las influencias espirituales los dirigían.

Vi el llamado inspirado enviado a toda la Iglesia, para reunirlos en los refugios en Sión. Vi grandes masas de gente de ustedes moviéndose en silencio en dirección a su refugio. Vi a su pueblo moviéndose más rápidamente y en números más grandes hasta que todos los rezagados estaban alojados. Vi mensajes inalámbricos destellados desde el refugio de Sión hasta otros de sus varios lugares de refugios, también de Sión, diciendo que todo estaba bien con ellos, y entonces la obscuridad del caos cerrándose alrededor de los límites de su gente, y que los últimos días de tribulación habían comenzado.

—Sols Caurdisto

Advirtiendo a Estados Unidos (1880), por el Presidente Wilford Woodruff

Advierto a futuros historiadores a dar crédito a mi historia; porque mi testimonio es verdadero, y la verdad de su registro será manifestada en el mundo venidero. Todas las palabras de la voluntad del Señor serán realizadas sobre las naciones, las cuales están escritas en este libro. La nación americana se romperá en muchas piezas, como un jarrón de alfarero, y serán echados al infierno si no se arrepienten, esto a causa de los asesinatos, prostíbulos, perversiones y toda clase de abominaciones, por lo que el Señor ha hablado. (M. Cowley, Wilford Woodruff, Historia de su Vida y Obras, Bookcraft, pág. 500).

Los ángeles destructores están activos (1931), por el Presidente Wilford Woodruff

Me refiero a estas cosas porque no sé cuánto tiempo más tendré el privilegio de compartir mi testimonio del Evangelio de Cristo sobre la Tierra. Las revelaciones que están en la Biblia, las predicciones de patriarcas y profetas que vieron en visiones y revelaciones la última dispensación y la plenitud de los tiempos, nos dicen lo que sucederá. El capítulo 49 de Isaías se está llevando a cabo. Lo he dicho en muchas de mis enseñanzas, si el mundo quiere saber lo que va a acontecer, que lean las revelaciones de San Juan. Lean de los juicios de Dios que van a derrocar al mundo en la última dispensación. Lean los periódicos y vean qué es lo que está aconteciendo en nuestra nación y en las naciones del mundo y, ¿qué es lo que todo esto significa?, significa el comienzo del cumplimiento de lo que los profetas de Dios habían han predicho. En Doctrina y Convenios hay muchas revelaciones dadas a través de la boca del profeta de Dios; todas esas revelaciones se cumplirán, así como el Señor vive, y no habrá ningún poder que lo detenga. En una de las revelaciones el Señor le dijo a José Smith: "He aquí de cierto os digo, los ángeles claman al Señor Dios día y noche, que están listos y esperando a ser enviados para cosechar en los campos".

Quiero compartir mi testimonio a esta congregación, y a los cielos y a la Tierra, que el día ha llegado en que dichos ángeles vengan y comiencen su trabajo. Ellos están obrando en los Estados Unidos de América; ellos están trabajando entre las naciones [43] de la tierra; y van a continuar haciéndolo. No necesitamos maravillarnos o asombrarnos de nada de lo que está ocurriendo en la tierra. El mundo no comprende las revelaciones de Dios. No lo hicieron en los días de los judíos; sin embargo, todo lo que los profetas habían han hablado concerniente a ellos acontecerá. Así que en nuestros días estas cosas sucederán. Escuché al profeta José compartir su testimonio de estos acontecimientos que sobrevendrán en la tierra.

No podemos colocar un velo sobre los eventos que le esperan a esta generación. Ningún hombre que haya sido inspirado por el Espíritu y el poder de Dios puede cerrar sus oídos, sus ojos o sus labios a estas cosas.

(Wilfred Woodruff, Estrella Milenaria 58:738–9).

Viene una gran prueba (1930), por Heber C. Kimball

Las fronteras del oeste del Estado de Misuri serán también barridas de sus habitantes, como nos dijo el presidente Young. Cuando regresemos a ese lugar no habrá nada más que un perro meneando su cola. No obstante, antes de que ese día llegue, los Santos serán puestos a tal punto a prueba, que el mejor de ellos se tambaleará. La presión será tan grande que los justos entre nosotros clamarán al Señor día y noche, hasta que la liberación llegue. Entonces llega el tiempo de separar, de cernir, en el que muchos caerán. Esta Iglesia tiene antes que pasar a través de muchos lugares cerrados, antes de que la obra de Dios sea coronada en gloria. Uno no podrá perseverar con una luz prestada. Cada uno tendrá que ser guiado por su luz interna. Si usted no tiene el conocimiento de que Jesús es el Cristo, ¿cómo podrá resistir? ¿Lo cree?

(Informe de la conferencia general, 3-5 de octubre de 1930. Página 59).

Un ejército de élderes (1931), por Heber C. Kimball

Un ejército de élderes será enviado a los cuatro puntos del planeta para buscar a los justos y advertir a los malvados de lo que está por venir. Se crearán todo tipo de religiones, y se verán milagros que engañarán a los elegidos, si fuera posible. Nuestros hijos e hijas deben vivir vidas puras para estar preparados para lo que está por venir.

Después de un tiempo los gentiles se reunirán por millares en este lugar; y Salt Lake City será clasificada entre las ciudades más perversas del mundo. Un espíritu de especulación y extravagancia tomará posesión de los santos, y el resultado será la esclavitud financiera.

La persecución vendrá a continuación, y todos los santos serán puestos a prueba hasta sus límites. Muchos apostatarán y otros permanecerán, sin saber qué hacer. La oscuridad cubrirá la tierra y espesa obscuridad cubrirá las mentes de las personas. Los juicios de Dios serán derramados sobre los inicuos, a tal grado que nuestros élderes, que están lejos y cerca, serán llamados a regresar a casa; en otras palabras, el Evangelio les será quitado a los gentiles para después llevarlo a los judíos.

La frontera oeste del Estado de Misuri será barrida de sus habitantes, tal como el presidente Young dijo, "cuando regresen a ese lugar, no habrá más que un perro meneando la cola".

No obstante, antes de que ese día llegue, los Santos serán puestos a prueba a tal punto, que hará tambalear la integridad de los mejores de ellos. La presión se volverá tan grande que los más justos entre ellos clamarán a Dios día y noche, hasta que llegue la liberación.

Después, el profeta José y otros harán su aparición, y los que hubieren permanecido fieles, serán escogidos para regresar al condado Jackson, Misuri, para participar en la construcción de esa hermosa ciudad, la Nueva Jerusalén. (Heber C. Kimball, Deseret News, 23 de mayo de 1931).

Un sueño (1894), por Charles D. Evans

En Agosto de 1894, apareció un artículo en la revista "The Contributor", (Vol. 15, No 20, págs. 638-647). "The Contributor" era el predecesor de la revista "The improvement Era". El artículo estaba titulado como "Un sueño". En ese artículo había un relato sobre una visión o sueño de Charles D. Evans, un patriarca, miembro de la Iglesia, que entonces vivía en Springville, Utah, de los últimos días, el cual se reproduce abajo:

Mientras me recostaba reflexionando, en profunda soledad, sobre los acontecimientos de mi presente, mi mente fue llevada a un sueño que jamás había experimentado. Una fuerte preocupación por mi país en peligro excluía cualquier otro pensamiento, y aumentaba mis sentimientos a un punto de tal intensidad que no creía que fuera posible soportar. Mientras, en este solemne, profundo y doloroso sueño de mi mente, para mi infinita sorpresa, una luz apareció en mi habitación, la cual parecía suave, plateada y difusa, como una estrella del norte. En el momento de su aparición, el agudo sentimiento que había experimentado instantáneamente cambió a uno de paz y tranquilidad.

Aunque, pudiera haber sido la medianoche, y el lado del planeta en que me encontraba estaba ausente de la luz solar, aun así todo era luz, brillo y calidez, como un paisaje italiano al mediodía; pero el calor era más suave y tenue. Mientras yo miraba hacia arriba, vi descender a través del techo de mi habitación, con un sutil movimiento, como si estuviera volando, a un personaje vestido de blanco, cuyo semblante era suavemente sereno, sus facciones normales y el brillo de sus ojos parecía reflejar fuertes destellos; para usar una comparación terrenal, se parecía a los que refleja un diamante bajo la intensa iluminación eléctrica, la cual deslumbraba sin perturbar. Esos grandes, profundos e impenetrables ojos estaban en ese momento fijos en los míos, en un instante puso sus manos sobre mi frente, su toque producía una serenidad y calma indescriptible, una calma que no venía de esta tierra, pero era a la vez tranquila, encantadora y celestial. Todo mi ser estaba sumergido en una alegría indescriptible. Todos los sentimientos de dolor se desvanecieron instantáneamente. Aquellas líneas y sombras de preocupación y tristeza fueron disipadas como niebla espesa antes de la salida flameante del sol. En los ojos de mi visitante celestial, porque así me pareció, había una especie de pena y ternura infinitamente más fuerte que cualquier sentimiento que he visto manifestado en cualquiera ser mortal. Su sentimiento de tranquilidad apareció como un vasto océano de quietud que a la vez calmaba cualquier sentimiento de agitada emoción.

Por alguna intuición o instinto, sentí que él tenía algo que comunicarme para calmar mis penas y apaciguar mis aprehensiones. Por lo cual, dirigiéndose a mí, dijo:

"Hijo, percibo tus grandes ansiedades sobre el peligroso estado de tu país, que tu alma ha sentido gran pena por su futuro. Por lo tanto yo he venido a traerte alivio y a decirte las causas que han conducido a tal peligro. Escúchame atentamente. Hace setenta y un años, después de una horrible apostasía de siglos, en el que todas las naciones estaban cubiertas por una obscuridad espiritual, cuando los ángeles se habían retirado, la voz de los profetas se había silenciado y la luz del Urim y Tumim no brillaba más, y la visión de los videntes estaba cerrada, mientras que el cielo mismo no daba ningún rayo de alegría para iluminar un mundo oscuro, cuando Babel reinaba y Satanás reía, y la iglesia y el sacerdocio se habían ido al cielo, y la voz de las naciones, poseyendo los libros de los profetas judíos [La Biblia] habían gobernado en contra de la visión y el Urim, en contra de más futuras visitas de los ángeles y en contra de la doctrina de una iglesia de profetas y apóstoles, sabéis bien que luego apareció un ángel poderoso con el solemne anuncio de la hora del día del juicio, la carga de dichas instrucciones apuntaba a terribles calamidades sobre la actual generación. Esto, por lo tanto, es la causa de lo que estás viendo y el final de los inicuos que se apresura".

Mi visión ahora pasó a extenderse en una manera maravillosa, y la importancia de los esfuerzos anteriores de los élderes me quedaba ahora clara. Vi multitudes escapando a un lugar de seguridad en las alturas de las montañas. La Iglesia fue establecida en el desierto. Simultáneamente la nación había alcanzado una prosperidad sin precedentes, la riqueza abundaba, un nuevo territorio fue adquirido, el comercio se extendió, las finanzas se fortalecieron, la confianza se mantuvo y la gente extranjera la señalaba como una nación modelo, el ideal del pasado se realizó y se perfeccionó, la personificación de la libertad cantada por poetas y buscada por los sabios.

"Pero," continuó el mensajero, "tú has visto un cambio. La confianza se ha perdido. La riqueza esta en conflicto con el trabajo, la mano de obra en contra de la riqueza y, sin embargo, hay abundancia en la tierra, con suficiente comida, vestimenta, plata y oro en abundancia. También viste que las cartas escritas por un judío han provocado gran confusión en las finanzas de la nación lo cual, aunado a la política de muchos ricos, ha producido angustia y presagiado más pena".

Ahora las facciones se han alzado como por arte de magia. El capital se ha atrincherado en sí mismo y en contra del trabajo en toda la tierra; el trabajo se organizó en contra del capital. La voz del sabio buscó tranquilizar esos dos poderosos factores en vano. Multitudes agitadas corrieron desmedidamente; las huelgas aumentaron; la anarquía buscó un gobierno regular. En esta coyuntura vi un estandarte flotando en el aire que decía, "bancarrota, hambruna, inundaciones, fuego, ciclones, sangre, plaga".

Enfadados y llenos de ira, hombres y mujeres se atacaron entre sí. La sangre corría por las calles de la ciudad como agua. El demonio del odio sangriento había tomado lugar en la ciudadela de la razón; la sed de sangre era más intensa que el de la lengua seca por la falta de agua. Miles de cuerpos estaban tendidos en el piso de las calles. Hombres y mujeres cayeron muertos de terror inspirado por el miedo. El descanso no era sino el precursor del siguiente trabajo sangriento de mañana. Todo alrededor mostraba evidencias de un pasado quejumbroso en ruinas. Monumentos erigidos para recordar los nombres de los nobles y valientes fueron destruidos sin ninguna piedad por combustibles. Una voz resonaba con estas palabras: "Sin embargo, una vez más, no solo he sacudido la tierra, sino también el cielo, y aunque esta palabra nuevamente significaba remover las cosas que eran sacudidas, como las cosas que se crearon; pero aquellas cosas que son inamovibles, esas podrán permanecer".

Los terremotos arrojaban la tierra en grandes olas, lo cual ha engullido multitudes; terribles gritos y aullidos llenaron el aire; los gritos de sufrimiento eran indescriptiblemente horribles. El agua corría violentamente desde el tumultuoso océano, cuyo rugido bajo la ira del ciclón feroz era insoportable de escuchar. Las ciudades fueron barridas en un instante, se lanzaron misiles a toda la atmosfera a una velocidad terrible, y la gente era lanzada hacia arriba sólo para descender como una masa irreconocible. Las Islas aparecieron en donde las olas del océano retiraron el gigantesco vapor. En otras partes las flamas voluminosas, que emanaban de grandes incendios, consumieron todo a gran velocidad, destruyendo vidas y propiedades en su curso. El sello de la amenaza terrible y desesperación, estaba estampado en cada cara humana; los hombres cayeron exhaustos, horrorizados y temblorosos. Cada elemento de la naturaleza era un demonio con una furia infinita. Nubes densas, más obscuras que la medianoche, y cuyos truenos resonaron sacudiendo la tierra, impidieron pasar la luz del sol. La obscuridad reinaba inigualable y suprema.

Otra vez la luz brillaba, revelando una atmosfera teñida con un tono plomizo depresivo, el cual fue precursor de una plaga sin precedentes, cuyos primeros síntomas eran reconocido por una mancha morada que aparecía en la mejilla, o en la parte trasera de la mano, la cual iba creciendo hasta extenderse por toda la superficie del cuerpo, produciendo la muerte. Las madres, al ver esto, arrojaban a sus hijos como si fueran reptiles venenosos. La plaga, en personas mayores pudría los ojos en sus cuencas, y consumía la lengua como si fuera ácido o un calor intenso. Los hombres inicuos sufrían la peor de las agonías creadas por Dios, y morían, mientras estaban de pie, y las aves de rapiña consumían sus cadáveres.

Vi en mi sueño que el mensajero una vez más apareció con un frasco en su mano derecha, dirigiéndose a mí, dijo: "tú sabes algo de la química enseñada en las escuelas del aprendizaje humano, ahora contemplarás una química lo suficientemente poderosa para cambiar las aguas del mar".

Entonces derramó el contenido de su frasco en el océano, y éste se volvió tan pútrido como la sangre de un hombre muerto, y toda alma viviente ahí murió. Otras plagas le siguieron, que yo olvidé documentar.

Una potencia extranjera había invadido la nación, la cual, desde cada indicio humano, parecía suplantar al gobierno y convertirlo en una monarquía. Me quedé temblando al ver eso, cuando un poder se erigió en el oeste, el cual el mismo se declaraba a favor de la constitución en su forma original; para este repentino poder emergente, brindaba apoyo cada amante de los derechos de la constitución y las libertades a través de la nación. La lucha fue fiera, pero las barras y las estrellas (de nuestra bandera americana), flotaban en la brisa y desafiaban a cualquier oposición, y ella ondeaba orgullosamente sobre la tierra.

Entre los muchos estandartes que vi había uno que estaba escrito así: "El gobierno basado en la Constitución, ahora y para siempre;" en otra: "Libertad de conciencia, social, religiosa y política".

La luz del Evangelio, que ahora brillaba débilmente a causa de la abominación, ahora explotaba de tal manera que llenaba la tierra. Ciudades aparecían en cada dirección, una de las cuales, en el centro del continente, era la personificación de la eterna perfección de los patrones de la ciencia arquitectónica, cuyas torres brillaban con resplandor emanando del destello de las esmeraldas, rubíes, diamantes y otras piedras preciosas puestas en un dosel de oro, tan elaborado y habilidosamente arreglado que encantaba la vista, excitaba la admiración y desarrollaba un gusto por la hermosura más allá de lo que cualquier hombre había concebido.

Fuentes de agua cristalina disparaban hacia arriba chorros

transparentes que brillaban con el sol, formaban diez mil colores en un arcoíris, que a la vez deleitaban la vista. Jardines cuya perfección en su arreglo confundían todos nuestros presentes intentos de genialidad, adornados con flores en donde las varias tonalidades desarrollaban y refinaban el gusto, y fortalecían el amor por los bellos adornos la naturaleza.

Escuelas y universidades fueron erigidas a las cuales todos tenían acceso; en esta última se colocaron los Urims para el estudio del pasado, presente y futuro, y para obtener conocimiento de cuerpos celestiales y de la construcción de mundos y universos. Las propiedades inherentes de la materia, sus disposiciones, leyes [y]relaciones mutuas fueron reveladas y enseñadas, y hechas claras como la primera lección de un niño. Las teorías conflictivas de los geólogos con respecto a la información y edad de la tierra, fueron establecidas para siempre. Todo el aprendizaje estaba basado en la certeza eterna. Los ángeles trajeron los tesoros del cielo, los cuales tenían ocultos en la matriz del mudo y en el pasado distante.

Los aparatos para facilitar el aprendizaje superaban toda conjetura. La química era extremamente fácil, por el poder por el cual los Urims conferían al hombre la habilidad de mirar a través de los elementos de todo tipo; una roca no era más obstáculo para la visión humana que el propio aire. No sólo eran los elementos y todos sus cambios y transformaciones claramente entendidas, sino su construcción; operaciones y leyes de la mente nos eran igualmente expuestas claramente como aquellas que gobernaban los vastos elementos.

Mientras veía el Urim y Tumim, estaba asombrado de la transformación, la cual aún ahora es maravillosa y va más allá de cualquier descripción, mostrando claramente la manera en que las partículas que componían el reino inorgánico de la naturaleza eran conducidas para formar parte de seres orgánicos; otra pasmosa revelación que me fue mostrado, y era completamente clara para mí, era la completa circulación de la sangre de ambos humanos y animales. Después de ver estas cosas y contemplando una vez más a la hermosa ciudad, el siguiente pasaje de las Escrituras resuena en mis oídos: "De Sión, la perfección de la belleza, Dios resplandece".

Después de esto desperté y me di cuenta que todo era un sueño.

(Documentado en: Larson, The Moon Shall Turn to Blood, Libros Crown Summit, págs. 147–153).

El sueño de las plagas (1884)

Actualmente parece haber más sueños proféticos prolíficos entre los miembros Santos de los Últimos Días. En casi todos los asentamientos las personas habían sido advertidas sobre los acontecimientos que iban ha ocurrir muy pronto; y las visiones de la gloria futura del reino de Dios sobre la Tierra han sido reveladas como un panorama a quienes aman a Dios y obedecen Sus mandamientos. Hace unos dos o tres años, me había ido a dormir por la noche, cuando de repente un glorioso mensajero apareció a un lado de mi cama y me despertó de mi sueño. La luz de su presencia llenó la habitación, de modo que los objetos pudieron ser discernidos tan claramente como a la luz del medio día.

Me dio un libro diciendo: "Mira y ve lo que va a suceder". Tomé el libro con mis manos y me senté en la cama, examinándolo cuidadosamente y leyendo su contenido. Su tamaño era de unas siete por diez pulgadas, abriéndose como un libro hermosamente encuadernado, en el frente su título había sido grabado en letras doradas, el cual era "El libro de las plagas". Las páginas estaban impresas solo por el frente de cada una, y se componían de la más fina calidad de lino puro, en lugar de papel. La tipografía era del más fino estilo, del arte de un impresor. Cada página estaba compuesta de una imagen a color tan natural como el arte puede copiarse de la naturaleza, la cual ocupaba la parte superior del espacio, por debajo del cual estaba la descripción impresa de la escena representada.

En la primera página había una imagen de un festín en progreso, con una larga mesa sobre un hermoso césped, en donde había grupos entremezclados de imponentes árboles y finos arbustos. En el fondo a través del follaje, se podía ver una majestuosa villa suburbana, adornada con todo tipo de ornamentos de la arquitectura moderna. El paisaje presentaba una escena de mitad del verano. El cielo, de hecho todo el ambiente, se mostraban de un tinte cobrizo parecido al que observamos en un eclipse total, cuando el disco está apenas empezando nuevamente a dar paso a la luz. A través de la atmosfera aparecían pequeñas esporas blancas, similares a la caída de nieve en invierno.

En la mesa, estaban sentados un grupo de mujeres lujosamente vestidas y caballeros, participando de la rica comida, la cual estaba servida. En el momento en que partículas fueron cayendo desde arriba hacia la comida aparentemente ignorada por todos, una destrucción repentina vino sobre ellos. Muchos fueron cayendo hacía atrás agonizando en una muerte terrible; otros se caían sobre la mesa, y otros haciendo una pausa con sus manos sosteniendo la comida sin probarla, sus semblantes revelando una expresión de asombro y terror ante la singular e inesperada condición de sus compañeros. La muerte estaba en el ambiente; los juicios de Dios habían venido sobre ellos silenciosa y rápidamente, así como vino sobre el orgullo de Senaquerib y sus huestes Asirias.

En una esquina de la imagen había un pequeño esbozo circular, mostrando el frente de una tienda de un distribuidor de carne de cerdo. La amplia acera estaba cubierta por un toldo apoyado sobre postes en el borde externo, y en este paseo se mostraban barriles de carne de cerdo, largas tiras de salchichas, lechones recién preparados, pilas de tocino ahumado y queso de cerdo; y a lo largo del borde de la caminata, junto a la tienda, debajo de las ventanas delanteras, se inclinaban de lado grandes jamones y trozos de carne, alcanzando casi hasta el frente, excepto por un pequeño espacio en el camino a la puerta. Había doce de estas piezas y en cada una de ellas había una gran letra pintada, que formaba en total la palabra "abominaciones".

Debajo de esta escena estaba la descripción: "Una fiesta entre los gentiles, comienzo de la plaga". En letras más pequeñas abajo, una nota que decía que las partículas de veneno, que estaban representadas en la imagen, eran tan pequeñas que eran invisibles al ojo humano.

En la siguiente página había otra foto. Era una escena en la calle de una grande ciudad. En primer plano estaban las residencias de los comerciantes ricos de la ciudad. La apariencia de los edificios cambiaba de manera gradual; a lo largo de la vista y a la distancia, se veían grandes edificios de comercio en el corazón de la gran metrópolis. En las aceras, a lo largo de las banquetas, se veía la ocupada, apurada y apresurada multitud que había sido cortada cual césped por la máquina cortadora.

De nuevo era una escena de mitad del verano. Los mismos átomos de veneno estaban cayendo desde el cielo, pero su trabajo estaba hecho; el mismo ambiente de enfermedad que parecía denso con hedor, descansaba sobre la tierra, sin que hubiera brisa alguna que agitara el follaje. En los balcones de las residencias ricamente decoradas, a través de los umbrales de las puertas abiertas, en los pasillos yacían hombres, mujeres y niños, quienes unos días antes disfrutaban los placeres de la vida. Más adelante, la muerte estaba por doquier. Casas de negocios que habían estado llenas de

APÉNDICE

gente haciendo fila, permanecían con las puertas abiertas, frunciendo el ceño hacia las calles cubiertas de muerte. A través de los umbrales de los bancos yacían los guardias de la riqueza, pero no había ladrones para tomar los tesoros, ahora sin protección. La costosa mercancía de los muchos clientes yacía intacta sobre los mostradores y estantes. En el resplandor del mediodía del sol enfermizo, ni un alma se mostraba con vida; ninguna había sido dejada para enterrar a los muertos, todos habían sido afectados o habían huido de la plaga mortífera y de la ciudad condenada. A lo largo de la mitad de la calle, una horrible manada hambrienta de cerdos (los cuales habían sido vistos en los corrales inmundos de los mataderos, en las afueras de muchas ciudades), estaban destrozando y devorando a los muertos; dándose un festín con los cuerpos de los ricos y pobres por igual, sin que nadie los molestara.

Debajo de esta imagen estaba la descripción: "El progreso de la plaga entre los gentiles. Una escena en la calle de una gran ciudad". Observé cuidadosamente cerca de cincuenta de esas imágenes, en donde se detallaban los efectos del miedo, de ésta y de otras plagas, que eran tan reales como si las estuviera viendo.

La última escena en el libro era una descripción de la misma plaga de la primera página. Un hermoso parque, lleno de césped, como una pradera rodeada de árboles de olmos y álamos, el área abarcaba cerca de 400 metros. En el centro de este conjunto había una gran carpa en forma de cono color púrpura, de cerca de diez metros de alto por 7 metros de diámetro en la base. En la mitad de la carpa había un piso que dividía su interior en dos pisos. Cerca de esta carpa había otra, con un muro redondo de cerca de diez metros de diámetro, y casi tan alta como la primera. Ésta estaba limpia y blanca. Dejando un espacio de unos 100 metros; desde el centro de estas carpas había cientos de otras pequeñas carpas rectangulares en filas, alcanzando hasta los árboles cercanos; cada carpa, limpia y blanca, parecía ser de un tamaño adecuado a las necesidades de una familia normal. No se veía ningún ser humano, animal, pájaro o vehículo. Ni un soplo de aire parecía correr. El mismo escenario de las imágenes anteriores, con los átomos de veneno, que se presentaban en el mismo tiempo y estación del año.

Debajo de esta imagen estaba escrito: "Un campamento de los santos que se han reunido y que están viviendo bajo las revelaciones diarias de Dios, y así son preservados de la plaga". Pude entender que cada familia estaba en su carpa durante todo el día mientras el veneno caía, por lo tanto, no respiraron las partículas mortíferas.

Al entregar el libro al mensajero, quien estuvo a mi lado todo el tiempo, se desvaneció ante mí vista tan repentinamente así como había aparecido. Desperté a mi esposa, que estaba profundamente dormida y comencé a relatarle lo que acabara de contemplar. Después de platicarle la descripción de las dos imágenes del principio del libro y comenzando con la tercera, esta tercera imagen y todo lo que había sucedido fue tomado de mi memoria, así que no pude recordar ni contarlo; pero aún recuerdo que eran escenas acerca de las plagas y los juicios.

En las revelaciones dadas al profeta José Smith, entre muchas de las plagas y juicios que son descritos, en Doctrina y Convenios, Sec. 29:17-20, siempre me han parecido coincidir con lo que recuerdo de aquel sueño. Pero ya sea que esa plaga haya sido mencionada o no, no importa. Las plagas vendrán y los inicuos sufrirán; pero los santos serán preservados por el mismo principio por el cual fueron perseguidos, el cual es la revelación actual del Todopoderoso.

(Autor Desconocido, Publicado en Contribución Volumen 5, 1884 No. 122.2)

(Nota de pie de página 2) The Contributor fue publicado por la Iglesia como un diario mensual de 1879 a 1896.

La profecía de Orson Pratt (1866)

Si se preguntara, ¿por qué sufren los Estados Unidos?, la respuesta sería: "porque han rechazado el reino de Dios y uno de los mensajes más divinos que se le han dado al hombre; porque han aprobado la muerte de los santos y el martirio de los profetas del Señor, y han hecho sufrir a su pueblo al ser expulsarlos de su medio, y los han despojado de sus hogares, de casas y de su tierra, y de millones de propiedades, y se han negado a corregir sus errores. Por estos grandes males, tienen que sufrir; los decretos de Jehová han venido en contra de ellos; la espada del Señor ha sido desenvainada y caerá con dolor sobre sus cabezas. Sus grandes y magníficentes ciudades serán taladas. Nueva York, Boston, Albany y muchas otras numerosas ciudades quedarán desoladas. Un partido se levantará en lucha mortal contra del otro, Estado contra Estado: y toda la nación será arruinada; las armas sanguinarias de la mortal revolución devorarán la tierra. Entonces huirán de una ciudad a otra, de un estado a otro, de continente a continente buscando refugio de las devastaciones, de los bandidos y de los ejércitos; entonces sus muertos se quedarán sin enterrar; y las aves de rapiña los buscarán en el verano, mientras que las bestias del campo lo harán en el invierno. Por otro lado, el Señor los visitará con una mortífera pestilencia que barrerá a millones, por sus estragos sus ojos caerán de sus cuencas; y su carne de sus huesos; sus lenguas permanecerán en sus bocas, pero no blasfemarán contra su Creador. Y sucederá que los cielos retendrán el agua, y el fruto de los campos será estéril, las aguas de los ríos se secarán y serán sólo charcos, todos los peces morirán; y el Señor enviará una gravosa plaga para destruir los caballos y el ganado de la tierra. Así, por la espada y la pestilencia, el hambre y el brazo fuerte del Todopoderoso, serán destruidos todos los habitantes de esa nación perversa.

(Orson Pratt, Millennial Star, Vol. 28, págs. 633–634 6 de octubre de 1866).

ACERCA DE JOHN PONTIUS

Para mí, la parte más difícil de escribir un libro es la parte que dice "Acerca del autor". Nunca ha sido mi intención escribir libros para la iglesia SUD, o un blog doctrinal o un sitio web, así que explicar la razón no es fácil. Quizás la mejor manera de explicar lo que hago, es que decidí hace mucho tiempo atrás obedecer la voluntad de Dios en mi vida, cada vez que pudiera discernirla. Los riesgos de aprender a escuchar la voz del Señor parecen ser que podría terminar haciendo un viaje más difícil y, sin embargo, mucho mejor de lo que se pretendía. Lo que hago y por qué lo hago, es una de las mejores cosas de mi vida.

Tras vivir treinta y tres años en Alaska, criando a una familia allí y desarrollando varias profesiones, el Señor repentinamente nos envió a Utah hace algunos pocos años. Terry y yo habíamos crecido en Utah, pero habíamos pasado la mayor parte de nuestras vidas en el "campo misional". El regresar a Utah ha sido como regresar a casa, y nos ha traído más cerca de nuestros familiares, de nuestros hijos y nietos.

Desde nuestro regreso a Utah, he conocido a muchas personas que han bendecido mi vida y que me han enseñado muchas cosas. Una de ellas es Spencer, cuyas palabras han leído ustedes en este libro, y a quien ahora considero como un querido amigo.

El cambiarme a Utah también me ha dado la oportunidad de hablar en muchas charlas fogoneras, escribir algunos libros adicionales y comenzar y mantener mi blog "UnBlogmySoul", además de obtener muchas bendiciones inesperadas, que sólo la mano del Señor podía traer.

Yo no podría haber escrito este libro, o cualquier otra cosa de eterna importancia, sin la ayuda de la mano del Señor. Su mano me ha conducido a lugares que no deseaba ir, pero al estar ahí, la he reconocido como "mi mejor tierra prometida".

Terri es el amor de mi vida, mi mejor amiga y el ser terrenal más bondadoso que he conocido. Juntos tenemos ocho hijos y veintiún nietos.